# 中国制度变迁下
## 全要素生产率的空间分异研究

潘凤·著

中山大学出版社
·广州·

*版权所有　翻印必究*

**图书在版编目（CIP）数据**

中国制度变迁下全要素生产率的空间分异研究／潘凤著 .—广州：中山大学出版社，2019.12
ISBN 978－7－306－06787－6

Ⅰ. ①中⋯　Ⅱ. ①潘⋯　Ⅲ. ①全要素生产率—研究—中国
Ⅳ. ①F249.22

中国版本图书馆 CIP 数据核字（2019）第 278416 号

ZHONGGUO ZHIDU BIANQIAN XIA QUANYAOSU SHENGCHANLÜ DE KONGJIAN FENYI YANJIU

| | |
|---|---|
| 出 版 人： | 王天琪 |
| 策划编辑： | 王旭红 |
| 责任编辑： | 王旭红　张陈卉子 |
| 封面设计： | 曾　婷 |
| 责任校对： | 姜星宇 |
| 责任技编： | 何雅涛 |
| 出版发行： | 中山大学出版社 |
| 电　　话： | 编辑部 020－84110771，84113349，84111997，84110779 |
| | 发行部 020－84111998，84111981，84111160 |
| 地　　址： | 广州市新港西路 135 号 |
| 邮　　编： | 510275　传　真：020－84036565 |
| 网　　址： | http://www.zsup.com.cn　E-mail: zdcbs@mail.sysu.edu.cn |
| 印 刷 者： | 佛山市浩文彩色印刷有限公司 |
| 规　　格： | 787mm×1092mm　1/16　14.5 印张　258 千字 |
| 版次印次： | 2019 年 12 月第 1 版　2019 年 12 月第 1 次印刷 |
| 定　　价： | 49.00 元 |

如发现本书因印装质量影响阅读，请与出版社发行部联系调换

# 特 别 鸣 谢

本书由山西省哲学社会科学规划课题"改革开放40周年我国资源型经济转型的比较考察及对山西启示研究"(项目编号:2018B068)资助出版。

# 序

党的十九大报告指出，当前中国社会的主要矛盾已经转化为人民日益增长的美好生活需要和不平衡不充分发展之间的矛盾。今天，我们在探索如何缓解区域之间不平衡不充分发展矛盾时，就有必要厘清造成今天中国区域之间不平衡不充分发展格局的成因。

现代经济增长理论告诉我们，技术进步是一个国家或地区经济增长的根本源泉。制度经济学则通过大量历史和实践考察，提炼出"经济增长进程中，制度是重要的"这一重大命题。从诸多文献看，上述两种看似独立的观念其实存在融合的可能。分解现代经济增长源泉，发现全要素生产率可以看作技术进步、制度改善等一切积极因素的交汇。制度、全要素生产率与经济增长的变量传递关系架起了解释区域经济差异的新通道。

潘凤博士的著作《中国制度变迁下全要素生产率的空间分异研究》无疑是这一思路下的探索与尝试。关于这本专著，我谈几点自己的看法。

第一，这本专著总体上是一本贴近中国现实需求、具有鲜明时代价值的作品。党的十八大以来，如何"提高全要素生产率"一直是政府和社会各界关注的热点话题。在积极倡导技术进步的同时，也有众多学者关注到制度变革对全要素生产率的促进作用，但如何通过改善制度提高全要素生产率，乃至缓解中国区域之间不平衡不充分发展的现状并无较为完整的学理解析。作者从探讨"异质性制度与全要素生产率空间差异"的关系入手，深入分析制度与区域效率差异的内在机理与现实表现，总体上回应了时代发展对解决具体理论问题的现实诉求。

第二，从理论创新的角度来看，作者从制度影响技术偏向性的角度出发，参照诸多经典文献的做法，将制度细分为劳动增进型制度、资本增进型制度和公共供给型制度，并进一步拓展分析了不同类型制度对全要素生产率影响的作用机理。尽管这点细究起来仍有瑕疵，但也包含着作者对学理的深入探索。改革开放以来，在全国的统一制度变迁框架下，虽然各地都实施了一系列共同的制度举措，但各地制度实施的力度、深度、广度以及当地对制度的吸收能力有所差异，这正是异质性制度在省域层面形成的深层次原因。对异质性制度的解析无疑也是这本专著的一大亮点。

第三，在实证方面，庞大的数据搜集工作和扎实的实证过程彰显了作者严谨的治学态度。通过实证，作者验证了三种制度对全要素生产率的影响表现。总体来看，改革开放以来，对中国全要素生产率起主导作用的制度形式是以所有制改革和户籍制度改革为表征的劳动增进型制度。通过劳动增进型制度的实施，"人"的创造力被广泛激发，经济活力被广泛释放，经济增长中要素的配置效率也显著提高。资本增进型制度在分时间阶段和分区域实证的结果中有一定影响，但在改革开放的总体历程中并不显著。公共供给型制度具有深刻的两面性特征，财政支出和交通基础设施仅在一段时间或一定范围内起正向作用，超过临界值，财政支出和交通基础设施反而会抑制全要素生产率的绩效改善。通过实证得到的这些观点无疑对当下具有较强的启发意义。

这本专著是作者攻读博士学位期间的学术成果，既可以看作关切时代命题、积极探索的理论著作，也可以看作对改革开放40年伟大成就进行深度总结的献礼之作。全书论证较为扎实，但在理论体系建构、理论与实证的衔接等领域仍有进一步拓展深化的空间。希望这本专著的出版能够吸引更多学者对该领域的关注，共同推动其理论发展和实践进程。

鲁志国
2019年9月于深圳大学

# 目　　录

**第一章　绪论** ······················································· 1
　　一、选题背景 ···················································· 1
　　二、研究的理论意义与实践意义 ································ 3
　　三、相关概念界定 ·············································· 4
　　四、研究思路与方法及其技术路径 ······························ 10

**第二章　理论回顾与文献综述** ······································ 14
　第一节　经济增长源泉与全要素生产率概念的形成 ··············· 14
　　一、古典经济增长理论 ········································· 15
　　二、新古典经济增长理论 ······································· 16
　　三、内生经济增长理论 ········································· 17
　　四、其他经济增长理论 ········································· 18
　第二节　全要素生产率测算的主要分歧及代表文献述评 ·········· 20
　　一、索洛余值法相关文献述评 ·································· 20
　　二、全要素生产率测度改进方法相关文献述评 ·················· 22
　　三、中国全要素生产率测算的相关文献述评 ···················· 26
　第三节　制度变迁与全要素生产率的关系研究进展 ··············· 28
　　一、经济增长理论框架下制度变迁的模型拓展思路 ············· 28
　　二、全要素生产率的制度源泉分解 ····························· 29
　第四节　全要素生产率空间差异的实证研究述评 ·················· 31
　　一、全要素生产率空间差异表现的实证文献述评 ··············· 31
　　二、全要素生产率空间差异形成原因的实证文献述评 ·········· 33

三、全要素生产率空间差异的收敛性文献述评 …… 34
　小结 …… 36

**第三章　中国制度变迁与异质性制度的形成** …… 38
　第一节　改革开放以来中国制度变迁的总体历程 …… 38
　第二节　改革开放以来制度变迁的三分法解析 …… 41
　　一、改革开放以来中国制度变迁的理论解析 …… 42
　　二、制度三分法的提出 …… 43
　　三、制度三分法的代理指标 …… 44
　第三节　制度三分法下各地区异质性制度的形成与表现 …… 47
　　一、区域与整体之间的异质性 …… 47
　　二、区域与区域之间的异质性 …… 50
　小结 …… 52

**第四章　全要素生产率的测算及空间差异表现** …… 53
　第一节　中国省际全要素生产率的测算 …… 53
　　一、测算方法、模型和数据说明 …… 54
　　二、测算过程 …… 55
　　三、测算结果分析 …… 58
　第二节　制度变迁与全要素生产率空间差异的初步观测 …… 65
　　一、全要素生产率空间差异的指标衡量 …… 65
　　二、制度变迁的空间差异观测 …… 66
　小结 …… 69

**第五章　异质性制度对全要素生产率影响的理论机制** …… 70
　第一节　资本增进型制度对全要素生产率的作用机制 …… 70
　　一、理论构架 …… 70
　　二、基础作用路径分析 …… 72
　　三、外资作用的扩展讨论 …… 74
　第二节　劳动增进型制度对全要素生产率的作用机制 …… 76
　　一、理论构架 …… 76

二、基础作用路径分析 ………………………………………… 79
　第三节　公共供给型制度对全要素生产率的作用机制 ………… 81
　　　一、理论构架 …………………………………………………… 81
　　　二、基础作用路径分析 ………………………………………… 83
　小结 ………………………………………………………………… 85

**第六章　异质性制度与全要素生产率空间差异的实证检验** …… 87
　第一节　模型、计量方法及数据来源 …………………………… 87
　　　一、计量模型设定 ……………………………………………… 88
　　　二、计量方法 …………………………………………………… 89
　　　三、变量说明 …………………………………………………… 90
　　　四、数据来源 …………………………………………………… 90
　第二节　总体检验 ………………………………………………… 91
　　　一、计量过程与模型选择 ……………………………………… 92
　　　二、计量结论分析 ……………………………………………… 97
　第三节　分时期检验 ……………………………………………… 99
　　　一、计量过程与模型选择 ……………………………………… 99
　　　二、计量结论分析 ……………………………………………… 100
　第四节　分区域检验 ……………………………………………… 107
　　　一、计量过程与模型选择 ……………………………………… 107
　　　二、计量结论分析 ……………………………………………… 108
　小结 ………………………………………………………………… 117

**第七章　制度外溢与全要素生产率空间差异** …………………… 118
　第一节　空间经济学简介与制度外溢的基本事实 ……………… 118
　　　一、空间经济学简介 …………………………………………… 119
　　　二、制度外溢的基本事实 ……………………………………… 120
　第二节　制度外溢与全要素生产率空间差异的实证检验 ……… 124
　　　一、模型、计量方法及数据来源 ……………………………… 124
　　　二、空间自相关检验 …………………………………………… 135
　　　三、计量过程与模型选择 ……………………………………… 137

四、计量结论分析 …………………………………………… 140
　　五、分时间阶段的计量扩展讨论 …………………………… 144
　第三节　实证检验的稳健性分析 ………………………………… 155
　小结 …………………………………………………………………… 162

第八章　制度因素与全要素生产率空间收敛性分析 ………………… 164
　第一节　全要素生产率的 β 收敛实证分析 ……………………… 165
　　一、计量检验模型和数据来源 ……………………………… 165
　　二、总体实证检验分析 ……………………………………… 166
　　三、分时间阶段实证检验分析 ……………………………… 172
　　四、分地区实证检验分析 …………………………………… 177
　第二节　制度因素对全要素生产率条件 β 收敛的影响 ………… 182
　　一、计量检验模型 …………………………………………… 182
　　二、总体实证检验分析 ……………………………………… 183
　　三、分时间阶段实证检验分析 ……………………………… 186
　　四、分地区实证检验分析 …………………………………… 195
　小结 …………………………………………………………………… 201

第九章　结论与启示 ……………………………………………………… 203
　第一节　主要结论 ………………………………………………… 203
　第二节　研究启示 ………………………………………………… 207
　第三节　研究不足之处及未来研究方向 ………………………… 209

参考文献 …………………………………………………………………… 210

后记 ………………………………………………………………………… 220

# 第一章 绪 论

全要素生产率（total factor productivity，简称 TFP）是指剔除资本和劳动要素投入后，影响经济增长的其他因素的贡献总和，其本质是经济增长效率的提高。全要素生产率既是衡量经济高质量发展水平的关键性指标，同时也是新时期深化供给侧结构性改革的落脚点。改革开放以来，中国经济的发展虽然取得了令人瞩目的巨大成就，但各地在经济增长方式和经济增长绩效方面出现了巨大差异。改革开放深远地影响了中国现代化进程，然而究竟是什么因素造成了各地区在同一种制度环境下的不同表现，并最终形成了全要素生产率的巨大差异，是本书研究的核心问题。

## 一、选题背景

中国共产党第十八次全国代表大会以来，全要素生产率成为频繁出现在政府工作报告中的经济领域的热点词汇。2016 年，在《中华人民共和国国民经济和社会发展第十三个五年规划纲要》中，提高全要素生产率不仅被写入规划，而且成为中国经济增长统领性的指导思想和关键目标。在党的十八届五中全会上，习近平总书记又对供给侧改革与全要素生产率的关系做了深刻阐述。他指出："供给侧结构性改革……要减少无效和低端供给，扩大有效和中高端供给，增强供给结构对需求变化的适应性和灵活性，提高全要素生产率。"由此可见，全要素生产率不仅是中国经济发展关注的重要主体，而且是新时期中国推行供给侧结构性改革的重要落脚点。

从现实角度来看，全要素生产率被反复提及也有其深刻的现实背景。

从中国经济发展的阶段来看，自 2008 年国际金融危机席卷全球以来，中国的经济运行方式开始逐步迈入转型升级的新常态。全要素生产率作为引领中国从要素驱动走向创新驱动的"代名词"，其在经济学领域的丰富内涵恰好与中国经济转型的基本诉求相契合。从中国省域经济发展的现状来看，改革开放以来，中国经济发展虽然取得了巨大成就，但也带来了日趋扩大的地区发展差异。全要素生产率作为经济增长的重要源泉，其空间差异同时也是中国经济增长水平差异的重要成因。如何降低全要素生产率的空间不均衡程度，同时也是缩小地区差距、推动区域协调发展的重要课题。

一般认为，全要素生产率的提高在内涵上反映了技术进步、制度创新等众多因素对产出的影响。其中，制度与全要素生产率的关系是近年来学术界研究的热点。对比当前经济发展的现实状况，恰如蔡昉（2015）所言，提高全要素生产率的关键：一是要以科技创新推动产业结构优化升级；二是要以体制创新消除制度性障碍，改善资源配置效率。由此可见，时下中国经济发展进程中，制度与全要素生产率之间的紧密关系。

尽管制度对全要素生产率的影响屡被提及，诸多政府公文和报纸杂志也反复提及改革对全要素生产率提升的重大作用，但制度与全要素生产率之间的理论联系机制究竟是怎样的，在同一种制度框架下，为什么中国不同地区表现出如此大的差异，异质性制度对全要素生产率的空间差异影响如何，目前在学术界尚没有得到系统的回答。

从制度经济学的理论框架来看，制度一般是一种抽象的、同质的存在。这种带有抽象和逻辑特质的分析方式有利于抓住制度存在与演进的本质特征，却因过于强调制度的共性而忽视了制度在现实经济运行中的丰富内涵。在现实经济生活中，我们不仅要看到一种制度在降低交易成本或者推动产权明晰方面的作用，还要看到同一种制度在各个地区实施效果迥异的原因，以及这种异质性制度的根源与影响是什么。分析和阐释中国改革开放背景下异质性制度的形成机理，探讨其对全要素生产率的影响，是一个具有现实意义和理论分析价值的崭新课题。

# 第一章 绪论

## 二、研究的理论意义与实践意义

生产率问题的研究是个经久不衰的话题，特别是在当代社会经济快速发展、科技创新日趋活跃、经济增长理论日趋成熟的大背景下，生产率的问题已经成为社会各界普遍关切的热点问题。而在中国经济政治体制加速转型的大背景下，研究制度与全要素生产率的关系更成为当前经济领域关注的重大问题。

### 1. 理论意义

从理论角度来看，本书研究的价值主要体现在两个方面。

一方面，有利于揭示异质性制度存在的根源和形成机制，深化对制度内涵的认识。制度作为人类文明建构的特殊规则，和人类社会历史一样久远，但我们在将经济学领域诸多问题的产生归结于制度时，又往往忽视了同一种制度在不同经济发展情境下的特殊表现。如同样是经济特区制度，在同一时期成立的不同经济特区最后产生了迥然不同的发展绩效，甚至有成功和失败两种完全相反的结局。归根结底，同一种制度在不同情境下是不同质的，而这正是本书区别于以往文献对制度的认识。本书通过对异质性制度的分析，揭示了异质性制度的形成机制，并在一定程度上丰富了制度经济学中对制度的认识。

另一方面，有利于揭示异质性制度与中国全要素生产率之间的理论逻辑。中国正处于要素驱动转向创新驱动的关键节点，政府也积极倡导通过改革或制度创新来激发创新活力。那么，在此实践过程中，面临的首要问题就是如何通过改革或制度创新来提升全要素生产率发展，并弄清楚其深层次的理论机理是什么。没有理论上的深层次认知，实践就会变成无意识的实践，而揭示这种制度与全要素生产率之间的内在理论逻辑，就是本书的核心内容。

### 2. 实践意义

本书的实践意义主要体现在两个方面。

一方面，有利于全面总结和回顾改革开放以来，中国制度变迁与全要素生产率空间分布绩效的基本表现和演进逻辑。改革开放是中国历史上经济社会发展的宏伟篇章。从全要素生产率的研究文献来看，研究改革开放以来财政分权、基础设施建设、对外开放、人力资本等因素与全要素生产率关系的文献屡见不鲜，但真正将上述因素统一到制度分析的框架下的文献却屈指可数。进一步来看，已有文献中，即使有对涉及制度的某个因素与全要素生产率的关系的论述，但因对制度的理解、实证年限的长度等有所不同，得到的结论也会有所差异。尤其在2008年以后，中国经济逐渐步入新常态，在制度环境发生变化的背景下，全要素生产率的表现更值得关注。

另一方面，有利于为新时期推动中国供给侧结构性改革提供理论指导。诺贝尔经济学奖获得者、一代制度经济学大师道格拉斯·诺斯曾指出："人们过去作出的选择决定了他们现在可能的选择。"因此，深入研究改革开放以来不同时期制度变迁对全要素生产率的影响，具有重大的现实价值，尤其对新时代中国经济增长方式的加速转型，以及如何基于供给侧结构性改革推动全要素生产率的增长，具有较强的实践指导意义。

## 三、相关概念界定

本书出现的主要核心词汇的概念界定如下。

### 1. 制度

制度的内涵庞杂而古老。在中国，"制度"一词最早出现于《周易·节》，"天地节而四时成；节以制度，不伤财，不害民""君子以制数度，议德行"。制度的本义是指礼数和法度，代指"规矩"。《辞海》将制度定义为"要求成员共同遵守的、按一定程序办事的规程"。

在西方国家，经济学大师诺斯将制度定义为"约束在谋求财富或本人效用最大化中的个人行为而制定的一组规章、依循程序和伦理道德行为准则"。舒尔茨则将制度定义为"一种行为规则，这些规则涉及社会、政治及经济行为"。凡勃仑则认为，制度是一种广泛存在的社会习惯。在他看来，制度具有一种习惯特征，它通过习惯和一般认可变得具有功利性和不可或缺性。康芒斯则将制度看作"控制个人行动的集体行动"。

与一般经济学家不同，艾尔斯将制度经济学看作研究技术和技术变化的学问，他在论述制度作用时显得别具一格。作为技术决定论者，艾尔斯认为，技术是经济进步的决定因素，制度是经济变化的动因，但制度价值

# 第一章
## 绪论

与技术价值相比,具有最终价值的仍然是技术。

制度与全要素生产率之间的关系是本书研究的核心主题。其中,技术创新通常被认为是影响全要素生产率的主体因素,故很难无视制度与技术创新之间的逻辑关系。相较其他制度经济学家的论述,本书认为制度本质上是一种约束个体行动的集体行动规则,而且技术具有最终价值,对于以技术为主体的全要素生产率,制度是影响全要素生产率变化的动因。尽管技术进步本身也需要一定的制度安排,但本书仅讨论除技术创新主题以外的制度因素对全要素生产率的影响。

### 2. 制度三分法

按照不同的标准,不同的学者对制度有不同的划分方法。

舒尔茨按照制度的经济功能将制度划分为四类:一是用于降低交易费用的制度,如货币、期货市场制度;二是用于影响生产要素所有者之间配置风险的制度,如合约、分成制等;三是用于提供职能组织与个人收入流之间的联系的制度,如财产法等;四是用于确立公共物品和服务的生产与分配的框架制度,如政府和社会资本合作(public-private partnership,简称PPP)等。柯武刚和史漫飞将制度划分为指令性制度和禁令性制度两种,指令性制度是指由管理部门强加的行为秩序,而禁令性制度则是指禁止人们去干什么或告诫人们不应该做什么的行为规范。除此以外,根据制度的起源不同,制度可被划分为内在制度和外在制度;根据约束程度不同,制度还可被划分为宪法规章、制度安排和伦理道德行为规则等。

综上所述,制度表现的形式和研究分析的目的是制度划分的重要依据。基于制度与全要素生产率关系的研究主题,本书将制度划分为资本增进型制度、劳动增进型制度和公共供给型制度三类。其中,资本增进型制度是指所有有利于提升资本产出效率的制度总称;劳动增进型制度是指所有有利于提升劳动产出效率的制度总称;公共供给型制度是指以提供公共物品和服务为手段的制度总和,在表现形式上,等同于舒尔茨用于确立公共物品和服务的生产与分配的框架制度。之所以将制度做如此划分,主要有三个方面的考虑。

第一,基于研究目的,制度三分法更有利于剖析制度对全要素生产率影响的传导路径。在本书分析中,与技术影响经济增长的偏向性分析类似,全要素生产率的提高本质上也来源于劳动效率的提高、资本效率的提高和中性（公共供给）效率的提高。从这三方面延伸，就为揭示制度影响全要素生产率关系的理论机制提供了路径导向。

第二，基于改革开放以来的制度表现形式，制度三分法具有现实制度变迁形式的坚实支撑。从宏观角度来看，改革开放在中国宏大的历史背景下就是一个特定的制度安排，但这种制度安排本质上是由庞杂的制度细类架构的。制度三分法可以将改革开放这一制度变迁的宏大主体进一步切分细化，进而获得不同细分制度领域对全要素生产率的影响。这种基于结构的分析更有指向性，同时，也更有助于贴近中国改革开放的现实。如果说制度三分法在理论上具有衔接制度与全要素生产率理论的传导路径的价值功效，具有构建理论体系的可行性；那么，改革开放以来中国制度变迁的表现形式，则直接为制度三分法的应用提供了理论分析的可操作性。从实践来看，资本增进型、劳动增进型和公共供给型制度的变迁确实存在于中国改革开放的具体政策举措之中。从资本增进型制度看，改革开放以来，中国对外资政策的引入、金融制度的改革，无一不是资本增进型制度的体现。从劳动增进型制度看，改革开放以来，城镇化与户籍制度改革、全民所有制改革对解放和发展生产力起了至关重要的作用。从公共供给型制度看，改革开放以来，以基础设施建设等为代表的制度形式对降低经济运行的交易成本作用显著，见表1-1。因此，基于上述三种类型来划分改革开放以来的制度变迁历程是可行的。

表1-1 改革开放以来中国制度变迁的分类[①]

| 类型 | 内容 | 标志 |
| --- | --- | --- |
| 资本增进型制度 | 金融深化改革 | 1993年提出金融体制改革目标 |
| | | 2004年国有商业银行进行股份制改革 |
| | 对外开放 | 1979年设立开放特区 |
| | | 1992年邓小平南方谈话 |

---

① 制度变迁有些内容对资本和劳动效率提升都具有促进作用，在此按照对要素配置所产生的主要作用做初步划分，部分制度变迁内容的划分依据在本书下文中阐述。

# 第一章 绪论

表 1-1（续）

| 类型 | 内容 | 标志 |
| --- | --- | --- |
| 劳动增进型制度 | 城镇化与户籍制度改革 | 1994 年出台《关于加强小城镇建设的若干意见》 |
|  | 全民所有制改革 | 1992 年出台《全民所有制工业企业转换经营机制条例》 |
| 公共供给型制度 | 基础设施建设 | 2013 年国务院出台《关于加强城市基础设施建设的意见》 |
|  | 公共服务 | 2016 年国务院出台《关于整合城乡居民基本医疗保险制度的意见》 |

第三，基于中国全要素生产率和技术进步的现实表现，制度三分法有利于揭示除技术进步因素以外，影响全要素生产率变化的制度因素。技术进步是构成全要素生产率增长的重要主体，然而近年来中国研发投入占国内生产总值（GDP）的比重不断上升，但全要素生产率对 GDP 增长的贡献却并非呈直线上升之势，如图 1-1 所示。恰如高帆（2017：109-115）在分析中国经济发展进程时指出的中国创新之谜一样：中国多年来技术创新投入力度持续提高，但全要素生产率增长却在持续下行。归其原因，已经不是以技术进步为主体因素在对全要素生产率变化起关键作用，而是技

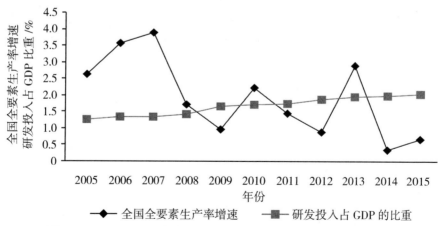

图 1-1 2005—2015 年中国研发投入力度与全要素生产率变动情况

术进步之外的制度因素制约着全要素生产率的提高。

**3. 异质性制度**

目前,"异质性制度"在经济学领域尚未有一个完整的概念界定。在国内仅有的几篇关于异质性制度的文献中,异质性制度通常被理解为各国或区域之间经济制度的差异。曾才生在2007年出版的《异质性条件下的经济分析——后起国家对外开放的条件与时机问题》中,将异质性界定为资本、土地、劳动等要素和产品存在的数量、质量和种类的差异。除了经济学领域,生态学、茶学、建筑学等众多领域都有关于异质性的描述。

异质性是与同质性相对应的概念。张曙光在推荐《异质性条件下的经济分析——后起国家对外开放的条件与时机问题》时,旗帜鲜明地说道:"异质性假定是一个很重要的问题。与新古典主义的同质性假定相比,异质性假定自然是一个更加接近现实的假定。据此进行逻辑推理和理论演绎,不仅会对现有的经济分析方法提出挑战,而且会开发出一系列新的研究论题和领域。"

参照国内其他领域对异质性的界定方法,本书将异质性界定为"在空间分布上的不均匀性"。所谓异质性制度,就是"同一种制度框架下,不同区域制度实施强度和表现绩效的差异性与不均匀性"。改革开放以来,以省份为单位,中国各个区域似乎执行的是同质性制度,所有省份使用的是同一种制度安排。但细究改革开放以来各个省份经济发展的整体历程,就可以看出异质性制度存在的必然性和合理性。总体看来,中国改革开放以来,地区之间形成的异质性制度主要体现在四个方面。

第一,改革开放以来,制度设计的不同步传导导致的制度异质性。中国的改革开放虽然最终表现为全国省份总体制度的变迁,但在实施过程中,却是由试点地区逐步扩散,走的是一条不均衡传导的路线。在此过程中,虽然各地最终接受的是同一种制度安排,但在起步实施的时间维度上却是不同步的。相较于后发地区,改革开放最早试点的地区往往会占据先机,同时也决定了同一种制度安排在不同区域之间的内部差异表现。

第二,改革开放以来,市场力量的不均衡扩张导致的制度异质性。如果说制度设计的不同步传导导致的是一个地区在起步时间上与其他地区的不均衡,那么,市场力量的不均衡扩张则直接决定了不同区域发展过程中市场扩张力量的不均衡,也最终决定了产业空间集聚、市场活力水平等多方面的不均衡。起点和发展过程中的不均衡造成同一种制度在不同区域的贯彻程度、实施绩效有较大差异。

第三，改革开放以来，地方政府对制度安排的不同质吸收导致的制度异质性。地方政府是进行制度实施的根本主体，在设计并贯彻同一种制度过程中，政府能力的差异会造成不同地区实施的绩效有显著差异。综览改革开放的整个过程，改革开放的号角之所以从沿海地区吹响，改革之所以能在东部沿海地区得到推广，一方面源于东部沿海地区较好的市场基础，另一方面则源于当地政府的能力。韩永辉、黄亮雄、王贤彬（2017：33－48）基于实证结果，证明政府能力是决定改革开放以来各地产业增长绩效差异的重要原因，同时也变相地证明了地方政府能力是中国各地区异质性制度形成的关键因素。

第四，改革开放以来，不同区域的区位优势和禀赋条件的不对称分布导致的制度异质性。同一种制度在中国不同区域的吸收能力之所以有较大差异，除了地方政府能力这种主观因素外，区域的区位、自然禀赋条件、文化特征等都有可能成为制度在不同区域异化的主要因素。事实上，在实施改革开放的制度体系设计时，国家也要求各地基于本地的特点因地制宜，这也是触发异质性制度形成的直接因素。

在表现形式上，异质性制度不仅表现为区域与区域之间在空间分布层面上的不均匀特征，而且表现为在同一种制度实施下局部区域与总体之间的差异性。在制度三分法的基础维度下，研究劳动增进型制度、资本增进型制度和公共供给型制度的异质性对全要素生产率的影响构成了本书的主体内容。

### 4. 全要素生产率

"全要素生产率"是宏观经济学的重要概念，同时也是分析经济增长源泉的重要工具。所谓全要素生产率，是指在索洛经济增长模型中，扣除资本和劳动两种生产要素后难以解释的部分。按照索洛的观点，全要素生产率的构成主体是技术进步，但也包括劳动力与资本质量的改进，以及计算误差、被忽略变量等各种因素的影响。

研究、估算全要素生产率通常具有两方面的显著价值：一是有助于进行经济增长的源泉分析，即估算出各种因素对经济增长的贡献；二是有利于制定和评价长期可持续增长政策。中国经济增长在不同区域呈现出不同的绩效，既有要素投入的成因，也有全要素生产率水平的成因，识别不同区域全要素生产率空间差异背后的制度差异是本书出版的主要初衷。

## 四、研究思路与方法及其技术路径

### 1. 研究思路

本书是基于改革开放以来制度变迁对全要素生产率影响的经验研究，在研究起步时面临两个问题：一是改革开放是个宏伟的制度变迁过程，如何结合全要素生产率的特征对其进行细分与具体刻画；二是在制度安排的不同步传导、市场力量的不均衡扩张、政府能力的不同质吸收、优势禀赋条件的不对称分布四种因素的影响下，同一种制度在不同区域的表现各有不同。

对于第一个问题，本书主要从制度三分法的角度予以解决；对于第二个问题，本书主要依据基于异质性制度的代理变量及其与全要素生产率的计量模型回归予以解决。制度三分法是贯穿本书论述的一条主线，而异质性制度的形成及其与全要素生产率之间的关系则是本书着力要解决的基本问题。

围绕上述问题，绘制本书内容的逻辑推演，如图1-2所示。全书从九个章节予以阐释。

第一章为绪论。重点介绍写作本书的背景、研究目的与意义、研究思路与方法以及研究所采用的技术路径，并对研究过程中的重点、难点、创新点进行分析。

第二章为理论回顾与文献综述。从全要素生产率起源的经济增长理论入手，逐层剖析制度变迁与全要素生产率研究的基本脉络。其中，不仅综述了经济增长源泉、全要素生产率概念的形成、全要素生产率测算的主要分歧及其代表文献述评，而且分析了当前制度变迁与全要素生产率关系的研究进展和全要素生产率空间差异的实证研究进展。

第三章为中国制度变迁与异质性制度的形成。首先，对改革开放以来，中国制度变迁的基本历程和研究思路进行了分析；然后，从制度三分法维度剖析了各地异质性制度的基本表现特征。

第四章为全要素生产率的测算及空间差异表现。主要基于索洛余值

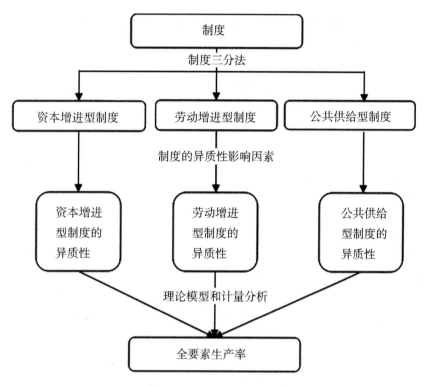

图1-2 本书内容的逻辑推演

法,对中国各省域全要素生产率进行了测算,并对制度变迁下的全要素生产率变化和空间差异进行了初步分析。

第五章为异质性制度对全要素生产率影响的理论机理。重点探讨了资本增进型制度、劳动增进型制度和公共供给型制度对全要素生产率的影响及其作用机制。

第六章为异质性制度与全要素生产率空间差异的实证检验。基于本书的理论机制,结合中国改革开放以来制度变迁的历程,用计量检验的方法分析本书阐明的理论机制是否可以在中国的案例中得到验证。

第七章为制度外溢与全要素生产率空间差异。为深入探讨制度异质性与全要素生产率之间的关系,进一步放松省份独立的假设,着力探讨空间关联视角下的制度异质性与全要素生产率空间差异。

第八章为制度因素与全要素生产率空间收敛性分析。重点考察制度在空间的异质性分布是否有利于全要素生产率的空间收敛，即中国省域全要素生产率的差异是否会缩小或逐步趋于不同的稳态水平。

第九章为结论与启示。重点是在前述分析的基础上，对本书得到的基本结论和研究的内容总结，以及进一步研究的方向予以展望。

需要特别强调的是，制度三分法虽然贯穿全书理论及实证论述，但其最重要的作用仅仅是用于将改革开放以来宏大的制度变迁具体化，为全书具体阐释制度与全要素生产率之间的关系提供一种可识别、可度量的导向。

### 2. 研究方法

为了深入剖析异质性制度对全要素生产率的作用机制与影响程度，研究其对全要素生产率空间收敛的影响程度，本书采用了理论研究与实证研究相结合、定性研究与定量研究相结合的研究方法。

（1）数理模型法。重点结合经济增长模型，对不同类型的制度对全要素生产率的影响及作用机制进行数理模型推导，并基于梳理模型的推导，剖析不同制度因素影响全要素生产率的作用路径。

（2）计量分析法。本书分别使用了多种类型的面板计量回归，主要包括长面板与短面板计量回归、静态面板与动态面板回归、空间面板等，通过这些计量模型的影响，可以较为精确地测算出三种制度的异质性对全要素生产率的空间差异及空间收敛的影响程度。

（3）比较研究法。在分析计量方程得到的结论时，本书不仅将所得到的结果与相关文献进行对比分析，而且将不添加空间影响因素的计量结果与添加空间影响因素的计量结果进行比较研究，以此来探讨分析计量结果对现实的解释能力的合理性。

### 3. 技术路径

全书的分析遵循现状分析、理论推演、实证检验的基本路径。其中，现状分析重点论述中国制度变迁与异质性制度的形成过程、全要素生产率的测算及空间差异表现。中国制度变迁与异质性制度的形成过程揭示了改革开放以来，同一种制度安排下存在发展水平的差异的原因；全要素生产率的测算及空间差异的表现则直观揭示出不同地区全要素生产率的空间差异效果。理论推演方面采用数理模型的方式，推演了制度对全要素生产率影响的作用路径。实证检验包括：异质性制度与全要素生产率的基础实证、制度的空间外溢对全要素生产率的影响、异质性制度对全要素生产率收敛性的影响实证三个部分。综合现状分析、理论推演、实证检验的研究路径，绘制本书的技术路线，如图1-3所示。

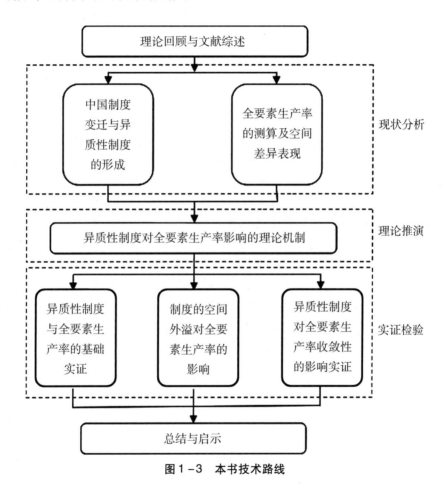

图1-3 本书技术路线

# 第二章　理论回顾与文献综述

全要素生产率的测算与深度分析是当前研究全球各国经济增长激动人心的经济学领域之一。一般认为，始于索洛经济增长模型的全要素生产率，主要是指除资本投入和劳动投入贡献以外，其他所有能够实现经济增长的因素贡献总和（刘光岭、卢宁，2008：79-82）。这种因素的主体是技术进步，但也包括产业结构调整、规模经济等众多难以解释的因素，对此国内外众多知名学者均有涉及。本书无意分析每个因素对全要素生产率的作用机制，而是重点以制度为切入点，在新古典经济增长框架下，尝试解析全要素生产率增长的制度源泉，并力图剖析中国改革开放以来，在制度变迁下，省域全要素生产率的演进轨迹。为论述制度变迁与中国全要素生产率空间差异的逻辑起点，本书从全要素生产率起源的经济增长理论入手，逐层剖析制度变迁与全要素生产率研究的基本脉络。

## 第一节　经济增长源泉与全要素生产率概念的形成

全要素生产率的提出是与现代经济增长理论形成的历程相伴而行的。然而，作为现代经济增长理论的核心议题，关于经济增长源泉的讨论却是个古老而又具有持续生命力的话题，这个话题甚至可以追溯至经济学科尚未形成之前，诸多圣贤哲人的语录记事之中。为追溯全要素生产率概念形成的背景渊源，先对经济增长理论中关于经济增长源泉的若干标志性进展做简要论述。

# 第二章

## 理论回顾与文献综述

### 一、古典经济增长理论

经济增长的源泉一直是经济学家探讨关注的重点问题。早在1776年，亚当·斯密就在其经典著作《国民财富的性质和原因的研究》中论及经济增长问题。在亚当·斯密看来，增加生产性劳动和提高劳动效率是促进经济增长的两大途径。促进经济增长，首先取决于劳动生产率的提高，而影响劳动生产率的主要因素是分工程度和资本积累的数量，因此，分工协作和资本积累是促进经济增长的基本动因（1996）。作为经济学理论形成过程中最早揭示经济增长源泉的开山鼻祖，亚当·斯密有关劳动生产率的论述应该是最早阐述要素投入产出效率和技术进步作用的文献。

随后，大卫·李嘉图、约翰·斯图亚特·穆勒等一大批经济学家提出了各具特色的经济学说。如李嘉图不仅将资本积累视为资本主义社会财富增长的基本成因，同时还关注到技术进步对经济带来的影响。李嘉图认为，通过改进技术，可以提高劳动生产率，进而提高利润。他还认为，大力发展对外贸易，促进国际分工，有利于在国际范围内提高劳动生产率（张旭昆，2007：180-182）。穆勒认为，任何社会生产都必须具备三个基本因素：劳动、资本及自然所提供的材料和动力。他特别强调，工人的智力是影响劳动生产力的一个重要因素；他也指出，生产的增加不仅取决于生产要素的生产效率，而且依存于生产要素的增加。

古典经济增长理论真正走向成熟的标志是哈罗德—多马模型的提出。20世纪40年代末，英国经济学家哈罗德和美国经济学家多马同期发表了关于经济增长的论文，回答了经济增长源泉及发展路径的诸多问题。基于凯恩斯有效需求理论的哈罗德—多马模型指出，储蓄率和资本产出比是决定经济增长率的决定因素。为了实现经济的持续增长，经济的实际增长率不仅必须等于有保证的增长率，而且必须等于经济的自然增长率（舒元等，1998）。

哈罗德—多马模型有非常严格的假设条件，如须假设不存在技术进步，也不存在资本折旧，同时假设劳动供给增长率不变，资本—产出率不变（周彩云，2017：23-25）。在诸多严格假设条件的基础上，哈罗德—多马模型得到了经济学家称为"刃峰"式的经济增长路径。哈罗德—多马模型开创了现代经济增长理论中用数学表达式表示经济增长源泉的先例,尽管模型仍有较多缺陷,但该模型从更深层次揭示了经济增长的内在机制,对后续的新古典经济增长理论和内生经济增长理论都有较大的启发意义。

尽管古典经济增长理论探讨经济增长的内在机理深度在逐步增加,数学工具越来越成熟,但不可否认的是,自亚当·斯密提出经济增长理论以来,他们对分工、技术进步、自然要素、人力资本等诸多要素的讨论越来越弱化。从亚当·斯密到哈罗德—多马模型,他们对经济增长源泉的讨论越来越集中于少数几个因素对经济增长的贡献,这无疑需要学者在后续的经济研究中进一步拓展并深化。

## 二、新古典经济增长理论

1956年,美国经济学家索洛和英国经济学家斯旺分别对哈罗德—多马模型进行了修正,形成了新古典经济增长的理论框架,同时也孕育了全要素生产率概念的产生。

在极具开创性的《技术变化和总量生产函数》一文中,索洛(1985:45-46)提出了扣除经济增长中资本和劳动两种生产要素后,将难以解释的部分作为技术进步对产出的贡献。由于全要素生产率从产生伊始便内生于索洛经济增长模型之中,故重温索洛的经济增长因素分析模型显得尤为必要。

首先,索洛在"希克斯中性技术进步"的假定条件下,设定生产函数为

$$Y_t = F(A_t, K_t, L_t) \tag{2.1}$$

然后,式(2.1)对时间 $t$ 求导并做适当变换后,最终得到

$$\frac{dY_t}{Y_t} = \frac{K_t}{Y_t}\frac{\partial Y_t}{\partial K_t}\frac{dK_t}{K_t} + \frac{L_t}{Y_t}\frac{\partial Y_t}{\partial L_t}\frac{dL_t}{L_t} + \frac{A_t}{Y_t}\frac{\partial Y_t}{\partial A_t}\frac{dA_t}{A_t} \tag{2.2}$$

如果定义 $\omega_K$ 为资本产出弹性,$\omega_L$ 为劳动产出弹性,式(2.2)可以变形为

$$\frac{dY_t}{Y_t} = \omega_K \frac{dK_t}{K_t} + \omega_L \frac{dL_t}{L_t} + \frac{A_t}{Y_t}\frac{\partial Y_t}{\partial A_t}\frac{dA_t}{A_t} \tag{2.3}$$

# 第二章

## 理论回顾与文献综述

其中，令 $\frac{A_t}{Y_t}\frac{\partial Y_t}{\partial A_t}\frac{dA_t}{A_t} = R_t$，该 $R_t$ 即索洛剩余，也就是全要素生产率的基本表达式（王瑞泽，2006：20-21）。

索洛强调技术进步对更高质量的生活水平的重要性。对于他而言，技术进步不仅包括生产技术的提高，还包括劳动力与资本质量的改进（布鲁、格兰特，2014：428）。根据索洛的研究，美国1909—1949年的经济增长中，技术进步贡献率为80%，即增长函数中扣除资本和劳动以后的索洛剩余贡献值为80%。然而，从理论上看，在索洛增长函数中，扣除资本和劳动两种生产要素以后难以解释的部分，既包括技术进步的影响，又包括计算误差、被忽略变量等各种因素的影响。

尽管索洛的经济增长模型仍存在一定缺陷，但全要素生产率的提出为众多经济学家讨论不同国家的经济增长方式提供了一个良好的工具。围绕全要素生产率的测算分析，越来越多的经济学家开展了大量有启发性的讨论，但索洛剩余仍是全要素生产率的根基。

### 三、内生经济增长理论

索洛的经济增长理论虽然较好地诠释了经济增长的长期持续性，但他将推动经济增长的动力源区——技术进步看作外生变量，在用新古典增长理论解释现实时，面临各种矛盾，由此引发大量经济学家对新古典经济增长理论的重新思考。

20世纪80年代以来，以罗默和卢卡斯为代表的内生经济增长理论崛起，这成为当前分析经济增长的主流理论框架。除了罗默和卢卡斯以外，内生增长理论的代表还有格罗斯曼、赫尔普曼、阿格海恩、赫威特等。内生增长理论基本上沿着五个技术路径展开：一是知识外溢和干中学的内生增长思路；二是内生技术变化增长思路；三是线性技术内生增长思路；四是开放经济学中的内生增长思路；五是劳动分工和专业化内生增长思路（孙浩，2009：12）。

内生经济增长理论是新古典经济增长理论的进一步延伸和细化。在增长路径方面，内生经济增长理论对一个国家或地区的长期增长动力有了更清晰的解释，也并未脱离和否认索洛剩余对经济增长的主体支撑力。从应用效果上看，内生经济增长理论尽管在发达国家取得了较好的解释，但在广大发展中国家的经济增长表现并未令人信服。

## 四、其他经济增长理论

从古典经济增长理论到新古典经济增长理论，再到当前风靡全球的内生经济增长理论，经济增长的源泉逐步向要素决定论转变，尤其聚焦于技术进步决定论。事实上，除了当前经济学主流经济增长模型外，熊彼特的创新经济学、孟德斯鸠等人的地理条件决定论、韦伯的文化宗教信仰决定论，以及20世纪70年代中后期兴起的制度决定论同样引人注目。

如在创新经济学中，熊彼特高度颂扬创新和企业家在经济运行机制中的作用。在熊彼特看来，如果没有创新，经济生活将会达到静态均衡，并且年复一年的经济循环流动将会沿着大体相同的路径进行。企业家是那些执行新的组合、引入创新的人，能够掌握其他人忽视的机会，或者能够通过他们自己的勇敢和想象力创造机会的人（布鲁、格兰特，2014：433）。除此以外，熊彼特还看到了在资本主义制度下创新源泉的发展趋势，尽管诸多看法在当时的经济发展环境下具有一定的历史局限性，但这启发了人们对经济增长源泉的新认识。

在孟德斯鸠等人的地理条件决定论中，地理环境不仅是制约产业发展、人居环境的基本因素，同时决定了人们对美好生活向往的精神动力，一些学者甚至探讨了交通卫生状况等因素对经济增长的影响，典型的如萨克斯（Sachs，2001）、迈尔达尔（Myrdal，1968）等，都阐述了地理环境原始差距对扩大不同地区收入差距的影响机制。事实上，简单的地理环境决定论在大多数文献中都受到质疑［罗德里克、苏布拉马尼安、特雷比（Rodrik，Subramanian，and Trebbi），2002］，但这也为剖析经济增长源泉中的神秘因素提供了一种新的视角。

韦伯的文化宗教信仰决定论是另一种解析经济增长的思路。这种观点认为，不同地区的文化传统、信仰理念等诸多因素，最终通过经济个体对经济增长的全局产生了深刻影响。除了韦伯以外，格雷夫（Greif，1994：912-950）也认为，文化才是经济增长的根本原因，不同文化决定了经济个体的经济行为和激励手段，同时也决定了经济增长的最终表现。相较而

# 第二章

## 理论回顾与文献综述

言,笔者认为,韦伯的理论在某种程度上可归属于制度讨论的范畴。

与前面几种经济增长决定因素讨论不同,制度决定论是一个体系相对庞杂、在经济学研究领域有深远影响的观点。制度决定论的思想渊源最早可以追溯至亚当·斯密、大卫·李嘉图、约翰·斯图亚特·穆勒等人的古典经济学论述,与新古典和内生经济增长虽属同宗,但在学术观点上却形成了截然不同的演化路径。新制度经济学派的代表人物诺斯,在基于制度对经济增长的解释方面,做出了开创性的贡献。以诺斯为代表的新制度经济学认为,"制度是为约束在谋求财富或本人效用最大化中的个人行为而制定的一组规章、依循程序和伦理道德行为准则"(诺斯,1992:195 - 196),制度由正式规则和非正式规则组成。制度与经济增长的关系在于,任何经济增长过程都是在一定的制度环境和制度安排下进行的,经济增长不可能脱离制度背景而独立存在,制度因素贯穿经济增长的全过程(孙浩,2009:14)。制度经济学派还从交易成本、产权保护、经济制度、政治制度等众多方面对经济增长的制度源泉做了较为充分的论述,典型的如威廉姆森(Williamson,1985),诺斯、托马斯(North and Thomas,1973)等。

值得说明的是,以上不同经济增长理论尽管从不同角度解析了经济增长的源泉及其内在机理,但不同理论之间并非存在不可逾越的鸿沟。近年来,围绕经济增长源泉的讨论,国内也有诸多学者积极尝试基于崭新的视角消除不同增长理论之间的分歧,致力于形成新的更高层次的经济增长理论。例如,鲁志国(2002:43 - 44,72)认为,经济增长理论概括起来主要有三类:一是剔除制度的经济增长动态分析;二是制度对经济增长是重要的,但只是"适应性"变量,经济增长的贡献最终取决于技术;三是将制度视为经济增长的内生变量。经过翔实细致地分析,他认为,以上三种答案都具有合理性,但不够全面和完整,一个较为全面的答案是将三种观点纳入同一时间维度中讨论。短期来看,通过降低交易费用,制度创新直接提高生产效率,实现经济增长;长期来看,制度从属于技术创新的要求,其绩效通过对技术创新的作用而间接地体现出来(鲁志国,2003:22 - 25)。

本节论述着重从全要素生产率的源泉角度重新审视,除了技术进步因素,还分析其他对经济增长有显著贡献的因素。除此以外,从梳理上述关键理论进展节点也可以看出，主流经济学的观点是将经济增长的源泉逐步向技术进步、人力资本、物质资本等领域扩展，制度变迁对经济增长的贡献虽然论述得较为充分，但遗憾的是，制度如何影响经济增长、制度到底是内生于还是外生于经济增长体系、制度决定论与技术决定论的关系如何等，仍是未有定论的问题。对于制度经济学而言，仅仅停留在"制度是重要的"类似的判断显然不够，理论内涵仍需要得到拓展。

## 第二节　全要素生产率测算的主要分歧及代表文献述评

基于本章上一节的分析可以看出，全要素生产率虽然仅仅是新古典经济学领域测算经济增长源泉的一个插曲，但其引发的问题却涉及经济学家对经济增长源泉、路径的深刻认识。按照学科分类属性来看，全要素生产率本质上是一种生产率，测算方法并不复杂，复杂之处在于其分解过程及内涵解析。形式归根结底是服务于目的和内容的，基于经济增长的路径、质量，如何分解和解析全要素生产率的内涵，目前在学术界仍有较多分歧。本节从全要素生产率的测算及分解方法入手，对当前该领域学术界的分歧进行简要述评。

### 一、索洛余值法相关文献述评

索洛余值法开创了经济增长源泉分析的先河，同时也是目前研究全要素生产率应用范围最广的方法。1994 年，美国经济学家克鲁格曼对"东亚奇迹"的批判，引发了我国对全要素生产率研究的热潮。如张军、施少华（2003：17-24）基于索洛残差模型，测算出 1952—1998 年中国全要素生产率的演进趋势。他们发现，中国经济的全要素生产率波动较大，但总体上，改革开放以后的中国全要素生产率显著高于改革开放以前，从中透析制度变迁对全要素生产率具有显著的影响。

张军、施少华测算全要素生产率的基本思路是，先用计量方程式回归得到资本产出弹性。在测算过程中，他们注意到生产函数会随时间变化而变化，故加入时间趋势项，最终形成两个检验方程

# 第二章

理论回顾与文献综述

$$\ln Y_t = \ln A_0 + \alpha_T t + \alpha_k \ln K_t + \alpha_l \ln L_t + \sum \beta_i D_i \qquad (2.4)①$$

$$\ln(\frac{Y_t}{L_t}) = \ln A_0 + \alpha_T t + \alpha_k \ln(\frac{K_t}{L_t}) + \sum \beta_i D_i \qquad (2.5)$$

由于回归结果不能通过检验,张军和施少华最终放弃了式(2.4)的回归结论而选择了式(2.5)的回归方程模式。根据测算,他们最终得到中国资本的产出弹性为0.609,劳动的产出弹性为0.391。

张军、施少华的方法在国内具有代表性和典型性。使用索洛余值法最大的困难在于资本存量的估算,为此,张军、章元(2003:35-43,90)和张军、吴桂英、张吉鹏(2004:35-44)先后在权威期刊上论述了中国资本存量的估算过程。由于过程翔实、逻辑严密,这些文献得到了广泛引用,基于此方法得到的全要素生产率值在某种程度上也具有较高的可比性。

除了张军、施少华,国内学者邹至庄和刘满强(1995:35-43)、张军扩(1991:8-17)、孙琳琳和任若恩(2005:3-13)等众多学者也基于索洛余值法对全要素生产率进行了研究。当然,在使用索洛余值法估算全要素生产率时,其缺陷也会受到众多学者的攻击,这主要表现在三个方面。

第一,索洛余值适用前提假设的缺陷。索洛余值的测算是建立在规模报酬不变的假设前提下的。乔根森和格里利切斯(Jorgenson and Griliches,1972:65-94)的研究表明,东亚新兴工业化经济体的规模报酬显著大于1。段文斌、尹向飞(2009:130-140)尽管没有对中国要素的规模报酬情况进行测算,但具有启发性地指出:改革开放前后,由于中国的技术水平有很大变化,国企改革的红利对资源的优化配置有显著的促进作用,故很有可能中国目前存在规模报酬递增的现象。然而,上述两篇文献的观点并未得到魏婕与任保平(2011:5-14)的完全证实。2011年,魏婕、任保平对中国35个工业行业2000—2008年的数据进行了规模报酬情况测算。他们发现,35个工业行业中,仅有15个行业存在规模报酬递增现象,且多集中在资源垄断型行业,其余20个市场化程度较高的行业,规模报酬仍处于等于1或小于1的状况。

---

① 其中,方程最后一项是针对1961—1963年和1984年以后的特别时期所设置的虚拟变量。

第二，参数估计中存在的问题。在使用索洛余值估算全要素生产率时，要素产出弹性估计处于枢纽环节位置。目前，要素产出弹性的估计有经验估计法、比值法和最小二乘法。由于估算的方法不同，得到的弹性结果也有较大差别。例如，张军、施少华估计得到的资本产出弹性为0.61，郭庆旺、贾俊雪（2005：51-60）基于索洛余值法得到的资本产出弹性为0.69，李国璋、周彩云、江金荣（2010：49-61）估计得到的资本产出弹性为0.52。不同的学者使用不同的方法得到不同的资本产出弹性，甚至不同的学者使用相同的方法得到的资本产出弹性也有所差异。对于后者，笔者认为主要是两方面原因造成的：一方面，选取的回归方程有所不同，如张军、施少华在测算资本产出弹性时，相关的计量方程增加了时间趋势项，而郭庆旺、贾俊雪的计量方程中却并未涉及此项；另一方面，采用的时间序列区间有所差异，如张军、施少华采用的是1952—1998年的数据，郭庆旺、贾俊雪采用的是1978—2004年的数据，李国璋、周彩云、江金荣采用的是1978—2007年的数据。计量方程的差异和所选用时间序列区间的差异或是造成资本产出弹性差异的主要成因。

第三，对要素投入的度量存在不足。基于索洛余值法测算全要素生产率主要涉及两类要素投入的度量。一类是劳动力投入要素。目前应用较多的是以就业人口数量作为替代变量，对此，段文斌、尹向飞认为，使用这种方法的缺陷是忽视了中国改革开放以来人力资本水平的较快提升。另一类是资本投入要素。在度量资本投入时，绝大多数采用的是固定资本存量，郑玉歆（2007：3-11）认为，资本投入到生产过程中的仅仅是资本即期服务流量而非存量，产出与用资本度量的产出在时间周期上并不一致。诸如此类的讨论，都为下一步完善索洛余值法测算全要素生产率提供了有意义的启示。

## 二、全要素生产率测度改进方法相关文献述评

除了索洛余值法，全要素生产率测度改进方法还有扩展索洛模型法、随机前沿生产函数法和数据包络分析法三种。

### 1. 扩展索洛模型法

基于索洛余值测算全要素生产率过程中出现的诸多问题，众多国内外

## 第二章

### 理论回顾与文献综述

学者提出了改进的思路。较有影响力的是丹尼森（Denison，1967：67）和乔根森（Jorgenson，1963：247-259）的研究。他们对索洛余值法的改进主要体现在投入要素分类的细化方面。在资本投入领域，丹尼森将住宅土地、非住宅建筑和设备、非住宅土地及存货分别纳入资本要素予以测算。在劳动力投入领域，丹尼森将就业、工作时间、劳动者教育、性别年龄等诸多要素都考虑进来。他将这些投入通过加权形成投入指数，各投入要素在收入中的份额是加权计算中的权重。在估计全要素生产率的增长率时，丹尼森的估计方法为

$$\frac{dA}{A} = \frac{dY}{Y} - \beta_1 \frac{dK}{K} - \beta_2 \frac{dL}{L} - \cdots - \beta_n \frac{dX}{X} \qquad (2.6)$$

其中，$A$ 表示全要素生产率，$Y$ 表示产出，$K$、$L$……$X$ 表示各投入要素，系数表示各投入要素的权重，且 $\beta_1 + \beta_2 + \cdots \beta_n = 1$。

丹尼森的贡献是通过定量分析和令人信服的解释提出了一套分解索洛余值的方法。

相较而言，乔根森对索洛余值法的改善主要是提出了超越对数生产函数的形式和在投入方面进行了比丹尼森更加细致的分解。乔根森的全要素生产率是由总产出增长率、中间投入增长率、资本投入增长率和劳动投入增长率联合决定的。他假设部门的生产函数为

$$Z_t = F^i(X_i, K_i, L_i, T_i) \qquad (2.7)$$

其中，$Z_t$ 表示总产出，$X_i$、$K_i$、$L_i$ 分别表示中间投入、资本投入和劳动投入，$T$ 表示时间。$F^i$ 使用超越对数形式，最终经推导，部门 $i$ 的全要素生产率增长可以表示为

$$V_t = \frac{dZ_i}{Z_i} - \omega'_k \frac{dK_i}{K_i} - \omega'_l \frac{dL_i}{L_i} - \omega'_x \frac{dX_i}{X_i} \qquad (2.8)$$

资本投入的度量是乔根森方法的一大特色。相较其他学者所使用的资本存量方法，乔根森对资本的度量是建立在资本存量和资本服务租赁价格基础之上的。

受丹尼森和乔根森研究的影响，近年来国内学者也大量采用扩展的索洛模型进行全要素生产率测算，如李宾、曾志雄（2009：3-15），李胜文、李大胜（2006：12-21），等等。国内扩展索洛模型常见的形式包括

添加人力资本变量、添加 R&D① 变量等,但总体来看,得到的结论分歧较大,甚至有些文献在测算人力资本或者 R&D 贡献时结论完全相反,显示该方法仍需要进一步完善研究。

**2. 随机前沿生产函数法**

随机前沿生产函数法是近年来兴起的测算全要素生产率的方法。在该方法中,总生产函数由前沿生产函数和非效率部分构成,全要素生产率分为技术进步和技术效率改进,这对解释全要素生产率的源泉大有裨益。

自伊格纳、洛弗尔和施密特(Aigner, Lovell, and Schmidt, 1977: 21-37)建立随机前沿方法以来,该方法得到诸多学者的逐步改进,在形式上也较为丰富。总体来看,以巴泰斯和科利(Battese and Coelli, 1995: 325-332)提出的随机前沿模型最具代表性,该模型的具体形式是

$$\ln(y_{it}) = f(x_{it}, t, \alpha) + v_{it} - \mu_{it} \quad (i = 1, 2, \cdots, N; t = 1, 2, \cdots, T) \tag{2.9}$$

其中,$v_{it}$ 为随机误差,$\mu_{it}$ 为技术非效率。

技术效率(石风光,2010:12)可以定义为

$$TE = E(\exp(-\mu_{it}) \mid e_{it}) \tag{2.10}$$

因此,从 $t_0$ 期到 $t_1$ 期的技术效率变化为

$$TE = \frac{E(\exp(-\mu_{it_1}) \mid e_{it_1})}{E(\exp(-\mu_{it_0}) \mid e_{it_0})} \tag{2.11}$$

技术进步指数为

$$TP = \left[ (1 + \frac{\partial f(x_{it_0}, t_0, \alpha)}{\partial t_0}) \times (1 + \frac{\partial f(x_{it_1}, t_1, \alpha)}{\partial t_1}) \right]^{\frac{1}{2}} \tag{2.12}$$

随机前沿生产函数法在国内的代表性学者有王争、郑京海、史晋川(2006:48-59,71),涂正革、肖耿(2005:4-15),王志刚、龚六堂、陈玉宇(2006:55-66,206)。根据前沿生产函数的不同,可以分为超越对数生产函数和柯布—道格拉斯生产函数(CD 生产函数)两种形式。虽然使用随机前沿生产函数法的优势较多,但缺陷也不可忽视。主要的缺陷体现在两个方面:一是函数形式需要提前设定,一旦设定错误,就会导

---

① 编者注:R&D,是科学研究与试验发展(research and development)的缩写,亦可译为"研究与开发""研究与发展""研究与试验性发展"等。

致判断出现较大的偏差；二是仅适用大型数据和单个或多个因素投入且单产出的形式，对多产出的形式不适用。

从实证的效果来看，采用随机前沿生产函数法得到的全要素生产率，还容易出现其估算结果剧烈波动的现象，这主要是由于样本数据中存在少数数据偏高的情况。与之类似，由于东部少数省份的技术水平显然高于其他地区，如果采用随机前沿生产函数法测算我国东部、中部、西部的全要素生产率分布情况，也容易导致估算结果在东部、中部、西部形成明显的偏差。

### 3. 数据包络分析法（DEA）

DEA 测算源于 1978 年查内斯和库珀等提出的理论，他们将此方法与马奎斯特（Malmquist）指数构造方法结合起来，进而形成了一套测算全要素生产率变动的崭新方法。DEA 方法的基本思路是，首先从投入产出的角度测算距离函数，然后在距离函数的基础上构造马奎斯特指数。

一般的，从时期 $t$ 到 $t+1$ 的马奎斯特指数可以表示为

$$M_0(X^{t+1}, Y^{t+1}, X^t, Y^t) = \left[\frac{D_0^{t+1}(X^{t+1}, Y^{t+1})}{D_0^{t+1}(X^t, Y^t)} \times \frac{D_0^t(X^{t+1}, Y^{t+1})}{D_0^t(X^t, Y^t)}\right]^{\frac{1}{2}} \quad (2.13)$$

其中，$(X^{t+1}, Y^{t+1})$ 和 $(X^t, Y^t)$ 表示投入和产出向量，$D_0^{t+1}$ 和 $D_0^t$ 表示距离函数。如果最终测算的马奎斯特指数大于 1，表示全要素生产率是增长的；否则，表示是下降的。在规模报酬不变的条件下，马奎斯特指数可以进一步分解为技术效率变化指数（$TE$）和技术进步指数（$TP$），具体分解过程为

$$M_0(X^{t+1}, Y^{t+1}, X^t, Y^t) = \frac{D_0^{t+1}(X^{t+1}, Y^{t+1})}{D_0^t(X^t, Y^t)} \times \left[\frac{D_0^t(X^{t+1}, Y^{t+1})}{D_0^{t+1}(X^{t+1}, Y^{t+1})} \times \frac{D_0^t(X^t, Y^t)}{D_0^{t+1}(X^t, Y^t)}\right]^{\frac{1}{2}}$$

$$= TE \times TP \quad (2.14)$$

DEA 方法的最大优点是，克服了随机前沿生产函数中需要提前假定生产函数的问题，这对各种投入产出函数均有效。另外，使用 DEA 方法可以降低投入要素数量和价格信息缺失的影响，使用条件更为宽松。

近年来，DEA 方法已经成为学术界研究全要素生产率的热点。按研究对象划分：一类是以中国各省份为研究对象构造面板数据，形成中国地区间的全要素生产率研究成果，典型的研究如郭庆旺、赵志耘、贾俊雪（2005：46－53，80），赵伟、马瑞永、何元庆（2005：37－42）；另一类

是以工业细分行业为研究对象,典型的研究如陈勇、唐朱昌(2006:50－61),刘云枫、周健明(2008:120－123)。

但大量使用DEA方法并不能掩盖其存在的严重缺陷。与随机前沿生产函数类似,DEA方法的使用也容易受到"极值"因素的影响,这是该方法的首个缺陷。改革开放以来,不同地区之间的差距显著拉大,甚至在东部地区也存在技术进步和技术效率的显著差异,这给确定随机前沿造成极大影响。

第二个缺陷是将马奎斯特指数分解为技术效率变化指数($TE$)和技术进步指数($TP$)。根据分解公式可以看出,这两个指数总体呈相反方向变动。也就是说,技术进步往往会带来技术效率的下降,这种缺陷让人难以理解。

第三个缺陷是使用DEA的不可比性。1990年以后,上海、福建的全要素生产率水平一直处于前沿位置,而根据李国璋、周彩云、江金荣的DEA测算结果,测算的生产效率水平始终为1;海南在1990年后测算的生产效率水平始终高于北京⋯⋯这些测算结果是否符合现实的经济发展情况非常值得商榷。此外,DEA方法采用的投入产出指标较为随意,也造成不同学者测算全要素生产率的结果很难达成一致,甚至得出完全相反的结论。

## 三、中国全要素生产率测算的相关文献述评

无论采用何种测算全要素生产率的方法,对中国全要素生产率的测算结果大致分为两类文献:一类文献是通过测算,认为改革开放以来中国全要素生产率呈现较快增长的状态,如张军、施少华等人;另一类是通过测算,认为改革开放以来中国全要素生产率增长较为缓慢,甚至出现负增长,典型的文献如张军扩和郭庆旺、贾俊雪等人。

国际上,对中国全要素生产率的研究也有一些与国内学者研究不太一致的结论。如杰弗逊等人(Jefferson et al.,2000:786－813)测算了中国1980—1996年工业企业的全要素生产率变化趋势,结果发现,中国全要素生产率在1980—1996年存在较快增长的阶段,但20世纪90年代以来,中国全要素生产率的增长实际呈下降趋势。

## 第二章
### 理论回顾与文献综述

联合国工业发展组织（UNIDO，2005：200）提交的研究报告也表明：中国1979—1992年全要素生产率呈现较快增长，但波动较为剧烈；从1993年开始，中国全要素生产率增速减缓；到2000年以后，这种局面才得到逐步改善。

经济合作与发展组织（OECD，2005）对中国的全要素生产率研究在同类研究中测算结果数值较高。根据OECD的测算，1978—2003年，中国全要素生产率的年均增长率为3.7%。

上述研究大多基于索洛余值法或者基于其拓展得到的。基于随机前沿模型和DEA模型，众多学者也得到了中国全要素生产率的变动趋势。

徐杰、杨建龙（2010：3-5）基于DEA模型测算得到：1993—1998年，中国全要素生产率呈高速增长态势；1998—2002年，下降较快；2002年以后，逐步恢复了高速增长。

李国璋、周彩云、江金荣基于DEA模型测算得到：1978—1990年，全国年均全要素生产率增速仅为0.1%，其中生产效率的改进明显，年均增速达到4.25%，技术进步贡献率却为-3.95%；1990年以后，技术进步占主导地位，全国年均全要素生产率增速达到0.42%，而生产效率却是退步的。

综合上述学者的测算结果可以看出，基于索洛余值测算的全要素生产率具有较强的可比性。从全要素生产率的测算方法来看，尽管学术界围绕全要素生产率的测度提出了诸多改善方案，但整体来看，由于种种缺陷，要想得到真实的全要素生产率值依然需要做更多的探索。事实上，对于经济增长而言，重要的不是全要素生产率的大小，而是其增长率的大小。经济学大师凯恩斯曾说："宁要模糊的正确，不要精确的错误。"测算得到一个可以相互比对且能基本反映现实的全要素生产率值，这显然比基于复杂烦琐的方法测算出相对精确但难以比较的全要素生产率值更有意义。基于此，笔者认为，对全要素生产率的测度仍应基于索洛经济增长模型的主线予以拓展，回归到增长理论中，探讨全要素生产率并以较单纯的应用数学方法测算全要素生产率更有价值。

## 第三节 制度变迁与全要素生产率的关系研究进展

剖析中国全要素生产率的制度贡献是近年来诸多学者拓展深化中国经济增长源泉的重要方向。2010年，在综述中国全要素生产率研究进展的时候，段文斌、尹向飞曾明确指出："自改革开放以来，我国各行业、各领域都发生了集聚的变革，这些变革对全要素生产率都产生了深远的影响。"讨论制度变革对全要素生产率的影响应该成为下一步深化全要素生产率理论认识的重要方向。但遗憾的是，深入剖析制度变迁与中国全要素生产率的理论机制和实证分析的文献并不多。研究制度变迁与全要素生产率之间的关系，本质上可以追溯经济增长的制度源泉及内生作用机制问题。因此，本节从制度与经济增长的关系入手，在本章第一节分析的基础上，进一步论述经济增长理论框架下制度变迁的模型拓展思路，结合全要素生产率的分解方法，阐述制度变迁下全要素生产率的分解过程。

### 一、经济增长理论框架下制度变迁的模型拓展思路

制度经济学诞生以来，论述制度变迁对经济增长促进作用的文献典籍汗牛充栋，但将制度变量内生于经济增长模型的思路在学术界仍存在很大争议。研究制度变迁与经济增长之间的关系总体呈三条线索：一是制度外生，经济增长完全依靠技术驱动，无论是新古典经济增长理论还是内生经济增长理论都遵从这一思路；二是制度内生，目前正在成为学术界争议的热点；三是马克思关于生产力与生产关系的阐述。其中，第一条和第二条线索中的经济增长框架是当前制度变迁模型拓展研究的主流方向。

当前在经济增长理论框架下拓展制度变迁的模型思路主要有三种。

第一种思路是将制度纳入生产函数中考虑。例如，钟昌标、王林辉和董直庆（2008：89-101）构造了一个包含物质资本、人力资本、技术和制度于一体的经济产出函数。基于索洛经济增长模型框架，推导出在封闭经济体内经济增长的条件，并将经济增长和物质资本投资分解为知识积累和制度两个变量。他们认为，若知识增长率保持不变，那么，资本等要素

## 第二章
### 理论回顾与文献综述

发展和经济增长就主要表现为制度的发展。

第二种是构造新的制度决定函数。例如,黄少安、韦倩和杨友才(2016:49-58,83)吸取斯科特的模型思想,设定制度质量水平的决定函数为

$$I(t) = B(t)Y^{\beta}(t)A^{\eta}(t) \tag{2.15}$$

其中,$I$为制度质量水平,$\beta$为质量影响因子,$A(t)$为基数水平,$1-B(t)$为制度实施的效率损失。在此假设前提下,他们也构造了一个包含制度、技术、劳动、资本要素在内的产出函数,并从消费者效用最大化出发,形成了引入制度因素的内生经济增长模型。

第三种是在内生经济模型中做延伸拓展。如李小宁(2005:3-17)的研究即是这类思路中为数不多的制度内生经济增长模型。他的制度分析是在一个简单的 AK 模型框架下进行的。假定经济是由政府部门和企业部门组成,在一个简单的 AK 模型框架下,企业部门的生产函数可以扩展为

$$Y = AKf(\sigma r) \tag{2.16}$$

其中,$f(\sigma r)$为政府提供的公共服务,$\sigma$是指税收中用于公共服务的比例,$r$为税率。通过经济增长结构参数,李小宁分析了经济增长的制度因素,并在两部分分析框架下,间接地确定制度对经济增长的影响。

三种思路虽然都对制度作用于经济增长的理论做了较为严谨的推导,但制度在模型中仍是一个较为抽象的概念存在。且对于不同意识形态下的经济社会运行体制而言,对制度质量、优劣的评判很难取得共识,故将制度内生于经济增长的模型必然会是一个长期讨论的热点议题。从模型的效果来看,抽象的讨论或者不明确的制度界定也必然会在某种程度上导致实证含糊不清。究竟制度在经济增长中的范围边界以及内涵如何确定,应该是下一步阐述制度影响经济增长理论的首要问题。

## 二、全要素生产率的制度源泉分解

制度对经济增长的作用机制尚不清晰,这也间接影响到全要素生产率的测算与分解。基于对制度内涵的不同认识,目前学术界对全要素生产率有不同的分解方式。

如王丽英、刘后平(2010:20-26)将中国经济增长的源泉分解为

资本贡献率、劳动贡献率、产权制度贡献率、对外开放贡献率、政府效率贡献率、技术进步贡献率六大类。根据他们的研究，改革开放以来，制度的变革对中国经济增长具有显著的促进作用。在六大要素贡献中，资本的贡献居首位，产权制度的完善持续对经济增长的贡献力量为正，但政府低下的效率不利于经济增长，同时，技术进步是各省域经济效率差距拉大的主要成因。这篇文献启发式地深化了不同类型制度与经济增长的关系。若剔除资本贡献率和劳动贡献率，将其他因素视为全要素生产率的组成部分，可以看出，产权、政府效率、对外开放都是制度的重要构成要素。

薛宏雨（2004：3 – 8）的研究体现了对制度内涵范围的另一种理解。他在研究制度创新在经济增长中的作用时，运用扩展的索洛余值法将经济增长率分解为制度贡献率、资本贡献率、劳动贡献率和知识贡献率。他认为，中国的制度变迁是所有权制度、市场化进程和交易费用变革的综合产物。基于这种理解，他通过统计方法形成了制度合成指数，并以此测算了中国全要素生产率的变动情况。根据他的测算，1979—2002 年，中国 GDP 增长率中的制度贡献率呈现出"倒 U"形波动的特征：在 1979 年改革开放起步期，制度对经济增长具有显著的正效应，随后制度贡献逐步衰弱；1998 年以后，制度贡献率逐步回升，形成制度贡献的第二个高峰。基于可量化的制度指标构造制度指数是该文献的一个突出亮点，但对全要素生产率的分解结果及解释尚不足以使人信服。

与上述文献类似，范涛、李婷、李忠（2009：5 – 11）着重考察了对外开放制度对全要素生产率的影响。通过测算，他们发现通过进口或外商直接投资引入的外部技术对中国的全要素生产率变动有重要贡献。除此以外，他们还对比了技术进步和制度变迁对中国全要素生产率的影响。未来中国要维持 8% 的经济增长速度，制度贡献的全要素生产率增长率必须达到 1% ~ 2%。

在全要素生产率的制度源泉分解过程中，如何厘清制度变迁贡献和技术进步贡献也是一个有待深入探讨的问题。如陈瑾瑜（2012：48 – 60）基于几何微分法，将技术因素从全要素生产率中分离出来。通过理论推导，他们提出了基于时变产出弹性的技术进步估算公式，并测算了 1978—2009 年中国全要素生产率增长率和技术进步值。而在其他文献中，认为技术进步和制度变迁都是不能直接观测的，只能使用间接方法予以测

# 第二章

理论回顾与文献综述

算。从这个角度看,该文献显然具有一定的创新价值。

总体来看,制度变迁与全要素生产率的研究目前仍是学术界的热点,但由于学术界对制度变迁与经济增长的关系的认识尚有分歧,在如何分析全要素生产率的制度源泉方面,目前还远未形成较为一致的分析思路。因此,这也正是本书着力拓展的研究方向。

## 第四节 全要素生产率空间差异的实证研究述评

随着近年来空间计量经济学的快速兴起,全要素生产率的空间差异成为学术界研究的热点。20世纪90年代以来,随着空间经济计量研究范式逐渐正规化,空间经济学研究取得较快进展,并已逐步发展成为系统的、广泛应用于不同领域的主流经济计量研究方法(林光平、龙志和,2014:3-5)。一般认为,一个经济现象的空间属性主要包括两个层次的内容:一是空间依赖性,即不同空间主体之间的交互相关,主要表现为空间的自相关形式;二是空间异质性,即空间结构的非均衡性,主要表现为空间之间存在明显的结构性差异。

### 一、全要素生产率空间差异表现的实证文献述评

基于空间经济学角度研究全要素生产率差异目前在学术界总体来说还是新生事物。恰如刘建国、李国平、张军涛(2011:1263-1275)在综合述评经济效率与全要素生产率研究进展的时候所言:"经济效率不仅仅是内生的,更多的也受到外部区域的影响。"结合中国改革开放的历程来看,随着从沿海到沿边开放的深入,区域与区域之间的联系愈加紧密,全要素生产率的外生因素影响也会越来越大。因此,随着研究的不断深入,基于空间角度研究全要素生产率也越来越有必要。

在全要素生产率空间关系研究中,王丽丽、范爱军(2009:105-110,140)较早地进行了基于空间经济学的空间集聚与全要素生产率增长的研究。在这篇文章中,他们对空间集聚与全要素生产率增长之间的非线性关联进行了考察。结果发现,空间集聚水平在一定范围内最有利于全要

素生产率增长，而脱离了这个范围，空间集聚对全要素生产率的影响作用就会大大降低。

在王丽丽、范爱军的启发引导下，近年来关于全要素生产率空间差异的研究逐步增多，如陶长琪、齐亚伟（2012：32 - 39，48）采用 DEA 模型，结合核密度分布法对中国 28 个省份 1987—2008 年的全要素生产率进行了测度和分解，并研判了未来中国全要素生产率变动的基本走势。

冯云廷、陈昶志、高詹（2016：110 - 115）运用 DEA 和空间分析法对中国 281 个城市 2003—2013 年的全要素生产率进行了实证分析。结果表明，城市全要素生产率之间的黏性较强，尤其在东部、南部城市，全要素生产率的分布呈现一定的集聚态势。

同期，张豪、张建华（2016：84 - 91）基于产品多样化模型，对全要素生产率的增长动力模型做了细致的推导，并采用 2000—2013 年中国 242 个城市的数据做了空间面板分析。结果发现，不同地区的全要素生产率存在明显的空间溢出效应。

吕光桦等（2011：105 - 110，133）基于空间面板数据的地理加权回归模型，对我国 1999—2008 年区域 R&D 全要素生产率进行了重新测算。结果发现，基于空间联系的研发全要素生产率的测算更为精确。

牛品一、陆玉麟、彭倩（2012：27 - 33）选用超越对数的随机前沿模型，对 1993—2009 年江苏省各县市的全要素生产率进行了测算。结果发现，江苏分片区生产效率呈现出显著的不均衡性。

高怡冰（2014：46 - 53）以广东省为研究对象，利用随机前沿生产函数对 2000—2011 年广东各地区的全要素生产率进行了综合分析。作者通过莫兰 $I$（Moran's $I$）指数验证了广东各地区空间相关的特性，并基于固定面板空间滞后模型（spatial lag model，简称 SLM）进行了实证分析。

除了上述文献研究，还有国内学者从空间角度研究人力资本、交通设施、贸易出口等诸多要素与中国全要素生产率分布的关系，具代表性的有叶明确、方莹（2013：19 - 31），刘秉镰、武鹏、刘玉海（2010：54 - 64），王文静、刘彤、李盛基（2014：22 - 28）等。

综合上述文献可以看出，随着全要素生产率理论研究的不断深入，空间问题已经成为目前研究不可回避的因素。考虑空间因素测算全要素生产率具有显著的创新性，尤其在国际经济一体化和区域经济一体化不断加速的背景下，考虑要素流动对全要素生产率的影响是个全新的话题；但在基于空间因素测算全要素生产率的过程中，是否仅仅考虑空间相邻就可以完全涵盖要素流动，这个问题有待深入探讨。且在测算各区域全要素生产率过程中，基于随机前沿模型和DEA方法，仍然是当前测度全要素生产率的主流；基于空间角度的全要素生产率研究与原有的全要素生产率研究文献存在计量方法上的递进，但并没有研究脉络上的顺承。采用随机前沿领域和DEA方法测算全要素生产率的缺陷，在基于空间角度测算全要素生产率的结果中仍然存在。

## 二、全要素生产率空间差异形成原因的实证文献述评

从以上全要素生产率空间差异的文献中，我们也能分析出目前学术界对全要素生产率空间差异形成原因的一般认识。

从空间角度来看，地理区位、交通基础设施、产业集聚、要素的空间流动等都是形成全要素生产率空间差异的重要成因。如陶长琪、齐亚伟在讨论全要素生产率空间差异的形成原因时，将地理区位和交通基础设施作为主要变量纳入模型中予以检验。结果发现，交通设施的改善对经济效率具有显著的促进作用，地理区位在部分年份对经济效率的改善作用也较为明显。学术界有关产业集聚对经济增长的影响的讨论由来已久。斯韦卡斯（Sveikauskas，1975：393–413）、费尔德曼（Feldman，1999：5–25）应用线性模型实证考察了空间集群与生产率之间的关系，在学术界引起了较大反响，是研究产业集聚与全要素生产率空间差异关系较为典型的文献。目前，基于要素的空间流动讨论全要素生产率的空间差异的文献较少，尚未存在较有影响力的文献。

从制度角度来看，诸多学者在分解全要素生产率过程中，均已考虑了产权因素、市场化因素、对外开放因素等，相关文献综述内容已在上一节中有所概括，在此不再赘述。值得说明的是，制度变迁是一个系统工程，在空间层面讨论的诸多因素在某种程度上也可以纳入制度角度考虑。如要素流动本质上是中国改革开放以来户籍制度变迁的产物，而目前在基于制度层面的全要素生产率分析中尚未考虑这方面，所以具有较大的研究

空间。

从技术角度来看，外资和外贸的技术外溢、R&D 投入等是目前研究技术创新与全要素生产率空间差异的重要考虑因素，相关文献千千万万。典型的如沈坤荣、李剑（2003：32 - 40，56 - 92）通过中国经验数据研究发现，国际贸易对国家的经济效率具有显著的正向促进作用。姚树洁、韦开蕾（2008：151 - 170）则考察了外资对全要素生产率的促进作用。当然，在此项讨论过程中，以市场换技术是否取得了预期的效果是众多学者关心的热点问题。R&D 投入与全要素生产率的关系也是经济学研究领域经久不衰的热点。如吴朝影（2015）通过研究发现，我国科技创新成果近年来在不同省域之间差异明显，其中西部地区科技创新效率增长最快，东部次之，中部地区最小，而技术创新是造成不同地区创新效率差异的主要原因。

上述三个层面，从不同角度说明多种因素对全要素生产率的空间差异造成了影响；但从时间维度来看，不同时期、不同因素对全要素生产率的作用机制和作用效果如何，目前尚没有较为系统的讨论。综观改革开放的伟大历程，从沿海开放到沿边开放，不同时期开放的深度和领域均有所不同，不同地区所受制度变迁的影响也有所不同，所以分时期分阶段讨论相关因素尤其是制度变迁对全要素生产率空间差异的影响很有必要。

## 三、全要素生产率空间差异的收敛性文献述评

讨论全要素生产率空间差异的收敛性是与讨论全要素生产率空间差异的决定因素直接相关的问题。综观经济学的发展历程，"收敛性假说"也源于索洛的经济增长理论，索洛在那篇经典的《技术变化和总量生产函数》文献中提出了要素投入边际产出递减的基本思想。索洛的模型认为，资本边际报酬递减规律使落后经济体与发达经济体相比，经济增长速度相对较快，同时这也意味着，长期来看，不同地区的差异会不断缩小，人均产出水平会收敛于稳定状态（林光平、龙志和，2014：53 - 55）。

在实证领域，围绕经济增长的收敛性，经济学家提出了经典的 $\beta$ 收敛和 $\sigma$ 收敛模型。其中，常用的绝对 $\beta$ 收敛模型形式为

# 第二章

## 理论回顾与文献综述

$$\ln(\frac{y_{i,t}}{y_{i,t_0}}) = \alpha + \beta \ln y_{i,t_0} + \varepsilon_i \tag{2.17}$$

其中，$y_{i,t_0}$ 表示 $i$ 地区在 $t$ 时期的人均 GDP，$\ln(\frac{y_{i,t}}{y_{i,t_0}})$ 表示 $i$ 地区在不同时期内的实际人均 GDP 增长速度。在实证研究中，若计量估算的结果 $\hat{\beta} < 0$，说明存在绝对 $\beta$ 收敛，否则不存在绝对 $\beta$ 收敛。

若考虑资本、产业结构等条件的约束，将这些表征因素纳入控制变量，则可以得到条件 $\beta$ 收敛的截面数据模型：

$$\ln(\frac{y_{i,t}}{y_{i,t_0}}) = \alpha + \beta \ln y_{i,t_0} + \gamma X_{i,t} + \varepsilon_i \tag{2.18}$$

与之类似，若计量估算的结果 $\hat{\beta} < 0$，说明存在条件 $\beta$ 收敛，否则不存在条件 $\beta$ 收敛。

关于 $\beta$ 收敛，目前流行的研究是叠加空间计量经济学的相关原理，这主要是由于原有截面数据模型分析中并没有考虑区域之间的相互作用，此外并未考虑到要素的流动也会影响区域差异的收敛性。

经典的 $\sigma$ 收敛是基于标准差、变异系数、加权变异系数、泰尔（Theil）系数等指标来表示不同地区的差异水平的，经观察后发现这种差距有所下降，则说明存在 $\sigma$ 收敛，否则说明不存在 $\sigma$ 收敛。

上述研究经济发展水平的收敛性方法在研究全要素生产率的空间差异收敛中也适用。事实上，众多学者研究发现，全要素生产率的空间差异也是经济发展水平差异的重要成因。

国内目前研究全要素生产率收敛性的文献较多，大部分研究显示，中国全要素生产率呈现出先收敛再发散的趋势（彭国华，2005：19-29）。胡晓珍和杨龙（2011：123-134）的研究表明，中国全要素生产率不存在绝对收敛现象，在碳强度约束下，仅存在条件收敛现象。张子龙等（2015：30-38）将约束条件进一步扩展至财政能力、工业外向度等多个指标，发现这些因素的加入对空间收敛具有正向促进作用。

从产业角度，还有一些学者基于工业或服务业对中国的全要素生产率收敛性进行了研究。如刘兴凯和张诚（2010：55-67，95）对中国服务业全要素生产率演进进程进行了较为细致的分析，发现长期来看，服务业的全要素生产率呈现收敛趋势。吴军（2009：17-27）对中国工业的全要素生产率情况进行了研究，发现工业领域的全要素生产率仅在东部和西部存在绝对收敛现象，中部地区仅存在条件收敛现象。

总体来看，上述研究的前提假设多是从地区之间不存在关联的角度得到的，在研究全要素生产率空间差异过程中叠加空间计量方法，因空间关联的日趋紧密和空间计量经济学的快速发展而具有可行性。在这类文献中，余泳泽（2015：30-55）的研究极具典型性。他在考虑全要素生产率空间溢出效应的条件下，通过研究发现，中国的省际全要素生产率差异近年来正在缩小，全要素生产率的收敛速度也在不断加快。难能可贵的是，他进一步拓展了制度与全要素生产率空间外溢的关联研究。在加入"中国式分权"因素后，他发现，中国省际全要素生产率空间差异的收敛速度显著提升。同时，这也说明财政分权改革对中国全要素生产率空间差异收敛具有显著的促进作用。

需要说明的是，尽管当前空间计量经济学在全要素生产率空间差异领域逐步成为热点，但从目前的文献来看，系统全面地分析制度因素对全要素生产率空间差异的影响的文献还较为稀少，叠加空间计量方法分析全要素生产率的空间差异仍有较多的研究空间值得拓展深化。

## 小　结

本章首先回顾了经济增长和全要素生产率的基本理论，然后对全要素生产率的测算方法和研究结论进行了比较述评，结合经济增长源泉的分析，述评了当前制度变迁与全要素生产率实证的研究进展，其中对全要素生产率空间差异的研究进展进行了着重述评。综合本章理论回顾和文献研究的基本述评，重点阐述了四个基本内容。

第一，主流经济学中的经济增长理论归结于技术进步，并围绕技术进步开展了大量内生经济模型的拓展研究。但追溯经济学研究的基本脉络，有关制度、分工、要素禀赋等诸多内容，在剖析经济增长源泉的过程中被忽视，至少在很大程度上没有得到深入的阐述。除却主流经济学中技术进步的研究，经济增长理论中的制度因素分析是近年来研究的热点，但遗憾的是，制度与经济增长到底是内生、外生还是相互决定，目前在学术界仍

# 第二章

## 理论回顾与文献综述

有较大争议。

第二，索洛经济增长模型是全要素生产率测算与理论发展的基本起点。围绕全要素生产率的测算，尽管近年来形成了诸如随机前沿生产模型、DEA 模型等创新性的工具手段，以对传统的索洛余值法进行改进拓展，但不可否认的是，现有的创新性模型工具仍有诸多问题和缺陷。考虑到不同省域之间甚至国内外不同区域之间全要素生产率的对比参照，笔者认为，回归索洛余值法或者采用有改进的索洛余值法测算全要素生产率更为合理。

第三，制度变迁与全要素生产率的关系仍有较大的研究拓展空间。从现有文献来看，基于数据的可得性，制度变迁在大多数文献中仍仅被理解为产权制度的变迁或对外开放对中国制度变迁的影响。事实上，中国制度变迁的内涵、范围远较目前学术研究中抽选的几个变量而言丰富得多，诸如目前制度变迁与全要素生产率关系研究中关注较少的要素流动、国家对市场的干预，都应作为中国制度变迁的重要内容体现。

第四，基于空间经济学研究全要素生产率是近年学术界新兴的研究热点。从文献来看，虽然存在计量方法上的递进，但并没有延续原有的研究脉络，忽略现实意义的纯粹数学模型演绎容易使研究流于形式，从探析经济增长的源泉出发，叠加空间计量的方法才能让研究更有意义。

# 第三章 中国制度变迁与异质性制度的形成

改革开放是中国历史上经济发展波澜壮阔的篇章。随着从沿海到沿边开放的日趋深入,外向型经济快速腾飞,国民经济也逐步步入了一个蓬勃发展的新时期。本章首先论述改革开放以来制度变迁的整体过程,然后论述在此制度变迁的背景下,异质性制度的形成过程及在各地域的基本表现。

## 第一节 改革开放以来中国制度变迁的总体历程

改革开放以来,中国的制度变迁可以从"改革"与"开放"两条主线来理解。1978年,党的十一届三中全会在北京召开,全会停止使用"以阶级斗争为纲"的错误路线,将党的工作重心转移到社会主义现代化建设上来。这次会议吹响了改革开放的号角,从此也揭开了伟大历史篇章。

对外开放和经济特区的设立是改革开放中浓墨重彩的一笔。1980年,国家在深圳、珠海、汕头和厦门试办特区,拉开了对外开放的序幕。随后在20世纪80年代中期至90年代初,中国对外开放格局逐步由沿海向内地推进,对外开放的范围由经济特区逐步扩大到沿海、沿江、沿边地区。1992年,在邓小平南方谈话以后,中国对外开放进一步向纵深拓展。2000年,伴随着西部大开发战略的实施,中国全方位对外开放地域格局基本形成。

如果说2000年之前的对外开放仅仅是开放中国内部区域性的逐步拓

# 第三章

中国制度变迁与异质性制度的形成

展，2001年之后，中国的对外开放就是全方位与世界接轨的开放。2001年12月，中国成功加入世界贸易组织（WTO），从此进入了对外开放的新的历史阶段。

在对内改革这条主线上，改革的春风率先从安徽省凤阳县吹起。1978年12月，基于包干到户的农村改革在这里兴起并迅速推向全国。随后，加快推动了城市全民所有制企业改革。1981年7月，国务院颁布的《关于城镇非农业个体经济若干政策的规定》开始推动个体经济等其他多种形式的生产经营方式兴起。1984年10月，党的十二届三中全会提出，进一步贯彻执行对内搞活经济、对外实行开放的方针，加快以城市为重点的经济体制改革步伐。随后，全民所有制改革、国有企业改革、分税制改革、金融体制改革、外贸体制综合配套改革、医疗改革、教育住房改革等都成为中国对内改革的焦点议题。

"改革"和"开放"是中国改革开放起步时期的两大主线，但随着改革开放的深入推进，以开放促改革和以改革配合更高层次、更高水平的开放成为新时期改革开放的最大亮点。1992年，中国共产党第十四次全国代表大会在北京举行。在党的历史上第一次明确提出建立社会主义市场经济体制的目标模式。随后，在党和国家的诸多重要会议上，改革开放的理论思想不断丰富完善，中国广泛而又具有深远历史意义的制度变迁进程走向深入。

上述内容只是对中国对外开放伟大进程的粗略描述。围绕改革开放以来中国经济增长与制度变迁的阶段，不同学者有不同的划分方法。如雷钦礼（2003：20-32）、叶飞文（2004：12-18）等基于GDP数据的对数变化趋势，将中国1952—2004年的经济发展历程分为五个阶段，其中1978年以后的中国经济增长划分为1978—1990年和1991年至今两个阶段。

王瑞泽根据传统经济周期理论和方法将改革开放以来的经济增长划分为五个阶段，分别是：1978—1981年为第一阶段，1982—1986年为第二阶段，1987—1990年为第三阶段，1991—2001年为第四阶段，2002年至今为第五阶段。

综合上述文献分类方法，以GDP和人均GDP增速数据为基础，结合改革开放以来中国制度变迁的重大历史事件，可将改革开放以来中国制度变迁与经济增长的历程分为四个阶段，如图3-1所示。

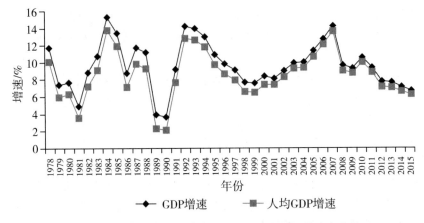

图3-1　1978—2015年中国GDP和人均GDP增速变化情况

第一阶段（1978—1991年）：改革开放探索实践期。其中，1978年是中国对外开放的标志性年份，1991年是邓小平发表南方谈话的前一年，同时也是中共确立建立社会主义市场经济体制目标的前一年。在这个阶段，中国GDP由1978年的3678.7亿元增长到1991年的22005.6亿元，人均GDP也由1978年的385元快速增长到1991年的1912元。但这个阶段中国经济增长起伏较大：最高时期是1984年，中国GDP增速达到15.2%，人均GDP增速达到13.7%；最低年份是1990年，中国GDP增速仅为3.9%，人均GDP增速仅为2.4%。在此阶段，既有中国经济特区的建立、中国沿海到沿边开放基本格局的形成等重大事件，同时也有"全面所有制改革""家庭联产承包责任制"等涉及产权制度变迁的重大改革政策出台。这一阶段制度变迁形成的产权结构框架基本上是中国目前产权结构的基本雏形，对以后的经济发展产生了极为深远的影响。

第二阶段（1992—2000年）：改革开放格局形成期。其中，1992年是邓小平发表南方谈话的关键一年，2000年是中国加入世界贸易组织的前一年。在这个阶段，中国经济的发展由过热逐步趋于平稳。按GDP统计：中国由1992年的27194.5亿元增长到2000年的100280.1亿元，年均增速达到18.35%；人均GDP由1992年的2334元上升到2000年的7942元，年均增速达到17.14%。虽然中国GDP和人均GDP的增速呈逐年下降态势，但人民生活水平仍在不断提高，改革举措逐步深化拓展。对中国经济发展有深远影响的分税制改革、金融体制改革、外贸体制改革等诸多领域的改革均在此阶段完成。

第三阶段（2001—2008年）：制度变迁形成稳固期。其中，2001年是中国加入世界贸易组织的关键年份；2008年是金融危机席卷全球，中国经济逐步步入新常态发展的重要历史节点。加入世贸组织后，受外部市场的强劲拉动，中国经济增速逐年加快，最高时期是2014年，中国的GDP增速达到14.2%，进入改革开放以来又一个历史高点。根据统计，中国GDP由2001年的110863亿元增长到2008年的319515亿元，人均GDP也由2001年的8717元增长到2008年的24121元。在这个阶段，中国的制度变迁进入稳固成熟期。其中，2004年的十届全国人大二次会议通过宪法修正案，将保护私有产权写入宪法，对中国产权制度的形成具有里程碑的意义。除此以外，2005年的股权分置改革、2007年《物权法》的出台等都是此阶段制度变迁的重大历史事件。

第四阶段（2009年至今）：制度变迁深化拓展期。2009年以来，国内外经济形势发生重大变化：一是全球经济总体下行，外部市场需求下降；二是国内经过多年的经济增长以后，经济结构迫切需要优化升级，经济发展的新常态特征日趋明显。在这个阶段，中国GDP由2009年的349081亿元增长到2015年的689052亿元，人均GDP由26222元增长到2015年的50251元。随着后危机时代的影响逐步凸显，中国经济增速逐渐下滑并趋于平稳。随着2008年国际金融危机时开启的"再国有化""铁公基"运动等的后遗症逐步显露，以"供给侧改革"为主题的全方位体制改革全面推进。

## 第二节　改革开放以来制度变迁的三分法解析

从中国改革开放伟大历程和各阶段特征的简要分析中，可以看出制度变迁是个涉及多领域的系统工程。如何理解改革开放以来制度变迁的本质，是解析中国制度变迁过程的关键。

## 一、改革开放以来中国制度变迁的理论解析

从制度经济学角度出发,目前解析中国改革开放以来的制度变迁大概有三种理解方式。

第一,从交易成本角度解析。制度经济学鼻祖科斯将交易费用定义为"使用市场价格机制的成本",阿罗则将交易费用定义为"经济制度的运行成本"。无论使用哪一种定义方式,多数观点认为,改革开放之所以取得了连续30余年的经济增长,是因为它大大降低了交易成本。正如周其仁(2008)所说,改革开放大幅度降低了中国经济的制度成本,改革是激发中国人掌握知识的诱因,开放则降低了中国人的学习成本,制度成本的大幅度降低本质上才是中国经验的真正秘密。交易成本是制度经济学中的核心概念,同时也是解析改革开放以来中国制度变迁的有力工具,但对交易成本的测度一直都是制度经济学中的难点。虽然多数学者认为中国改革开放所取得的伟大成就可以归功于交易成本的降低,但根据刘业进(2006:31-49)的测算,1978—2004年间,中国广义交易成本占GDP的比重由52.4%~58.1%上升到54.8%~60.8%,并且表现出广义交易成本比重随经济增长而增大的基本特征,这是与众多学者的认知相悖的。

第二,从产权角度解析。产权理论也是制度经济学发展的基石。在国内研究改革开放制度变迁的文献中,产权是被提及最多的制度变迁代理变量之一。如刘文革、高伟、张苏(2008:48-55)认为,产权的非国有化是我国制度变迁的最主要表现和内涵。刘瑞超(2014:1-2)将财政支出结构、劳动力等因素引入两部门模型,构建起中国产权区域制度与长期经济增长关系的理论模型,并在此模型框架下开展中国产权制度对区域经济增长差异的实证分析。

第三,从市场增进的混合角度解析。这种理论的主要代表是樊纲和王小鲁。樊纲和王小鲁等学者基于政府与市场关系、非国有制经济发展、产品市场的发育程度、要素市场的发育程度、市场中介组织发育和法律制度环境五大指标体系中的15个指标(樊纲等,2003:9-18,89),通过加权,形成市场化制度,进而开启了以市场化指数为代表的中国制度变迁进程研究的热潮。根据他们的测算,2000年,多数省份的市场化进程取得

了显著进步。这篇文章对中国市场化进程的测度是较有影响力的。除了他们的测度以外，卢中原、胡鞍钢（1993：49－55），金玉国（2001：24－28），傅晓霞、吴利学（2002：70－75）等一批学者也对中国的市场化进程做了较为全面的分析。市场进程论是衡量中国制度变迁较为复合的一种方法，这种方法所涵盖的指标体系不仅包括交易成本论的诸多内容，也包含衡量产权论的诸多代理指标。

## 二、制度三分法的提出

制度三分法是基于制度变迁与全要素生产率关系研究的一种特定制度分类方式。国内学者胡晓珍、张卫东（2010：76－80）在分析中国1995—2007年的经济增长过程中，曾明确地将中国的制度变迁划分为资本效率增进型制度和劳动效率增进型制度，并对改革开放以来中国制度变迁的进程与这两种制度变迁模式做了对应分析。钟昌标、王林辉、董直庆在研究制度内生化均衡过程和我国经济增长制度有效性的过程中，也曾提出过制度变迁对经济增长的三种作用机制，但并未形成制度三分法的明确概念。

沿着钟昌标、王林辉、董直庆和胡晓珍、张卫东的思路，笔者认为，可以将改革开放以来的制度划分为资本增进型、劳动增进型和公共供给型三种制度。如此划分的主要依据在于，对于一个一般的C－D生产函数来说，添加制度变迁因素只可能在三个层面对全要素生产率产生影响。

第一，遵循技术资本偏向型的模型设计思路，设定制度资本增进型的产出函数模型[①]。模型可以简要表述为

$$Y_t = F(A_t^*, K_t, L_t, I_t) = A_t^* (K_t \cdot I_t)^\alpha L_t^\beta \tag{3.1}$$

其中，$A_t^*$为全要素生产率。由于与一般产出函数不同，此处测得的全要素生产率也与一般产出函数有所区别。为表示与本书下文全要素生产率内涵的区别，此处将该变量加星号处理。$K_t$、$L_t$、$I_t$分别表示资本、劳动和制度变量。在此模型中，制度对产出的影响主要是为了提高资本效率。

---

[①] 此处模型设置只是为了说明制度变迁代理指标分类的依据，并非用于计量的实证检验模型，下同。

第二，遵循技术劳动偏向型的模型设计思路，设定制度劳动增进型的产出函数模型。模型可以简要表述为

$$Y_t = F(A_t^*, K_t, L_t, I_t) = A_t^* K_t^\alpha (L_t \cdot I_t)^\beta \qquad (3.2)$$

在此模型中，制度变迁本质上是一种以提升劳动效率为目的的制度。

第三，遵循技术中性的模型设计思路，模型可以简要表述为

$$Y_t = F(A_t^*, K_t, L_t, I_t) = A_t^* K_t^\alpha L_t^\beta I_t^\gamma \qquad (3.3)$$

在此模型中，制度变迁具有公共性质，其目的在于降低经济运行总体的交易成本。

制度三分法有利于分析改革开放以来制度与全要素生产率变动的对应关系，有利于揭示除技术进步因素以外影响全要素生产率变化的制度因素等。

## 三、制度三分法的代理指标

在关于解释改革开放以来中国制度变迁的理论研究中，许多学者在寻求中国制度变迁的代理变量上做了大量富有实效的探索。如方颖、赵扬（2011：138 – 148）在寻找用于估计产权保护对中国经济增长贡献的工具变量时，创造性地提出以1919年基督教教会小学的注册学生人数作为制度的工具变量。李强、魏巍（2015：3 – 10）在探讨制度变迁对中国经济增长质量的影响时，将交通设施密度和金融机构存贷款总额与GDP的比例作为制度变迁的代理变量。钟昌标、李富强、王林辉（2006：13 – 21）研究经济制度对我国经济增长效率的影响时，选取了GDP、政府制度管制指标、非国有经济发展水平、经济体的治理结构指标、城市化率和市场化率六个指标来衡量中国的制度变迁进展。张光南、杨子晖（2009：154 – 163）研究制度、基础设施与中国经济增长关系时，将政府规模、法律结构和产权保护、使用稳健货币的权利、对外贸易的自由度、对信贷与劳动力和商业的管制作为制度变迁的代理变量。

综合上述文献研究进展，结合本书研究的主体，笔者认为，在制度三分法下选取制度代理指标时，应该关注四个原则：一是目的性原则，即所选取的制度代理指标必须与文章选题的写作目的有直接联系。中国改革开放以来的制度变迁涉及众多领域，覆盖面广泛，虽然有大量数据指标可以

## 第三章
### 中国制度变迁与异质性制度的形成

参考,但如果这些指标没有和所选的研究对象有直接的理论联系,这些指标实际上也是无效的。二是全面性原则,即所选取的制度代理指标,应该可以较为全面地反映理论模型或理论框架下所有涉及解释变量的制度因素,否则选取的指标会对最终的研究结果产生较大的偏差。三是合理性原则,即所选制度的代理指标应该尽量简洁、避免重复,在模型中通过剔除重复指标而最大限度地降低多重共线性对模型精度的影响。四是数据可得性原则,即所选制度的代理指标应该有数据支撑,最大限度地避免主观因素对数据可靠性的干扰。

基于四个制度代理指标选取原则,提出各类制度的指标及选择依据。

**1. 资本增进型制度的代理指标**

资本增进型制度是所有有利于提升资本产出效率的制度的总称。从改革开放的发展历程来看,改革开放实施的大部分政策都对资本效率的改善有直接或间接的作用。选取制度变迁代理变量的首要基本原则是目的性原则,也就是选取的代理变量是最贴切反映中国资本领域制度变迁的指标。根据此原则,此处选择反映中国金融深化的指标和反映利用外资或开放度的指标作为资本增进型制度的代理指标。

选择中国金融深化指标的基本依据是金融深化论和改革开放以来金融改革的基本历程。美国经济学家 R. I. 麦金农和 E. S. 肖提出的金融深化论认为,发展中国家普遍存在金融压制现象,政府只有放弃对金融市场和金融体系的过度干预,金融体系才能真正反映市场的供求状况,资本市场才能散发活力。从实践来看,中国改革开放的伟大进程也是与市场化进程紧密相关的。1978 年 12 月,中国改革开放拉开大幕,中央银行制度框架基本确立,主要国有商业银行基本成型;1979 年 1 月,中国人民银行开办中短期设备贷款;1983 年 9 月,颁布《关于中国人民银行专门行使中央银行职能的决定》。这些都说明金融制度改革与中国改革开放的伟大历史进程息息相关。

选择外资或开放度指标作为资本增进型制度的代理指标的原因主要有两个方面:一是从理论层面来看,外资的引入是平衡外汇缺口和储蓄缺口的重要补充。按照钱纳里的"双缺口"理论,发展中国家要维持一定的经济增长速度,外汇和储蓄缺口必须平衡,而吸引外资显然可以同时填补这两个缺口。二是从实践效果来看,外资不仅起到了填补双缺口的重要作用,而且对增强我国的外贸出口能力和提升我国产品出口技术都有显著的推动作用。

综观诸多对外开放的研究,对外开放的测度大致有两种不同的思路:一是过程测度法,即基于衡量对外开放过程的若干表现。例如,一国贸易体制、进出口政策、关税政策、汇率政策等,对相关指标与国际发达地区的接轨程度进行赋权评分,经过整理形成衡量一国开放水平的相关指标或指数。典型的如世界银行外向指数以及相关的研究文献,见周茂荣、张子杰(2009:121-128),蔡文浩、于倩、张赟(2012:27-35)等。另一种方法是结果测度法,即直接用一个国家或地区的贸易额、国际投资额等规模指标来衡量一个国家或地区的开放度。为体现本国或本地区对外部市场的依赖程度,常常用本地区的贸易额或投资额与本地生产总值的比例来衡量开放度。使用这种方法的优势在于不仅容易量化比较,而且容易动态跟踪。从现有文献研究进展来看,哈里森(Harrison,1996:419-447),洛、奥拉雷阿加和苏亚雷斯(Low,Olarreaga and Suarez,1998),斯图尔特(Stewart,1999:1183-1203),兰宜生(2002:19-22),陈升、潘虹(2015:1-9)等众多学者使用的都是这种方法。为了较为全面地衡量开放度的大小,笔者结合上述文献的做法,采用外贸依存度与外资依存度的总和来衡量开放度。具体表达公式是:开放度=外贸依存度+外资依存度。其中,外贸依存度是一个国家(或地区)外贸进出口总额与GDP的比例,外资依存度是一个国家或地区外资总额与GDP的比例。

**2. 劳动增进型制度的代理指标**

与资本增进型制度类似,劳动增进型制度是所有有利于提升劳动产出效率的制度的总称。在此假定,劳动是均质化、一般化的劳动投入,人力资本不属于劳动投入的范畴。结合数据的可得性,选择城市化率和非国有企业职工占就业人员的比例来刻画中国劳动增进型制度的演变进程。其中,城市化率主要用于刻画以城市为单位的人口结构变化情况;非国有企业职工占就业人员的比例则是以微观企业为单位刻画人口结构的变化情况。在文献中,常用这两个指标表现改革开放制度变迁过程中的劳动结构变动作为代理指标。

**3. 公共供给型制度的代理指标**

公共供给型制度的测度主要考虑两个方面:一是改革开放以来,政府

# 第三章

## 中国制度变迁与异质性制度的形成

公共服务的供给水平,可用财政支出与 GDP 的比例指标来衡量。一般而言,财政支出与 GDP 的比例越高,政府提供的公共服务供给也越多;财政支出与 GDP 的比例越低,则政府提供的公共服务供给也越少。但从制度经济学的角度来看,公共服务并非政府提供的专属物品;在一定的产权制度安排下,通过市场机制,公共服务完全也可以由市场自发完成。因此,用财政支出与 GDP 的比例来表示政府公共服务供给能力的同时,也可以表示政府干预对市场供给能力的挤占程度。二是考虑改革开放以来,政府基础设施的供给水平,选用部分省份公路里程的密度来表示,计算公式是该省份公路里程除以该省份土地面积。从理论上看,一个省份公路密度越高,表明本地基础设施条件越好,对经济的支撑力度也越大。因此,该指标总体上是反映促进经济增长的正向制度的代理指标。

## 第三节　制度三分法下各地区异质性制度的形成与表现

制度三分法为我们理解改革开放以来的制度变迁提供了一个良好的观测视角,但将改革开放以来的制度切分为三种形态的制度,并非意味着各地的制度具有完全的同质性。恰恰相反,在制度设计的不同步传导、市场力量的不均衡扩张、政府能力的不同质吸收、优势禀赋条件的不对称分布四种因素的影响下,各地区的制度表现出异质性的特点。从指标表现来看,这种异质性表现为两个方面:一是把改革开放作为整体来分析,区域与总体的制度绩效表现有显著的差异;二是从空间角度来看,区域与区域之间存在制度绩效分布的不均衡性。

### 一、区域与整体之间的异质性

以开放度为例,在 1978 年改革开放伊始,全国开放度的总体水平是 5.06%,内地一些省份如河南、湖南、湖北等地的开放度大多低于 2%,而天津、上海、辽宁、广东四地的开放度却大多超过 20%。即使在东部沿海地区,不同省份的开放度分布也极不均衡。1978 年,浙江开放度仅为 0.97%,江苏开放度也仅为 2.95%。这说明尽管全国从 1978 年开始都已经在实施对外开放制度，但制度实施的力度有极大差异。此后，随着从沿海到沿边开放的逐步展开，尽管大多数省份的开放度快速提升，但这种差异并没有因此而缩小。至2015年，北京、上海、广东等地的开放度超过90%，而湖南、贵州、甘肃等地的开放度却止步不前，始终在10%以下。开放度的指标表现的是一个区域与总体同时实施同一种制度，其制度绩效存在显著差异的缩影。

事实上，除了从数据本身能看到区域局部与总体之间的异质性，从发展趋势上也可以看出这种异质性制度的存在。如在2005年全国总体开放度水平普遍回落的大背景下，以江西、河南为代表的一些省份开放度却"逆势上扬"，这显然也是区域与整体之间异质性的表现，见表3-1。这种异质性表现的根源除了市场本身的作用，也和特定时期资源禀赋的分布特征、人文特征等存在紧密的联系，而这些因素恰恰也是"异质性制度"形成的重要因素。

表3-1 改革开放部分年份部分省份与全国开放度测算结果

单位：%

| 地区 | 年份 | | | | | | | | |
|---|---|---|---|---|---|---|---|---|---|
| | 1978 | 1980 | 1985 | 1990 | 1995 | 2000 | 2005 | 2010 | 2015 |
| 北京 | 0.10 | 2.62 | 371.71 | 228.48 | 212.91 | 135.78 | 151.66 | 147.74 | 92.24 |
| 天津 | 20.57 | 26.33 | 25.56 | 35.27 | 72.28 | 95.91 | 118.96 | 68.21 | 52.29 |
| 河北 | 2.80 | 4.28 | 10.51 | 12.31 | 13.80 | 10.27 | 14.71 | 15.23 | 12.62 |
| 山西 | 0.14 | 0.21 | 4.57 | 3.94 | 11.42 | 8.92 | 11.27 | 9.78 | 8.78 |
| 内蒙古 | 0.46 | 0.96 | 3.40 | 7.63 | 16.96 | 13.90 | 13.77 | 7.03 | 5.77 |
| 辽宁 | 11.93 | 21.48 | 30.62 | 29.55 | 37.05 | 38.25 | 45.40 | 37.21 | 22.53 |
| 吉林 | 0.78 | 1.68 | 8.14 | 11.40 | 26.56 | 12.93 | 17.38 | 14.16 | 12.47 |
| 黑龙江 | 0.45 | 0.87 | 4.36 | 10.77 | 13.15 | 10.74 | 16.48 | 18.40 | 11.21 |
| 上海 | 19.08 | 21.53 | 32.95 | 46.56 | 74.42 | 100.41 | 171.15 | 149.88 | 118.89 |
| 江苏 | 2.95 | 4.41 | 9.00 | 14.45 | 34.11 | 50.39 | 106.20 | 80.77 | 51.90 |
| 浙江 | 0.97 | 2.16 | 7.80 | 14.92 | 29.98 | 39.69 | 70.28 | 64.60 | 54.17 |
| 安徽 | 0.16 | 0.42 | 3.83 | 5.43 | 12.87 | 10.46 | 15.02 | 16.04 | 17.84 |

表 3-1（续）

单位：%

| 地区 | 年份 | | | | | | | | |
|---|---|---|---|---|---|---|---|---|---|
| | 1978 | 1980 | 1985 | 1990 | 1995 | 2000 | 2005 | 2010 | 2015 |
| 福建 | 5.25 | 8.71 | 14.92 | 42.39 | 73.69 | 55.04 | 75.79 | 52.64 | 43.40 |
| 江西 | 1.40 | 1.46 | 4.57 | 8.10 | 11.27 | 7.65 | 13.09 | 19.14 | 19.81 |
| 山东 | 6.65 | 9.55 | 17.91 | 14.04 | 27.91 | 27.76 | 38.29 | 34.28 | 26.04 |
| 河南 | 0.92 | 1.00 | 2.52 | 5.10 | 5.90 | 3.75 | 6.07 | 7.06 | 15.51 |
| 湖北 | 1.97 | 1.99 | 5.11 | 8.02 | 17.89 | 9.70 | 14.02 | 12.71 | 11.78 |
| 湖南 | 1.86 | 2.54 | 4.56 | 7.82 | 9.81 | 7.45 | 10.03 | 8.37 | 9.03 |
| 广东 | 14.73 | 15.96 | 49.06 | 133.02 | 160.67 | 140.53 | 159.92 | 118.46 | 92.04 |
| 广西 | 6.11 | 5.79 | 8.69 | 9.89 | 21.64 | 10.20 | 11.44 | 13.19 | 20.07 |
| 海南 | 0.01 | 0.04 | 1.42 | 48.45 | 76.38 | 27.01 | 29.21 | 33.32 | 28.35 |
| 四川 | 0.38 | 0.52 | 2.51 | 4.60 | 8.02 | 6.28 | 9.75 | 15.25 | 13.10 |
| 贵州 | 0.61 | 0.69 | 2.13 | 4.56 | 10.21 | 6.88 | 6.54 | 5.13 | 8.97 |
| 云南 | 2.60 | 1.95 | 3.76 | 5.84 | 14.49 | 7.99 | 11.62 | 13.83 | 12.89 |
| 西藏 | 4.30 | 2.84 | 3.05 | 5.22 | 10.50 | 9.16 | 7.14 | 11.48 | 6.12 |
| 陕西 | 0.25 | 0.15 | 2.68 | 7.33 | 16.57 | 11.14 | 10.84 | 9.31 | 12.45 |
| 甘肃 | 0.92 | 0.79 | 2.45 | 4.21 | 6.21 | 4.97 | 11.23 | 12.38 | 7.58 |
| 青海 | 1.18 | 0.74 | 3.03 | 4.81 | 8.08 | 6.26 | 10.24 | 5.05 | 5.26 |
| 宁夏 | 3.92 | 4.36 | 5.55 | 7.06 | 16.46 | 14.98 | 14.81 | 8.18 | 8.61 |
| 新疆 | 0.62 | 0.88 | 7.68 | 7.64 | 15.32 | 13.86 | 25.13 | 21.62 | 13.78 |
| 全国 | 5.06 | 6.52 | 23.86 | 30.18 | 45.08 | 43.56 | 61.93 | 48.81 | 37.35 |

注：省份开放度的计算公式为（外贸进出口总额＋外资总额）÷当年 GDP，其中，外贸进出口总额＋外资总额均基于当年汇率价格做相应折算，进而使分子、分母的数量单位统一。外贸进出口、外资及 GDP 原始数据来源于《新中国六十年统计资料汇编》和 2008—2015 年各年的《中国统计年鉴》。

## 二、区域与区域之间的异质性

除了区域与总体之间的异质性表现，区域与区域之间的异质性表现也较为明显。以劳动增进型制度的代理指标——非国有企业职工占就业人员的比例为例。尽管改革开放以来，各地都将国企改革作为推动市场化进程的重要组成部分来积极推进，但从非国有企业职工占就业人员的比例来看，非国有企业的发展在各个区域并不均衡，见表3-2。其中，浙江、上海一带的非国有企业职工占就业人员的比例均超过80%，而诸如辽宁、吉林、黑龙江、陕西等省份的非国有企业职工占就业人员的比例均在50%以下，说明不同区域之间国企改革的成效有很大差距，各区域之间市场力量对比也有较大差距。

以上仅是论述区域与区域之间制度异质性的一个例子。事实上，无论在劳动增进型制度、资本增进型制度还是公共供给型制度中，由于制度设计的不同步传导、市场力量的不均衡扩张、政府能力的不同质吸收和优势禀赋条件的不对称分布，区域与区域之间的异质性、区域与总体表现之间的异质性总是会存在。以区域为主体，关注异质性制度与全要素生产率之间的联系构成了本书研究的主体。

表3-2 改革开放部分年份部分省份非国有企业职工占就业人员的比例分布情况

单位：%

| 省份 | 年份 | | | | | | | | |
|---|---|---|---|---|---|---|---|---|---|
| | 1978 | 1980 | 1985 | 1990 | 1995 | 2000 | 2005 | 2010 | 2015 |
| 北京 | 17.4 | 17.5 | 19.4 | 21.3 | 23.9 | 34.8 | 60.2 | 70.2 | 77.2 |
| 天津 | 22.6 | 22.5 | 25.8 | 23.6 | 32.0 | 37.2 | 48.5 | 59.6 | 72.6 |
| 河北 | 16.9 | 17.3 | 23.6 | 23.8 | 23.3 | 23.6 | 30.0 | 34.9 | 65.9 |
| 山西 | 15.3 | 17.7 | 22.7 | 22.3 | 20.1 | 25.3 | 29.7 | 39.7 | 56.4 |
| 内蒙古 | 19.5 | 21.1 | 24.7 | 23.6 | 21.3 | 25.2 | 33.3 | 31.9 | 37.2 |
| 辽宁 | 24.3 | 29.1 | 34.7 | 33.8 | 33.5 | 30.3 | 38.6 | 45.0 | 49.8 |
| 吉林 | 23.1 | 27.7 | 32.3 | 30.0 | 25.7 | 25.1 | 31.6 | 37.9 | 45.2 |

表 3-2（续）

单位：%

| 省份 | 年份 | | | | | | | | |
|---|---|---|---|---|---|---|---|---|---|
| | 1978 | 1980 | 1985 | 1990 | 1995 | 2000 | 2005 | 2010 | 2015 |
| 黑龙江 | 20.3 | 25.7 | 30.6 | 28.0 | 23.9 | 26.6 | 37.1 | 29.0 | 30.8 |
| 上海 | 20.5 | 21.3 | 22.2 | 21.8 | 31.1 | 41.1 | 66.3 | 61.5 | 80.4 |
| 江苏 | 37.0 | 37.6 | 40.1 | 39.0 | 37.1 | 38.9 | 54.6 | 62.9 | 65.5 |
| 浙江 | 41.5 | 42.0 | 43.6 | 41.0 | 40.9 | 47.8 | 66.0 | 75.8 | 89.5 |
| 安徽 | 26.1 | 28.0 | 31.9 | 32.1 | 27.7 | 31.5 | 37.2 | 44.8 | 49.9 |
| 福建 | 27.8 | 27.5 | 30.2 | 30.9 | 36.9 | 47.6 | 62.7 | 70.0 | 81.5 |
| 江西 | 17.4 | 18.7 | 23.5 | 21.3 | 19.1 | 20.5 | 27.8 | 32.8 | 59.0 |
| 山东 | 24.8 | 24.1 | 29.2 | 27.8 | 29.1 | 31.4 | 52.3 | 54.1 | 63.7 |
| 河南 | 17.6 | 18.0 | 23.4 | 24.3 | 24.3 | 36.6 | 42.0 | 47.8 | 57.2 |
| 湖北 | 18.8 | 19.9 | 25.7 | 25.0 | 23.3 | 23.3 | 38.5 | 45.3 | 51.8 |
| 湖南 | 22.5 | 22.6 | 25.8 | 23.4 | 22.0 | 21.4 | 35.0 | 46.0 | 51.3 |
| 广东 | 28.5 | 29.0 | 32.0 | 32.8 | 39.8 | 43.4 | 57.6 | 64.4 | 69.3 |
| 广西 | 16.0 | 16.1 | 19.7 | 17.1 | 17.6 | 20.5 | 29.7 | 35.8 | 60.3 |
| 海南 | 7.8 | 7.8 | 9.8 | 9.9 | 13.2 | 15.9 | 22.0 | 35.0 | 43.8 |
| 四川 | 21.3 | 22.0 | 25.4 | 24.0 | 25.8 | 28.4 | 39.7 | 44.8 | 58.8 |
| 贵州 | 19.6 | 18.0 | 19.9 | 17.8 | 14.7 | 20.8 | 30.5 | 30.3 | 38.8 |
| 云南 | 11.7 | 12.7 | 15.4 | 14.6 | 15.6 | 19.3 | 28.6 | 40.3 | 71.2 |
| 西藏 | 6.3 | 7.7 | 8.5 | 5.5 | 6.7 | 7.8 | 5.1 | 5.8 | 4.3 |
| 陕西 | 13.5 | 15.2 | 19.6 | 17.3 | 15.7 | 19.2 | 25.1 | 30.2 | 37.4 |
| 甘肃 | 9.5 | 9.9 | 13.1 | 16.1 | 15.7 | 17.8 | 17.9 | 24.2 | 25.8 |
| 青海 | 11.0 | 12.8 | 15.7 | 15.3 | 13.0 | 13.0 | 24.6 | 28.5 | 36.4 |
| 宁夏 | 12.2 | 13.2 | 16.1 | 16.4 | 16.2 | 20.1 | 34.8 | 37.9 | 42.0 |
| 新疆 | 8.3 | 9.8 | 12.7 | 12.9 | 10.7 | 14.2 | 23.5 | 27.3 | 30.4 |

注：非国有企业职工占就业人员的比例的计算公式为非国有企业职工数量÷当年该省份职工总和，相关原始数据源于《新中国六十年统计资料汇编》和2008—2015年各年的《中国统计年鉴》。

## 小　结

本章从改革开放以来中国制度变迁的发展历程出发，阐述了改革开放不同阶段制度变迁的基本特征，并从资本增进、劳动增进和公共供给三个角度对改革开放以来的制度变迁内容进行了剖析。本章重点阐述的内容包括两个方面。

第一方面，以 GDP 和人均 GDP 增速数据为基础，结合改革开放以来中国制度变迁的重大历史事件，本书将改革开放的历程划分为 1978—1991 年、1992—2000 年、2001—2008 年和 2009 年至今四个阶段，每个阶段均有相应的制度变迁内容，均鲜明地体现了本阶段制度变迁的经济发展特征。

第二方面，借鉴技术资本偏向型的模型设计思路和大量前人研究的观点，将改革开放以来的制度划分为资本增进型制度、劳动增进型制度和公共供给型制度三类。其中，量化资本增进型制度的代理变量是中国金融深化指标和开放度，量化劳动增进型制度的代理变量是城镇人口比例、非国有企业职工占就业人员的比例，量化公共供给型制度的代理变量是政府财政支出与 GDP 的比例和公路里程密度。本章论述了将制度做如此划分的基本实践依据，并对指标的选择做了基本说明。本章所做的制度划分将为下一步理论模型推导提供基础支撑。

# 第四章　全要素生产率的测算及空间差异表现

全要素生产率的增长是反映经济运行质量的关键指标，同时也是理解省际经济增长差异的重要途径。基于索洛余值法，在要素投入同质化的假设前提下，本章对中国部分省份的全要素生产率进行了测算，然后对制度变迁下的全要素生产率变动和空间差异进行了初步分析。

## 第一节　中国省际全要素生产率的测算

大量文献曾对中国的省际全要素生产率进行过测算，但由于测算方法、测算的时间周期、数据处理的方法有所不同，测算的结果也有所差异。本书测算的省际全要素生产率相较其他文献有两个突出特征：一是测算数据涵盖1978—2015年，测算的时间周期显著长于同类文献。从国内文献来看，至2018年测算全要素生产率的最新文献多仅测算至2009年。相较而言，2008年国际金融危机以后中国经济外部环境发生剧烈变化的时段并未涉及，而这些年恰恰是中国经济步入新常态，特征最为明显的几年，对识别中国转型具有极为特殊且重要的价值[1]。二是测算方法基于索

---

[1]　根据中国知网检索结果，2018年最新的测算全要素生产率的文献是钟世川和毛艳华（2017：3-14）的《中国全要素生产率的再测算与分解研究——基于多要素技术进步偏向的视角》，测算年限是1990—2014年，但由于测算的是中国制造业内部的全要素生产率而非省际全要素生产率，故本书并未将此文献列入分析范畴。

洛余值法。本书认同段文斌、尹向飞对索洛余值法测算问题的基本述评——目前测算全要素生产率的要素投入多为同质化要素投入，忽视了改革开放以来人力资本和物质资本的质量变动特征。本书对此述评的基本处理方法是，将人力资本和物质资本质量变动作为制度变迁诱发的因素予以考虑。在本节，为测算方便和便于与同类文献比较，暂且仅考虑最简单的同质化要素投入测算方式。

## 一、测算方法、模型和数据说明

全要素生产率的测算模型和数据说明。

### 1. 测算方法和模型

借鉴张军、施少华假定的中国经济的生产函数为

$$Y_t = A_0 e^{a_T t} K^{\alpha_K} L^{\alpha_L} \tag{4.1}$$

式（4.1）中，$\alpha_K$ 和 $\alpha_L$ 为资本和劳动的产出弹性，模型包括时间趋势项 $e^{a_T t}$。

取对数后，考虑 $\alpha_K + \alpha_L = 1$，方程可以变换为

$$\ln(\frac{Y_t}{L_t}) = \ln A_0 + \alpha_T t + \alpha_K \ln(\frac{K_t}{L_t}) + \sum \beta_i D_i \tag{4.2}$$

与张军、施少华的研究时间周期不同，本书不用考虑改革开放前后对中国经济的影响，不用添加虚拟变量，故上述计量方程可以简化为

$$\ln(\frac{Y_t}{L_t}) = \ln A_0 + \alpha_T t + \alpha_K \ln(\frac{K_t}{L_t}) \tag{4.3}$$

定义全要素生产率为

$$TFP_t = \frac{Y_t}{K_t^{\alpha_K} L_t^{\alpha_L}} \tag{4.4}$$

### 2. 数据说明

测算全要素生产率主要使用的数据包括：产出、资本投入和劳动投入。其中，产出是按照1978年的不变价格换算的各省份生产总值。劳动投入采用部分省份历年社会就业人员数量代替。资本投入是运用永续盘存法按不变价格计算的部分省份资本存量，计算公式为

$$K_{it} = K_{i,t-1}(1-\sigma) + \frac{I_{it}}{P} \tag{4.5}$$

# 第四章

## 全要素生产率的测算及空间差异表现

上述原始数据均取自《新中国六十年统计资料汇编》和各省份历年统计年鉴。其中，重庆、香港、澳门、台湾和西藏数据缺失，故仅测算中国 29 个省份的全要素生产率。

## 二、测算过程

大量文献证实①，全要素生产率在大部分省份的表现具有异质性，其中决定全要素生产率的主要弹性系数在大部分省份的表现也有异质性。基于此，下文首先针对式（4.3）采用分省份普通最小二乘（ordinary least square，简称 OLS）回归的方法测算大部分省份的资本产出弹性，具体测算结果及检验值见表 4-1。

需要说明的是，本书得到的全国资本弹性是基于全国 29 个省份的资本、劳动、产出数据总和再进行回归得到的。由于数据基数不同，得到的全国全要素生产率与同类文献有一些差异。张军、施少华测算中国 1952—1998 年的资本产出弹性为 0.609，郭庆旺、贾俊雪测算中国 1979—2004 年的资本产出弹性为 0.6921，李国璋、周彩云、江金荣测算中国 1978—2007 年的资本产出弹性为 0.5244。本书测算的结果为 0.5787，与张军、施少华和李国璋、周彩云、江金荣的测算较为接近。

表 4-1 中国 29 个省份的资本产出弹性及其检验指标情况

| 地区 | 资本产出弹性 | 标准误 | $t$ 值 | 调整后的 $R^2$ | $F$ 统计量 |
| --- | --- | --- | --- | --- | --- |
| 北京 | 0.6266*** | 0.0152 | 41.24 | 0.9787 | 1701.03 |
| 天津 | 0.7273*** | 0.1348 | 5.39 | 0.9915 | 2170.63 |
| 河北 | 0.3984*** | 0.0429 | 9.28 | 0.9974 | 7225.88 |
| 山西 | 0.4157*** | 0.0467 | 8.90 | 0.9955 | 4054.38 |
| 内蒙古 | 0.5723*** | 0.0388 | 14.72 | 0.9964 | 4786.94 |
| 辽宁 | 0.7113*** | 0.0649 | 10.96 | 0.9964 | 5158.09 |
| 吉林 | 0.4983*** | 0.0352 | 14.16 | 0.9955 | 4067.14 |

---

① 相关文献见张月玲、叶阿忠、陈泓（2015：4-18）和王美霞（2013：75-79）等。

表 4-1（续）

| 地区 | 资本产出弹性 | 标准误 | $t$ 值 | 调整后的 $R^2$ | $F$ 统计量 |
|---|---|---|---|---|---|
| 黑龙江 | 0.4368** | 0.1341 | 3.26 | 0.9803 | 919.99 |
| 上海 | 0.8248*** | 0.0325 | 25.34 | 0.9843 | 1192.68 |
| 江苏 | 0.6362** | 0.2735 | 2.33 | 0.9939 | 3027.57 |
| 浙江 | 0.582*** | 0.079 | 7.37 | 0.9969 | 5956.7 |
| 安徽 | 0.4857*** | 0.0779 | 6.23 | 0.9929 | 2593.43 |
| 福建 | 0.1469* | 0.1255 | 1.17 | 0.9918 | 2241.28 |
| 江西 | 0.4561*** | 0.0232 | 19.64 | 0.9989 | 16843.5 |
| 山东 | 0.4618*** | 0.0443 | 10.41 | 0.9989 | 16634.5 |
| 河南 | 0.3019*** | 0.0326 | 9.27 | 0.9976 | 7753.08 |
| 湖北 | 0.4523*** | 0.0367 | 12.34 | 0.9953 | 3891.61 |
| 湖南 | 0.5567*** | 0.0203 | 27.43 | 0.9989 | 16713 |
| 广东 | 0.7957*** | 0.1554 | 5.12 | 0.995 | 3665.23 |
| 广西 | 0.3688*** | 0.0167 | 22.11 | 0.9982 | 10318.9 |
| 海南 | 0.3742*** | 0.0798 | 4.69 | 0.9943 | 3222.3 |
| 四川 | 0.5891*** | 0.0237 | 24.85 | 0.9989 | 16101.23 |
| 贵州 | 0.5727*** | 0.0318 | 18.02 | 0.9948 | 3516.76 |
| 云南 | 0.1199*** | 0.0399 | 3.00 | 0.9972 | 6648.32 |
| 陕西 | 0.5248*** | 0.0269 | 19.54 | 0.9983 | 10630.6 |
| 甘肃 | 0.4585*** | 0.0185 | 24.80 | 0.9979 | 8780.34 |
| 青海 | 0.591*** | 0.031 | 19.03 | 0.9935 | 2827.43 |
| 宁夏 | 0.3002*** | 0.0192 | 15.64 | 0.9976 | 7762.26 |
| 新疆 | 0.6487*** | 0.196 | 3.31 | 0.9951 | 3783.05 |
| 全国 | 0.5787*** | 0.0363 | 15.94 | 0.9991 | 19619.51 |

注：***、**、*分别表示回归系数在1%、5%和10%的显著水平下统计显著。上述部分省份与全国的资本产出弹性均根据1978—2015年数据采用OLS回归得到。

# 第四章

## 全要素生产率的测算及空间差异表现

根据表 4-1 的资本产出弹性数据，结合 $\alpha_K + \alpha_L = 1$，可以进一步测算出劳动产出弹性数据。根据不同地区资本和劳动产出弹性数据，依据式 (4.4)，可以测算得到中国 29 个省份的全要素生产率。部分年份中国部分省份全要素生产率的测算结果见表 4-2。

表 4-2　部分年份部分省份与全国全要素生产率测算结果

| 地区 | 年　份 | | | | | | | |
|---|---|---|---|---|---|---|---|---|
| | 1978 | 1985 | 1990 | 1995 | 2000 | 2005 | 2010 | 2015 |
| 北京 | 0.5792 | 0.5176 | 0.3730 | 0.4205 | 0.4627 | 0.4754 | 0.5527 | 0.5465 |
| 天津 | 0.5407 | 0.5421 | 0.5106 | 0.6045 | 0.7004 | 0.8240 | 0.8373 | 0.7424 |
| 河北 | 0.1931 | 0.2494 | 0.2856 | 0.4023 | 0.4827 | 0.6223 | 0.7463 | 0.8129 |
| 山西 | 0.1859 | 0.2569 | 0.2714 | 0.3319 | 0.4052 | 0.5322 | 0.5798 | 0.5830 |
| 内蒙古 | 0.2900 | 0.3525 | 0.3628 | 0.3827 | 0.4912 | 0.5936 | 0.6313 | 0.5872 |
| 辽宁 | 0.3560 | 0.3950 | 0.3691 | 0.3984 | 0.4594 | 0.5038 | 0.5239 | 0.6142 |
| 吉林 | 0.3101 | 0.3495 | 0.3657 | 0.4260 | 0.5639 | 0.6558 | 0.7032 | 0.7364 |
| 黑龙江 | 0.3951 | 0.3693 | 0.3987 | 0.4866 | 0.6102 | 0.7926 | 0.9622 | 0.9976 |
| 上海 | 1.2689 | 1.0023 | 0.7942 | 0.8478 | 0.8498 | 0.9646 | 1.0757 | 1.1053 |
| 江苏 | 0.4552 | 0.4578 | 0.3942 | 0.5067 | 0.5564 | 0.6489 | 0.7429 | 0.8245 |
| 浙江 | 0.2866 | 0.4371 | 0.4025 | 0.5791 | 0.6132 | 0.6678 | 0.7413 | 0.8212 |
| 安徽 | 0.2368 | 0.3138 | 0.2914 | 0.4115 | 0.4978 | 0.6057 | 0.6916 | 0.8459 |
| 福建 | 0.1052 | 0.1788 | 0.2321 | 0.4300 | 0.6287 | 0.8653 | 1.2568 | 1.4040 |
| 江西 | 0.1812 | 0.2377 | 0.2610 | 0.3098 | 0.3758 | 0.4303 | 0.5158 | 0.6463 |
| 山东 | 0.2174 | 0.2872 | 0.3092 | 0.4205 | 0.4941 | 0.6175 | 0.7493 | 0.8662 |
| 河南 | 0.1201 | 0.1829 | 0.2095 | 0.3065 | 0.3525 | 0.4924 | 0.6346 | 0.7438 |
| 湖北 | 0.2347 | 0.3907 | 0.3723 | 0.4873 | 0.5422 | 0.6034 | 0.7890 | 0.9150 |
| 湖南 | 0.2922 | 0.3519 | 0.3627 | 0.4612 | 0.5276 | 0.6036 | 0.7066 | 0.7705 |
| 广东 | 0.5236 | 0.5858 | 0.6615 | 0.7545 | 0.7287 | 0.7799 | 0.7888 | 0.7027 |
| 广西 | 0.1242 | 0.1644 | 0.1848 | 0.2636 | 0.2931 | 0.3722 | 0.4516 | 0.5867 |
| 海南 | 0.1923 | 0.2512 | 0.2829 | 0.4240 | 0.5385 | 0.6961 | 0.9252 | 0.9214 |

表 4-2（续）

| 地区 | 年份 | | | | | | | |
|---|---|---|---|---|---|---|---|---|
| | 1978 | 1985 | 1990 | 1995 | 2000 | 2005 | 2010 | 2015 |
| 四川 | 0.1987 | 0.2613 | 0.2924 | 0.3960 | 0.4841 | 0.5889 | 0.7150 | 0.8642 |
| 贵州 | 0.1688 | 0.2353 | 0.2497 | 0.3174 | 0.3505 | 0.3614 | 0.4838 | 0.5231 |
| 云南 | 0.0611 | 0.0932 | 0.1249 | 0.1724 | 0.2308 | 0.3125 | 0.4630 | 0.6909 |
| 陕西 | 0.2113 | 0.2711 | 0.2950 | 0.3759 | 0.4934 | 0.5955 | 0.7244 | 0.8408 |
| 甘肃 | 0.1794 | 0.2102 | 0.2510 | 0.3148 | 0.3910 | 0.4923 | 0.5555 | 0.6679 |
| 青海 | 0.2184 | 0.2468 | 0.2321 | 0.2704 | 0.2729 | 0.3025 | 0.3656 | 0.3316 |
| 宁夏 | 0.1293 | 0.1907 | 0.2240 | 0.2733 | 0.3406 | 0.4317 | 0.5683 | 0.6373 |
| 新疆 | 0.2904 | 0.3461 | 0.3892 | 0.4097 | 0.4395 | 0.4653 | 0.5189 | 0.4467 |
| 全国 | 0.2871 | 0.3564 | 0.3610 | 0.4577 | 0.5133 | 0.5957 | 0.6734 | 0.7186 |

## 三、测算结果分析

基于表 4-2 的测算结果，可以归纳出三方面结论。

第一，1978—2015 年间，中国全要素生产率总体呈不断上升的趋势。假定 1978 年的全要素生产率为 100，定义第 $t$ 年的全要素生产率指数为

$$S(TFP)_t = \frac{TFP_t}{TFP_{1978}} \cdot 100 \qquad (4.6)$$

测算 1978—2015 年的中国全要素生产率指数，结果如图 4-1 所示。从图 4-1 可以看出，中国全要素生产率从 1978 年开始总体呈较快上升态势。按照索罗经济增长理论，技术进步是全要素生产率的主要构成部分，这也可以说明中国自改革开放以来技术进步取得了长足进展。

分东部、中部和西部地区来看，东部的全要素生产率绝对值显著高于中部和西部地区，但从全要素生产率指数来看，中部和西部地区在 1978—2015 年间，全要素生产率的增速显著高于东部地区，显示全要素生产率的增速可能与技术水平存在密切的关系。

# 第四章

## 全要素生产率的测算及空间差异表现

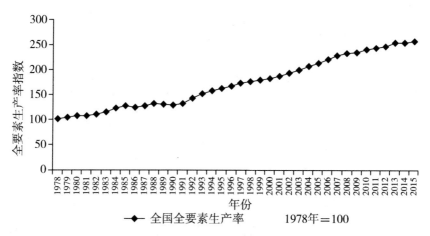

图 4-1 中国 1978—2015 年全要素生产率指数变动情况

表 4-3 1978—2015 年东部、中部和西部地区的全要素生产率与全要素生产率指数变化情况

| 年份 | 全要素生产率 | | | 全要素生产率指数 | | |
| --- | --- | --- | --- | --- | --- | --- |
| | 东部地区 | 中部地区 | 西部地区 | 东部地区 | 中部地区 | 西部地区 |
| 1978 | 0.4289 | 0.2445 | 0.1872 | 100 | 100 | 100 |
| 1979 | 0.4287 | 0.2542 | 0.1866 | 99.94 | 103.94 | 99.72 |
| 1980 | 0.4351 | 0.2563 | 0.1902 | 101.42 | 104.81 | 101.62 |
| 1981 | 0.4253 | 0.2614 | 0.1900 | 99.15 | 106.92 | 101.52 |
| 1982 | 0.4202 | 0.2678 | 0.2018 | 97.95 | 109.54 | 107.80 |
| 1983 | 0.4189 | 0.2807 | 0.2105 | 97.65 | 114.82 | 112.47 |
| 1984 | 0.4394 | 0.3006 | 0.2253 | 102.43 | 122.94 | 120.38 |
| 1985 | 0.4458 | 0.3066 | 0.2372 | 103.94 | 125.39 | 126.71 |
| 1986 | 0.4303 | 0.3038 | 0.2392 | 100.31 | 124.24 | 127.80 |
| 1987 | 0.4322 | 0.3115 | 0.2452 | 100.76 | 127.39 | 131.02 |
| 1988 | 0.4400 | 0.3200 | 0.2562 | 102.59 | 130.87 | 136.87 |
| 1989 | 0.4269 | 0.3207 | 0.2576 | 99.53 | 131.16 | 137.63 |
| 1990 | 0.4195 | 0.3166 | 0.2606 | 97.80 | 129.48 | 139.23 |

表 4-3（续）

| 年份 | 全要素生产率 | | | 全要素生产率指数 | | |
| --- | --- | --- | --- | --- | --- | --- |
| | 东部地区 | 中部地区 | 西部地区 | 东部地区 | 中部地区 | 西部地区 |
| 1991 | 0.4338 | 0.3222 | 0.2683 | 101.12 | 131.76 | 143.36 |
| 1992 | 0.4700 | 0.3468 | 0.2820 | 109.56 | 141.82 | 150.68 |
| 1993 | 0.4998 | 0.3690 | 0.2948 | 116.53 | 150.92 | 157.51 |
| 1994 | 0.5189 | 0.3858 | 0.3068 | 120.96 | 157.79 | 163.92 |
| 1995 | 0.5262 | 0.4026 | 0.3176 | 122.68 | 164.65 | 169.70 |
| 1996 | 0.5344 | 0.4244 | 0.3317 | 124.59 | 173.57 | 177.21 |
| 1997 | 0.5490 | 0.4431 | 0.3439 | 127.99 | 181.21 | 183.72 |
| 1998 | 0.5616 | 0.4573 | 0.3574 | 130.93 | 187.01 | 190.95 |
| 1999 | 0.5763 | 0.4695 | 0.3665 | 134.36 | 192.03 | 195.81 |
| 2000 | 0.5922 | 0.4844 | 0.3787 | 138.07 | 198.11 | 202.35 |
| 2001 | 0.6102 | 0.5015 | 0.3899 | 142.25 | 205.11 | 208.31 |
| 2002 | 0.6305 | 0.5200 | 0.4015 | 147.00 | 212.67 | 214.53 |
| 2003 | 0.6539 | 0.5404 | 0.4165 | 152.44 | 221.00 | 222.52 |
| 2004 | 0.6764 | 0.5680 | 0.4331 | 157.69 | 232.32 | 231.40 |
| 2005 | 0.6969 | 0.5895 | 0.4516 | 162.46 | 241.09 | 241.29 |
| 2006 | 0.7292 | 0.6099 | 0.4705 | 170.00 | 249.44 | 251.37 |
| 2007 | 0.7648 | 0.6346 | 0.4928 | 178.29 | 259.52 | 263.29 |
| 2008 | 0.7802 | 0.6566 | 0.5112 | 181.89 | 268.53 | 273.15 |
| 2009 | 0.7882 | 0.6706 | 0.5279 | 183.75 | 274.26 | 282.08 |
| 2010 | 0.8128 | 0.6979 | 0.5477 | 189.48 | 285.41 | 292.65 |
| 2011 | 0.8227 | 0.7247 | 0.5674 | 191.79 | 296.39 | 303.15 |
| 2012 | 0.8292 | 0.7446 | 0.5859 | 193.31 | 304.52 | 313.06 |
| 2013 | 0.8420 | 0.7633 | 0.6045 | 196.30 | 312.17 | 322.98 |
| 2014 | 0.8447 | 0.7713 | 0.6104 | 196.93 | 315.46 | 326.14 |
| 2015 | 0.8510 | 0.7798 | 0.6176 | 198.40 | 318.92 | 330.00 |

# 第四章

## 全要素生产率的测算及空间差异表现

第二，从增速看，1978—2015 年间，中国全要素生产率增速呈现出较大的波动。正如本书第二章所指出的，与全要素生产率绝对值相比，学者更关注的是全要素生产率的增速和对经济增长的贡献水平。

定义第 $t$ 年某地区的全要素生产率增长率为

$$tfp_t = \frac{TFP_t}{TFP_{t-1}} - 1 \tag{4.7}$$

基于式（4.7），测算中国 29 个省份 1979—2015 年的全要素生产率增长率，结果见表 4-4。可以看出，中国大部分省份全要素生产率增速并不平稳，一些省份在部分年份的全要素生产率增速呈负增长态势。

表 4-4 部分年份部分省份及全国全要素生产率增速变动情况

单位：%

| 地区 | 年份 | | | | | | | | |
|---|---|---|---|---|---|---|---|---|---|
| | 1979 | 1980 | 1985 | 1990 | 1995 | 2000 | 2005 | 2010 | 2015 |
| 北京 | -2.65 | -0.02 | -7.44 | -6.85 | -2.80 | 3.88 | 1.40 | 1.77 | 0.47 |
| 天津 | 0.20 | 1.59 | -1.38 | 1.92 | 5.36 | 4.35 | 2.64 | -2.03 | -0.07 |
| 河北 | 0.90 | -0.38 | 7.71 | 0.70 | 5.94 | 2.75 | 6.12 | 4.58 | 1.00 |
| 山西 | 7.41 | -1.24 | -2.20 | 2.19 | 5.11 | 4.16 | 4.17 | 3.13 | -2.75 |
| 内蒙古 | 1.54 | -3.79 | 4.84 | 2.57 | 3.21 | 4.95 | 3.56 | 0.04 | -0.49 |
| 辽宁 | -1.08 | 3.54 | 1.26 | -4.81 | -0.03 | 2.09 | 0.16 | 1.08 | -0.67 |
| 吉林 | -0.54 | -0.75 | -4.77 | -0.91 | 3.00 | 1.65 | 1.72 | 1.88 | -0.18 |
| 黑龙江 | -2.14 | 1.75 | -2.65 | 2.02 | 4.81 | 6.68 | 4.49 | 3.88 | -0.58 |
| 上海市 | -3.28 | -2.25 | 0.28 | -3.26 | -2.58 | 2.18 | 1.98 | 2.37 | 0.14 |
| 江苏 | 3.90 | -3.76 | 1.75 | -8.71 | 4.67 | 2.11 | 2.77 | 2.29 | 2.27 |
| 浙江 | 9.00 | 9.41 | 6.75 | -1.94 | 4.01 | 1.02 | 1.07 | 3.76 | 2.02 |
| 安徽 | 6.64 | -1.62 | 1.88 | -2.72 | 6.04 | 2.97 | 2.84 | 5.27 | 1.64 |
| 福建 | 0.75 | 15.10 | 11.11 | 3.56 | 10.65 | 5.73 | 6.53 | 8.24 | 0.90 |
| 江西 | 7.68 | -1.94 | 7.68 | -0.43 | -1.11 | 3.80 | 2.85 | 5.09 | 3.38 |
| 山东 | 0.64 | 5.44 | 4.17 | 0.19 | -2.72 | 1.86 | 5.08 | 3.52 | 2.31 |
| 河南 | 4.74 | 10.71 | 5.61 | -0.30 | 9.36 | 0.76 | 7.41 | 4.79 | 2.85 |

表 4-4（续）

单位：%

| 地区 | 年份 | | | | | | | | |
|---|---|---|---|---|---|---|---|---|---|
| | 1979 | 1980 | 1985 | 1990 | 1995 | 2000 | 2005 | 2010 | 2015 |
| 湖北 | 13.18 | 4.18 | 9.06 | -9.40 | 4.58 | 1.81 | 4.34 | 5.97 | 2.35 |
| 湖南 | 2.46 | -0.56 | 4.86 | 1.47 | 3.56 | 2.93 | 2.95 | 2.70 | 1.97 |
| 广东 | 1.57 | 7.28 | 5.30 | 0.97 | -1.31 | 0.40 | 0.02 | -0.82 | -1.10 |
| 广西 | 0.15 | 5.11 | 6.20 | 4.59 | 2.73 | 1.97 | 4.55 | 1.84 | 5.31 |
| 海南 | 0.66 | -0.45 | 0.14 | 3.77 | -0.56 | 4.76 | 5.19 | 6.50 | 0.34 |
| 四川 | 4.01 | 3.94 | 4.13 | 6.28 | 3.25 | 3.32 | 3.88 | 5.35 | 1.66 |
| 贵州 | 5.97 | -0.61 | -1.28 | -0.56 | 4.27 | 0.22 | 4.27 | 5.36 | -0.37 |
| 云南 | 0.22 | 3.57 | 9.32 | 5.84 | 8.36 | 4.28 | 4.77 | 6.79 | 4.82 |
| 陕西 | 2.21 | 1.32 | 5.78 | 0.04 | 5.66 | 4.25 | 4.40 | 3.35 | 2.09 |
| 甘肃 | -2.87 | 2.41 | 6.73 | -0.62 | 4.59 | 4.19 | 8.63 | 3.98 | 1.92 |
| 青海 | -18.01 | 11.89 | 3.83 | -7.52 | 2.98 | -0.25 | 3.54 | 3.17 | -3.48 |
| 宁夏 | 2.05 | 3.29 | 10.43 | -0.03 | 4.84 | 5.54 | 5.44 | 7.34 | 0.25 |
| 新疆 | 3.13 | -0.50 | 6.84 | 2.74 | -0.93 | 3.48 | 0.10 | 0.82 | -3.84 |
| 全国 | 2.34 | 2.73 | 3.49 | -1.18 | 2.77 | 2.17 | 2.63 | 2.24 | 0.74 |

从全国整体水平来看，中国全要素生产率增速总体可以划分为三个阶段，如图 4-2 所示。

第一阶段（1979—1994 年）：全国全要素生产率增速波动较大，部分年份全要素生产率增速甚至可以超过 6%；但在低谷期，全要素生产率为负值。这与李宾、曾志雄，张军、施少华，孙琳琳、任若恩等众多学者测算的结果一致。

第二阶段（1995—2008 年）：全国全要素生产率增速波动总体维持在 2%～4% 的区间范围，波动较为均匀，整个阶段维持正增长态势。

第三阶段（2009—2015 年）：全国全要素生产率增速虽然维持正增长态势，但增速较第二阶段显著下降。

分东部、中部和西部来看，全国上述三个全要素生产率波动的基本特

# 第四章

## 全要素生产率的测算及空间差异表现

征在三大地区依然存在。三大地区相比，东部地区较中部和西部地区全要素生产率增速的波动幅度较小，但在1994年以后，东部地区全要素生产率的增速总体上落后于中部和西部地区，见表4-5。

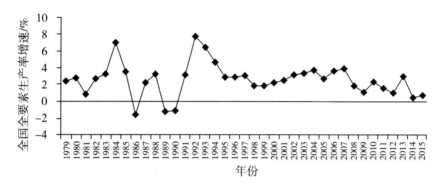

图4-2　中国1979—2015年全要素生产率增速变动情况

表4-5　1979—2015年东部、中部和西部地区的全要素生产率增速变动情况

单位：%

| 年份 | 东部地区 | 中部地区 | 西部地区 |
| --- | --- | --- | --- |
| 1979 | -0.06 | 3.94 | -0.28 |
| 1980 | 1.49 | 0.84 | 1.91 |
| 1981 | -2.25 | 2.01 | -0.10 |
| 1982 | -1.20 | 2.46 | 6.18 |
| 1983 | -0.31 | 4.81 | 4.33 |
| 1984 | 4.90 | 7.08 | 7.03 |
| 1985 | 1.47 | 1.99 | 5.26 |
| 1986 | -3.49 | -0.92 | 0.87 |
| 1987 | 0.44 | 2.54 | 2.51 |
| 1988 | 1.82 | 2.74 | 4.46 |
| 1989 | -2.98 | 0.22 | 0.56 |
| 1990 | -1.74 | -1.28 | 1.16 |

表4-5（续）

单位：%

| 年份 | 东部地区 | 中部地区 | 西部地区 |
| --- | --- | --- | --- |
| 1991 | 3.39 | 1.76 | 2.97 |
| 1992 | 8.35 | 7.63 | 5.10 |
| 1993 | 6.36 | 6.42 | 4.54 |
| 1994 | 3.81 | 4.55 | 4.07 |
| 1995 | 1.42 | 4.35 | 3.53 |
| 1996 | 1.56 | 5.42 | 4.42 |
| 1997 | 2.73 | 4.40 | 3.68 |
| 1998 | 2.30 | 3.20 | 3.94 |
| 1999 | 2.61 | 2.68 | 2.54 |
| 2000 | 2.76 | 3.17 | 3.34 |
| 2001 | 3.03 | 3.53 | 2.95 |
| 2002 | 3.34 | 3.69 | 2.99 |
| 2003 | 3.70 | 3.92 | 3.73 |
| 2004 | 3.44 | 5.12 | 3.99 |
| 2005 | 3.03 | 3.77 | 4.27 |
| 2006 | 4.64 | 3.46 | 4.18 |
| 2007 | 4.88 | 4.04 | 4.74 |
| 2008 | 2.02 | 3.47 | 3.74 |
| 2009 | 1.03 | 2.13 | 3.27 |
| 2010 | 3.12 | 4.07 | 3.75 |
| 2011 | 1.22 | 3.85 | 3.59 |
| 2012 | 0.79 | 2.75 | 3.27 |
| 2013 | 1.54 | 2.51 | 3.17 |
| 2014 | 0.32 | 1.05 | 0.98 |
| 2015 | 0.75 | 1.10 | 1.18 |

# 第四章

全要素生产率的测算及空间差异表现

基于全国与三大地区三个阶段的划分也可以看出,全要素生产率增速的波动大体上与中国制度变迁的历程相吻合。因此,仍需从制度变迁中去寻找全要素生产率增速波动的成因。

第三,从全要素生产率对经济增长的贡献来看,无论是从全国范围来看,还是分东部、中部、西部来看,资本要素投入贡献都显著高于劳动投入和全要素生产率的贡献。1978—2015 年间,全国资本要素投入对经济增长的平均贡献率达到 70.4%,劳动要素投入对经济增长的平均贡献率达到 9.05%,两者合计对经济增长的贡献率近 80%,全要素生产率对经济增长的平均贡献率仅为 20%。与郭庆旺、贾俊雪的测算结果相比,本书测算得到的要素贡献率低了近 10 个百分点,说明近年来中国转变经济增长方式已经取得了一定成效,但总体来看,目前依托要素投入的经济增长方式在本质上仍未得到完全转换。

## 第二节 制度变迁与全要素生产率空间差异的初步观测

前文基于索洛余值法,对中国部分省份的全要素生产率进行了测算,并对中国不同区域全要素生产率的空间差异做了总体分析。本节将基于变异系数指标,对中国部分省份全要素生产率差异进行更细致的测算,并将测算结果与制度变迁代理变量的变化趋势关联做总体上的观测。

### 一、全要素生产率空间差异的指标衡量

衡量区域空间差异常用的方法包括变异系数法、基尼系数法、泰尔系数法等,使用变异系数法对全要素生产率的空间差异做总体上的描述。变异系数的计算公式是

$$CV = \frac{\delta}{\bar{x}} \times 100\%, \quad \delta = \sqrt{\sum_{i=1}^{n} \frac{(x_i - \bar{x})^2}{n}} \tag{4.8}$$

其中,$\delta$ 为标准差,是样本中变量值与其均值的离差平方的平均值的算数平方根,可以精确反映地区经济指标的离散程度。$\bar{x}$ 为样本的均值,$n$ 为样本数,$x_i$ 表示 $i$ 地区的样本值。将标准差与平均值相比,是为了剔除基数大小

不同造成的影响。变异系数越大,说明样本差异越大,反之则说明样本差异越小。

将表4-2中测算的每年全国29个省份的 *TFP* 值代入式(4.8),可以测算出1978—2015年各年度的全要素生产率变异系数,结果如图4-3所示。

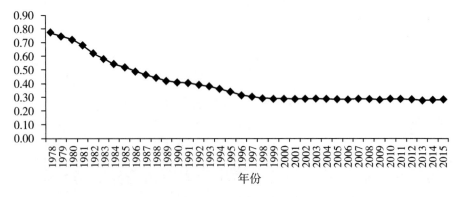

图4-3　1978—2015年中国29个省份全要素生产率的变异系数

从图4-3可以看出,1978—2015年,中国29个省份的全要素生产率变异系数总体呈现出逐步下降的态势,说明不同省份之间的全要素生产率差异呈现出逐步缩小的态势。具体来看,1978—1991年间,各省份全要素生产率的变异系数下降速度最快;1992—2000年间,下降速度逐步放缓;2000年以后,逐步趋于稳定。

## 二、制度变迁的空间差异观测

按照对全要素生产率空间差异的测算方法,分别计算三类制度六大代理指标的变异系数,得到1978—2015年各指标变异系数的波动情况,结果见表4-6。从表中可以看出,在存贷款总额与GDP的比例变异系数（*CV*1）、开放度变异系数（*CV*2）、普通高校在校学生占全国的比重变异系数（*CV*3）、非国有企业职工占就业人员的比例变异系数（*CV*4）、财政支出与GDP的比例变异系数（*CV*5）、公路里程密度变异系数（*CV*6）中,开放

## 第四章
### 全要素生产率的测算及空间差异表现

度变异系数是唯一始终大于 1 的指标,显示部分省份开放度空间持续保持较大差异。在其余五个指标中,大多数指标在个别年份虽有波动,但空间差异相对较小。

需要说明的是,与全要素生产率空间差异的测算类似,基于变异系数的空间差异观察,仅用于描述空间差异的基本特征,其假定前提是各个省份的制度变迁和全要素生产率变动不存在空间关联性。事实上,根据空间经济学原理,很多经济现象的存在具有空间聚集效应,所以上述假设有必要在本书后续章节中拓展讨论。

表 4-6 1978—2015 年六大制度代理指标的变异系数波动情况

| 年份 | $CV1$ | $CV2$ | $CV3$ | $CV4$ | $CV5$ | $CV6$ |
| --- | --- | --- | --- | --- | --- | --- |
| 1978 | 0.283 | 1.436 | 0.582 | 0.410 | 0.583 | 0.547 |
| 1979 | 0.329 | 1.460 | 0.634 | 0.404 | 0.622 | 0.569 |
| 1980 | 0.264 | 1.422 | 0.598 | 0.392 | 0.604 | 0.565 |
| 1981 | 0.301 | 1.290 | 0.611 | 0.391 | 0.574 | 0.563 |
| 1982 | 0.328 | 1.609 | 0.610 | 0.358 | 0.632 | 0.590 |
| 1983 | 0.333 | 3.432 | 0.618 | 0.360 | 0.697 | 0.560 |
| 1984 | 0.324 | 3.345 | 0.629 | 0.345 | 0.814 | 1.428 |
| 1985 | 0.298 | 3.022 | 0.612 | 0.345 | 0.589 | 0.564 |
| 1986 | 0.278 | 2.780 | 0.627 | 0.351 | 0.483 | 0.573 |
| 1987 | 0.289 | 2.317 | 0.609 | 0.358 | 0.523 | 0.578 |
| 1988 | 0.277 | 2.152 | 0.601 | 0.361 | 0.551 | 0.577 |
| 1989 | 0.284 | 1.972 | 0.598 | 0.362 | 0.555 | 0.580 |
| 1990 | 0.248 | 1.812 | 0.599 | 0.348 | 0.498 | 0.599 |
| 1991 | 0.243 | 1.658 | 0.610 | 0.336 | 0.523 | 0.617 |
| 1992 | 0.284 | 1.467 | 0.625 | 0.333 | 0.592 | 0.626 |
| 1993 | 0.281 | 1.368 | 0.614 | 0.337 | 0.703 | 0.631 |
| 1994 | 0.292 | 1.275 | 0.605 | 0.363 | 0.867 | 0.634 |
| 1995 | 0.294 | 1.295 | 0.611 | 0.373 | 0.841 | 0.646 |

表4-6（续）

| 年份 | $CV1$ | $CV2$ | $CV3$ | $CV4$ | $CV5$ | $CV6$ |
|---|---|---|---|---|---|---|
| 1996 | 0.290 | 1.184 | 0.610 | 0.373 | 0.760 | 0.641 |
| 1997 | 0.304 | 1.199 | 0.609 | 0.371 | 0.661 | 0.642 |
| 1998 | 0.292 | 1.203 | 0.612 | 0.342 | 0.626 | 0.636 |
| 1999 | 0.299 | 1.247 | 0.614 | 0.355 | 0.587 | 0.669 |
| 2000 | 0.319 | 1.259 | 0.616 | 0.375 | 0.576 | 0.672 |
| 2001 | 0.323 | 1.214 | 0.613 | 0.362 | 0.721 | 0.660 |
| 2002 | 0.339 | 1.200 | 0.614 | 0.370 | 0.768 | 0.650 |
| 2003 | 0.341 | 1.186 | 0.617 | 0.373 | 0.732 | 0.650 |
| 2004 | 0.333 | 1.186 | 0.619 | 0.383 | 0.582 | 0.681 |
| 2005 | 0.367 | 1.211 | 0.626 | 0.391 | 0.678 | 0.682 |
| 2006 | 0.365 | 1.193 | 0.633 | 0.388 | 0.610 | 0.609 |
| 2007 | 0.367 | 1.143 | 0.637 | 0.383 | 0.671 | 0.610 |
| 2008 | 0.396 | 1.136 | 0.633 | 0.391 | 0.733 | 0.602 |
| 2009 | 0.362 | 1.174 | 0.631 | 0.368 | 0.717 | 0.596 |
| 2010 | 0.368 | 1.166 | 0.625 | 0.364 | 0.738 | 0.593 |
| 2011 | 0.381 | 1.159 | 0.620 | 0.338 | 0.799 | 0.584 |
| 2012 | 0.370 | 1.117 | 0.615 | 0.355 | 0.794 | 0.581 |
| 2013 | 0.370 | 1.092 | 0.613 | 0.338 | 0.756 | 0.575 |
| 2014 | 0.369 | 1.054 | 0.612 | 0.347 | 0.778 | 0.570 |
| 2015 | 0.392 | 1.046 | 0.614 | 0.349 | 0.747 | 0.569 |

注：$CV1$、$CV2$、$CV3$、$CV4$、$CV5$、$CV6$分别表示存贷款总额与GDP的比例变异系数、开放度变异系数、普通高校在校学生占全国的比重变异系数、非国有企业职工占就业人员的比例变异系数、财政支出与GDP的比例变异系数、公路里程密度变异系数。

# 第四章

全要素生产率的测算及空间差异表现

## 小 结

本章重点阐述的内容包括两个方面。

第一方面,采用索洛余值法对中国大部分省份全要素生产率进行了测算。测算结果表明,1978—2015 年间,中国全要素生产率总体呈不断上升的趋势。分区域来看,东部地区的全要素生产率绝对值显著高于中部和西部地区,但中部和西部地区的全要素生产率增速显著快于东部地区。东部、中部和西部地区的全要素生产率差异最终是否会存在收敛仍须做进一步分析。

第二方面,基于变异系数法对中国制度变迁与全要素生产率的空间差异进行初步分析。总体来看,全要素生产率的空间差异在改革开放以来呈现出逐步缩小的态势,制度变迁的六个代理指标变异系数中,有些指标的空间差异变动趋势与全要素生产率变动趋势相同,有些存在差异。制度变迁与全要素生产率的内在理论联系究竟如何,实证能否通过检验,这些问题仍需要在以后章节中继续论证。本章仅是基于不考虑空间关联的假定前提下所做的基础特征描述。随着讨论的不断深入,制度外溢、空间关联等都是本书之后章节需要拓展论述的内容。

# 第五章 异质性制度对全要素生产率影响的理论机制

异质性制度主要体现为制度在空间层面的不均匀特质和复杂性。虽然不同省份或区域的异质性制度本质上仍属于同一种制度，但其表现情况、发展程度有所差异。故解析异质性制度对全要素生产率影响的理论机制，最关键的是解析制度对全要素生产率的影响机制问题。本书将制度划分为资本增进型制度、劳动增进型制度和公共供给型制度，这三种制度在影响全要素生产率过程中，传导路径是有显著差异的，即可进一步转化为三种细分制度来探讨其对全要素生产率的影响机制问题。本章分别剖析资本增进型制度、劳动增进型制度和公共供给型制度对全要素生产率的影响机制。

## 第一节 资本增进型制度对全要素生产率的作用机制

资本增进型制度是所有有利于提升资本产出效率的制度的总称。改革开放以来，制度变迁的历程与中国资本存量快速攀升的基本事实也说明，制度变迁对中国的资本深化进程产生了显著而又深远的影响。在此借用 AK 增长模型说明资本增进型制度对全要素生产率的作用。

### 一、理论构架

在帕加诺（Pagano，1993：613-622）的 AK 模型框架下，借鉴周仲辉（2013：14-15）的模型设计思路，通过添加制度变量形成如下模型。

# 第五章
## 异质性制度对全要素生产率影响的理论机制

首先，基于 AK 模型，设定总产出与资本存量之间存在如下关系：

$$Y_t = AK_t \tag{5.1}$$

其中，$Y_t$ 表示 $t$ 期的产出，$A$ 代表资本的社会边际生产率，$K_t$ 表示资本存量。假定在一个封闭经济体下，社会只生产一种产品，人口规模不变，产出产品既用于投资，也用于消费。借鉴杨友才（2009：77 – 83）的做法，将 $t$ 期投资方程设定为

$$I_t = K_{t+1} - (1 - \delta_1 - \delta_2)K_t \tag{5.2}$$

其中，$\delta_1$ 表示 $t$ 期资本折旧消耗，$\delta_2$ 表示由制度实施带来的资本损耗。

根据宏观经济学理论，总储蓄总是等于总投资。但在实际生活中，由于存在制度障碍，总储蓄在转换为总投资的过程中存在一定程度的漏损。假定漏损的比例为 $(1 - \varepsilon)$，市场均衡条件可以表示为

$$\varepsilon S_t = I_t \tag{5.3}$$

根据式（5.1），可得经济增长率的表达式为

$$g_{t+1} = \frac{Y_{t+1}}{Y_t} - 1 = \frac{K_{t+1}}{K_t} - 1 \tag{5.4}$$

结合式（5.2）和式（5.3），可得

$$\varepsilon S_t = K_{t+1} - (1 - \delta_1 - \delta_2)K_t \tag{5.5}$$

同时除以 $K_t$ 可得

$$\varepsilon \frac{S_t}{K_t} = \frac{K_{t+1}}{K_t} - (1 - \delta_1 - \delta_2) \tag{5.6}$$

结合式（5.4）可得

$$\varepsilon \frac{S_t}{K_t} = g_{t+1} + \delta_1 + \delta_2 \tag{5.7}$$

式（5.7）的左侧分子、分母同时乘以 $A$ 可得

$$\varepsilon A \frac{S_t}{Y_t} = g_{t+1} + \delta_1 + \delta_2 \tag{5.8}$$

其中，$\frac{S_t}{Y_t}$ 即为储蓄率 $s$，同时剔除时间因素，可以得到

$$\varepsilon As = g + \delta_1 + \delta_2 \tag{5.9}$$

根据索洛余值的基本关系式

$$TFP = g - \rho_K - \rho_L \tag{5.10}$$

其中，$\rho_K$ 和 $\rho_L$ 分别为资本和劳动要素的贡献部分。联合式（5.9）和式（5.10）可得

$$TFP = \varepsilon As - \delta_1 - \delta_2 - \rho_K - \rho_L \qquad (5.11)$$

式（5.11）中，由于 $\delta_1$、$\rho_K$ 和 $\rho_L$ 给定，所以制度作用于全要素生产率的路径主要有 $\varepsilon$、$A$、$s$、$\delta_2$ 四个因素。

## 二、基础作用路径分析

基于式（5.11），可以看出资本增进型制度对全要素生产率的作用路径主要有四种。

**1. 储蓄转化为投资的比例 $\varepsilon$**

改革开放以来，中国经济发展之所以能够取得举世瞩目的成绩，投资对经济增长的拉动作用功不可没。事实上，中国强劲的投资是建立在强大的银行信贷体系上的。如本书第三章所述，综观改革开放的基本历程，金融制度改革一直都是中国改革开放的重要主线。从1978年中央银行制度框架基本确立，主要国有商业银行基本成型，到1979年中国人民银行开办中短期设备贷款，再到民间金融体系一步步放开等。诸如此类历程说明，金融制度变迁为储蓄转化为投资贡献了巨大的动力，这些都是资本增进型制度作用的基本表现。资本增进型制度在激发金融市场活力、动员储蓄拉动经济增长、优化资源配置效率的同时，还对经济增长起到了宏观调控作用。自1978年中国改革开放以来，金融手段一直都是国家行使宏观调控职能的重要组成部分。这些手段在熨平经济波动的同时，客观上对要素配置效率也产生了显著的影响。恰如周杰琦（2011：48－49）启发性的论证：中国金融发展不仅通过传统的资本积累途径，而且通过全要素生产率机制，对中国经济的长期增长产生显著影响。根据上述分析，可以归纳出资本增进型制度作用于全要素生产率的第一条路径：资本增进型制度—金融机构—储蓄动员—资源配置效率提高—全要素生产率水平提升。需要说明的是，上述路径并非完全是正向促进作用，在经济过热和宏观调控的过程中，资本增进型制度对全要素生产率的作用可能会产生波动。

**2. 资本的边际生产率 $A$**

资本的边际生产率高低本质上取决于技术进步。然而，一个足以取得

## 第五章
### 异质性制度对全要素生产率影响的理论机制

广泛共识的事实是,技术进步的过程也是试探风险的过程。在这个过程中,资本增进型制度的作用主要体现在两个方面:一是通过激励手段动员金融机构提供资金,为技术进步提供基础保障;二是通过风险识别或评判,最大限度地降低投资风险。对于技术部门而言,融资机构的约束手段同时也会激励技术部门提供更符合市场需求导向的技术形成。综观改革开放以来中国技术进步的历程,尤其是 2008 年以来中国商业领域的成功案例,每一项技术的形成背后无一没有巨大的风险投资机构支持。这些金融机构在推动技术进步形成的同时,客观上也促进了资本的边际生产率乃至全要素生产率的提升。值得关注的是,恰如罗默增长模型中所述的一样,一部分物化资本也是技术进步的重要承载力量。对于一个在市场上参与竞争的代表性厂商而言,先进的技术装备、厂房设施等都可能是提升资本边际生产率的重要手段,而这些显然是与中国改革开放以来的金融制度顶层设计分不开的。根据上述分析,可以归纳出资本增进型制度促进全要素生产率的第二条路径:资本增进型制度—资金配置和风险识别—技术进步—全要素生产率水平提升。

3. 储蓄率 $s$

利率是资本增进型制度通过储蓄率促进全要素生产率提升的一个重要中间变量。综观改革开放以来中国金融改革的过程,利率市场化是金融改革的一大重要目标。金融深化的经典理论认为,利率不能反映市场供求变化是发展中国家金融压抑的一个重要表现。发展中国家要实现稳定的经济增长,处于市场均衡水平上的利率不可或缺。1949 年以来,为支持重工业或相关的国防工业发展,传统的计划经济体制往往采用压低利率的方式,进而造成利率无法真正反映市场供求状况。改革开放,尤其是中国成功加入世界贸易组织以来,中国利率市场化进程不断加快。在一个充分有效的市场机制下,利率的提升显然会提高储蓄率。同时,一个有效的金融市场又会有效提升储蓄转化为投资的效率,进而通过资源配置有效率地提升全要素生产率。可以看出,一个具有市场活力的利率反应机制显然是有利于改善储蓄率的。同时也可以归纳出资本增进型制度促进全要素生产率的第三条路径:资本增进型制度—利率市场化—动员储蓄—金融要素配置水平提升—全要素生产率水平提升。

#### 4. 制度实施带来的资本损耗 $\delta_2$

$\delta_2$ 是反映交易成本的重要变量。$\delta_2$ 越小,说明制度实施的成本越低,进而可以节约一部分成本用于投资,进而增加有效投资。资本增进型制度提升全要素生产率水平一个明显的路径是:通过确立产权、提高信息透明度等措施,有效降低交易成本和提高资源配置效率。可以想象,在一个产权明确、信息较为透明、市场秩序良好的制度环境下,制度实施的成本趋近于无穷小,制度释放的活力显然也更有利于技术创新活力的形成。改革开放以来,随着市场化进程的不断推进,制度实施的交易成本不断降低,这种日趋改善的制度环境显然有利于良好金融秩序的形成。根据上述内容,可以归纳总结出资本增进型制度促进全要素生产率的第四条路径:资本增进型制度—交易成本降低—要素配置效率提升—全要素生产率水平提升。

以上论述了资本增进型制度促进全要素生产率水平提升的四条路径,并结合中国改革开放中金融改革的历程予以诠释。恰如资本增进型制度促进全要素生产率水平提升第一条路径所言,改革开放以来,并非所有涉及金融体制改革的制度都是资本增进型制度,改革开放以来的金融体制改革并非一定就会对全要素生产率形成正影响。总之,任何制度设计都是一项涉及范围极广的系统工程,制度实施的所有环节最终能否提升全要素生产率仍需要依靠实证来诠释。

### 三、外资作用的扩展讨论

上述理论模型是基于一个封闭经济体的讨论。事实上,资本增进型制度除了国内金融深化这一领域外,外资也是其发挥作用的重要领域之一。与关于资本增进型制度对金融深化的影响的讨论不同,外资除了具有资本性质,还有促进全要素生产率水平提升的技术外溢效应。

从资本性质来看,将上述理论模型扩展为四部门模型,钱纳里的双缺口理论可以较为容易地解析外资作为资本深化形式的重要体现方式。根据凯恩斯的国民收入理论,按照支出法,一个简单的四部门模型可以写成

$$Y = C + I + G + X - M \tag{5.12}$$

按照收入法,上述模型可以写成

$$Y = C + S + T \tag{5.13}$$

## 第五章

异质性制度对全要素生产率影响的理论机制

结合式（5.12）和式（5.13），可以得到

$$I - S = M - X \tag{5.14}$$

式（5.14）就是知名的钱纳里双缺口理论。从该式可以看出，外资的作用在于可以弥补储蓄与外汇两个缺口。结合上一部分对金融深化的讨论，外资弥补储蓄缺口的内涵在于：外资可以有效起到弥补国内储蓄转化为投资不足的作用，这点与国内金融机构动员储蓄或提升储蓄转化效率具有异曲同工之妙。

相较而言，外资弥补外汇缺口的内涵在于：一个国家在暂不具备出口竞争实力的前提下，完全可以通过引入出口导向型外商投资企业来弥补外汇差额。尽管上述两个层面均是钱纳里双缺口理论的题中之意，但基于双缺口理论，外资促进全要素生产率水平提升的机制却并不相同。

资本增进型制度通过外资促进全要素生产率水平，归纳弥补储蓄缺口的作用机制，路径可以总结为：资本增进型制度—激励外资投入—资源配置效率提高—全要素生产率水平提升；归纳弥补外汇缺口的作用机制，路径可以总结为：资本增进型制度—激励外资投入—出口产品品质提升—全要素生产率水平提升。其中，国际贸易对经济增长的拉动作用和对全要素生产率水平的提升效应在学术界多有论述，本书不再赘述。外资弥补外汇缺口的作用机制也说明，外资外贸在双缺口理论中具有内在联系。在中国改革开放初期，中国外贸出口很大程度上是由外资企业贡献，这也进一步说明，本书第四章将外资外贸统一组成的开放度设置为资本增进型制度的代理指标是较为贴切的。

近年来，除了双缺口理论，外资的技术外溢效应也是学术界研究的热点。一般认为，外资主要通过三种路径实现技术外溢：第一种是关联效应，即外资企业与内资企业在生产协作中实现技术合作，内资企业通过关联效应吸收外资企业的先进技术和管理经验；第二种路径是竞争效应，即内资企业在与外资企业的市场竞争中学习国外的先进技术和管理经验，进而不断提高自身的经营水平和产品质量；第三种路径是人力资本流动效应，即内外资企业之间由于人力资本流动，附着在人身上的技术和管理经验外溢至内资企业。技术进步是全要素生产率的构成主体，外资在当地的经营活动必然会对当地的经济发展和产品技术品质产生影响。当然，在近年来的实证检验中，也有学者以中国为研究对象，认为外资对中国的技术进步效

应并不显著。显然，这些争议和分歧仍需要进一步验证方能解答。

改革开放以来，中国通过各种优惠措施吸引外资企业在华经营设厂，诸多制度顶层设计也属资本增进型制度范畴。资本增进型制度通过外资技术外溢效应，对全要素生产率形成促进作用的机制可以总结为：资本增进型制度—激励外资投入—辐射带动和技术外溢影响—国内技术进步—全要素生产率水平提升。

本节探讨了资本增进型制度诱发的金融深化与外资发展对全要素生产率水平提升的作用机制与基本路径。除了上述两种资本增进型的制度表现形式，资本的空间流动也是资本增进型制度发挥作用的重要体现，对此，本书后续章节还会有论述。

尽管由于模型的原因，分开讨论了金融深化和外资对全要素生产率的作用机制，但这并不能说明两者没有内在联系。改革开放以来，中国乃至国际上众多国家经济发展的经验表明，一个发达的国内金融市场对吸引外资有积极的促进作用，同时，吸引外资对改善本地的金融环境也能产生显著的推动作用，两者共同统一于资本增进型制度的实施过程之中。

## 第二节 劳动增进型制度对全要素生产率的作用机制

与资本增进型制度类似，劳动增进型制度是所有有利于提升劳动产出效率的制度的总称。改革开放以来，劳动增进型制度主要表现在户籍制度和所有制制度的变革。这两种制度的实施表现为生产过程中劳动要素投入结构的变动，如户籍制度的变革表现为城乡生产部门劳动投入结构的变化，所有制制度的变革表现为劳动要素在不同所有制企业中的结构变化。

### 一、理论构架

从制度变迁的过程来看，一个共识是，制度对产出的直接影响是制度本身得到了实施。无论从文献研究现状还是实践考量，制度实施过程大多是边际效应逐步递减的过程。一个制度的实施形成效果后，基于市场反应会形成新的制度需求，新的制度供给会被不断派生，排浪式的制度创新不

# 第五章
## 异质性制度对全要素生产率影响的理论机制

断对经济系统施加影响,进而构成了受制度影响的经济增长的基本图景。

基于对制度演进基本特征的一般观察,参考潘慧峰、杨立岩(2006:74-83)的模型设计思路,提出将制度作为要素引入生产函数的基本方法,即假定社会基于制度实施只生产一种产品,产出模型可以设定为

$$Y = e_i^\alpha \tag{5.15}$$

其中,$e_i$ 为贯彻 $i$ 制度所投入的产品数量。$0 < \alpha < 1$,进而保证制度的边际收益逐步递减。全社会使用了 $I$ 种制度,那么,全社会的制度成本就是 $Ie_i$,记 $E = Ie_i$。然后考虑其他要素投入,由于在此重点讨论劳动增进型制度,故先不考虑资本要素投入。仅考虑劳动要素投入和技术进步,暂不考虑劳动要素投入会随时间变动,结合齐次性假设,社会总的生产函数可以设定为

$$Y(t) = A(t)E^\alpha [I(t)L]^{1-\alpha} \tag{5.16}$$

其中,$IL$ 表示制度是偏向于劳动投入的要素投入。

假定全社会劳动投入要素分为两部分:一部分是 $L_1$,代表户籍制度变迁下的城市部门、所有制制度变迁下的私有企业部门和人力资本制度变迁下的高效率部门;另一部分是 $L_2$,代表户籍制度变迁下的农村部门、所有制制度变迁下的国有企业部门和人力资本制度变迁下的低效率部门。两个部门的投入之和构成全社会的所有劳动要素投入,所以存在

$$L = L_1 + L_2 \tag{5.17}$$

设定 $\dfrac{L_1}{L_2} = \theta$,$\theta$ 代表户籍制度和所有制制度变迁下劳动要素投入的结构变化。综观改革开放的总体进程,户籍制度和所有制制度释放了经济增长和技术进步的巨大活力,这种活力突出表现在城市部门或私有企业部门,并逐步成为引领经济增长和技术进步的主体。基于这种事实,设定技术进步的增长速度函数为

$$\dot{A}(t) = \rho A(t)\theta(t)^\gamma \tag{5.18}$$

其中,$\rho$ 是一个生产率参数,$\rho > 0$。$\dot{A}(t)$ 表示技术进步变量对时间 $t$ 的导数。$\gamma$ 反映劳动要素投入结构变动对技术进步的影响。

同理,假定制度创新也与当前的制度存量直接相关,制度影响劳动力要素的投入结构,投入结构的变动又进一步影响制度创新,可以得到制度

创新的增长速度函数：

$$\dot{I}(t) = \delta I(t)\theta(t)^{\beta} \tag{5.19}$$

其中，$\delta$ 也是一个生产率参数，$\delta > 0$，$\delta$ 越多，说明制度创新的效率越高。$\beta$ 反映劳动要素投入结构变动对制度产出的影响。

在式（5.16）中，左右两边对时间 $t$ 求导，可以得到 $Y$ 的增速，即

$$\frac{dY(t)}{dt} = E^{\alpha}[I(t)L]^{1-\alpha}\frac{dA(t)}{dt} + \frac{A(t)E^{\alpha}L^{1-\alpha}}{I^{\alpha}}\frac{dI(t)}{dt} \tag{5.20}$$

结合式（5.17～5.19），可进一步得到

$$\begin{aligned}\frac{dY(t)}{dt} &= E^{\alpha}[I(t)L]^{1-\alpha}\rho A(t)\theta(t)^{\gamma} + \frac{A(t)E^{\alpha}L^{1-\alpha}}{I^{\alpha}}\delta I(t)\theta(t)^{\beta} \\ &= E^{\alpha}[I(t)L]^{1-\alpha}\rho A(t)\theta(t)^{\gamma} + \frac{A(t)E^{\alpha}L^{1-\alpha}}{I^{\alpha}}\delta I(t)\theta(t)^{\beta} \\ &= E^{\alpha}[I(t)L_2]^{1-\alpha}(1+\theta)^{1-\alpha}\rho A(t)\theta(t)^{\gamma} + \\ &\quad \frac{A(t)E^{\alpha}L_2^{1-\alpha}(1+\theta)^{1-\alpha}}{I^{\alpha}}\delta I(t)\theta(t)^{\beta}\end{aligned} \tag{5.21}$$

对上式左右两边除以 $Y$，即可得到产出的增长率函数

$$\begin{aligned}g &= \frac{E^{\alpha}[I(t)L_2]^{1-\alpha}(1+\theta)^{1-\alpha}\rho A(t)\theta(t)^{\gamma}}{Y(t)} + \\ &\quad \frac{A(t)E^{\alpha}L_2^{1-\alpha}(1+\theta)^{1-\alpha}(1-\alpha)}{Y(t)I^{\alpha}}\delta I(t)\theta(t)^{\beta}\end{aligned} \tag{5.22}$$

结合式（5.16），式（5.22）可以化简为

$$g = \rho\theta^{\gamma} + (1-\alpha)\delta\theta^{\beta} \tag{5.23}$$

根据索洛余值的定义，可以得到

$$TFP = g - \varphi \tag{5.24}$$

其中，$\varphi$ 为要素投入的贡献。结合式（5.23），可得

$$TFP = \rho\theta^{\gamma} + (1-\alpha)\delta\theta^{\beta} - \varphi \tag{5.25}$$

考虑到 $\rho\theta^{\gamma}$ 主要与技术进步相关，制度创新对全要素生产率的贡献主要体现在 $(1-\alpha)\delta\theta^{\beta}$ 中。因此，可以认为，劳动增进型制度对全要素生产率的影响机制主要集中于 $\alpha$、$\delta$、$\theta$ 和 $\beta$ 四个变量。

# 第五章
异质性制度对全要素生产率影响的理论机制

## 二、基础作用路径分析

基于以上分析,可以看出劳动增进型制度对全要素生产率的作用路径主要有四种。

**1. 制度实施的成本产出弹性 $\alpha$**

$\alpha$ 是制度成本投入对产出的弹性,同时也是劳动供给市场结构的转换成本或不同部门劳动要素转换的交易成本。从式(5.25)可以看出,全要素生产率与该变量呈反方向变化的关系,即劳动要素在不同部门的转换成本越高,全要素生产率就越低。纵观中国改革开放以来的基本历程,这种关系比较符合制度经济学的基本原理和中国经济运行的现实。基于制度经济学理论考量,交易成本是影响经济运行效率的重要变量,这是一个较容易取得共识的命题。制度经济学家科斯曾深刻地指出,如果不存在交易费用,或者私人交易没有障碍、没有摩擦,市场会有效率地运行;高的交易费用妨碍了市场的有效率运行。改革开放伊始,在中国劳动力市场上,户籍制度、所有制制度等造成了要素流动的障碍,也人为推高了劳动要素参与经济活动的交易成本,劳动要素难以完全在经济活动中发挥作用,必然会带来效率的损失,这也势必会对全要素生产率产生影响。随着改革开放进程中劳动增进型制度改革的不断深入,制约劳动要素投入、部门转换、区域流动的障碍被打破,激发了资源配置效率的显著提升,全要素生产率也有所提升。故劳动增进型制度对全要素生产率作用的第一条路径为:劳动增长型制度—打破制度障碍—交易成本降低—要素配置效率提高—全要素生产率水平提升。

**2. 制度创新效率参数 $\delta$**

制度创新效率是制度供给方对制度有效需求的反应函数。在劳动增进型制度的实施过程中,这种反应函数主要取决于两方面的因素:一是制度供给本身对劳动力要素结构变动的敏感程度。若制度供给者能与市场上的劳动要素配置形成及时有效的交互关系,且这种交互关系能相互促进,这种机制下形成的制度创新必然能及时满足制度需求,也势必会对经济增长和全要素生产率形成正效应。二是制度实施中的利益格局和协调利益格局中障碍的效率。劳动增进型制度如果能在劳动要素配置中形成广泛的共识,改革的阻力就相对较小，制度创新的效果毫无疑问就容易显现；反之，如果劳动增进型制度推进遭受较大的阻力，这种制度创新的效果就会大打折扣。改革开放以来，劳动增进型制度的推进过程并非一帆风顺的，"国进民退""逆城市化"等现象说明，改革的进程并非完全的"帕累托改进"过程，"非帕累托改变"才是改革的一般情况。劳动增进型制度的有效实施，不仅仅需要解决表面上的"体制摩擦"，如何解决制度变迁背后的"利益摩擦"才是根本（《中国经济论坛》编委会，1991）。基于上述分析，可以归纳总结出劳动增进型制度对全要素生产率作用的第二条路径：劳动增进型制度—减少制度执行的障碍—制度创新效率提升—全要素生产率水平提升。

### 3. 劳动要素投入结构 $\theta$

无论是城乡之间的劳动流动促成的劳动要素投入结构变化，还是所有制结构或者人力资本制度促成的劳动要素投入结构变化，劳动要素在市场机制引导下跨部门或者跨地域流动，本身就会带来要素配置效率的提升。在计划经济体制下，劳动增进型制度的缺乏，导致不同部门、不同地域之间的劳动要素流动遭遇较多的制度瓶颈，就业不充分、就业岗位不匹配、就业人员素质较低本身就会损失一部分生产效率。相较之下，市场机制诱发的要素自发配置显然会改变计划经济体制下的劳动配置结构，同时也加快劳动要素由低效率的生产部门向高效率的生产部门流动。这不仅有利于产业的升级换代，同时在要素的重新配置过程中，经济增长和全要素生产率提升也会实现。劳动要素投入结构变动能否反映市场供求，背后是要素市场机制的完善问题。不可否认，改革开放以来，中国的要素市场改革虽然取得了很大的进步，但劳动要素市场仍存在很多不完善、不尽如人意的方面。如薛占栋（2016：3-4）在研究1978—2008年户籍、产业集聚与地区差距的问题时发现，户籍制度对劳动力流动的限制阻碍了产业向沿海地区集聚，进而降低了沿海和内地制造业工人的真实工资，这充分说明当前的要素市场改革仍然任重道远。综合上述论述，劳动增进型制度对全要素生产率的第三条路径可以表述为：劳动增进型制度—劳动力要素投入结构发生变化—资源配置效率提高—全要素生产率水平提升。

### 4. 有效劳动投入结构的产出弹性 $\beta$

有效劳动投入结构意味着劳动力跨区域或跨部门本身就是有效率的，其隐含的前提是，市场机制在劳动市场中的资源配置主体作用是成立的。

# 第五章

异质性制度对全要素生产率影响的理论机制

在此前提下,式(5.25)告诉我们,这种劳动投入结构的产出弹性越高,对全要素生产率水平提升的促进作用越大。本质上,有效劳动投入结构的产出弹性是上述劳动要素投入结构对全要素生产率影响作用的进一步放大。对于一个产品满足市场需求、产出增长迫切需要劳动投入的部门而言,劳动的投入产出弹性肯定会低于一个产品无法满足市场需求、人浮于事的低效率部门。换一种方式来讲,在产出函数中,技术或全要素生产率的提升更偏重于高效率部门。从生产函数的角度讲,在这种市场机制下,劳动增进型制度的作用表现为,通过变换低效率部门和高效率部门的产出弹性,进而扩大产出。综合这种论述,可以归纳总结出劳动增进型制度对全要素生产率作用的第四条路径:劳动增进型制度—有效劳动投入结构变化—产出效率增长—全要素生产率水平提升。

## 第三节 公共供给型制度对全要素生产率的作用机制

公共供给型制度泛指不直接作用于资本和劳动效率提升的制度总和,主要包括公共基础设施及相关的公共服务等等。与资本增进型制度和劳动增进型制度相比,公共供给型制度最大的特点在于其具有"两面性",即公共供给型制度背后是政府对经济的直接干预,如果将这种干预主要看作投资的话,这种干预就会对私人部门投资形成"挤出效应"。在经济波动周期内,政府的公共产品或服务供给在一定范围内可能会促进经济增长或提高一个地区的全要素生产率水平;但一旦超过合理范围,这种产品或服务供给反而会对经济增长和全要素生产率水平形成负效应。基于上述对公共供给型制度理论的一般认识,借鉴孙早、杨光、李康(2014:75-84)的模型设计框架,阐述公共供给型制度对全要素生产率作用的机制。

### 一、理论构架

孙早、杨光、李康在研究基础设施对经济增长的贡献时,设定了一种无限期经济增长模型。首先,假定无限期典型家庭部门面临的问题是最大化人均消费所产生效用的现值,这可以表示为

$$\text{Max}\int_0^\infty \frac{c^{1-\sigma}-1}{1-\sigma}e^{-\rho t}\mathrm{d}t \tag{5.26}$$

其中，$c$ 为人均消费，$\rho$ 为主观贴现率，$0<\rho<1$，$\sigma$ 为消费跨期替代弹性的导数。

私人人均资本存量积累的约束条件为

$$k=(1-t)y-c \tag{5.27}$$

其中，$y$ 为人均产出，$k$ 为人均资本存量，$t$ 为税率。

假定企业部门的产出由私人人均资本、政府基础设施投资和其他类型的投资组成，其他类型的投资主要包括医疗、教育等，企业部门的产出函数就可以表述为

$$y=[\alpha k^{-\xi}+\beta g_1^{-\xi}+\gamma g_2^{-\xi}]^{-\frac{1}{\xi}} \tag{5.28}$$

其中，$\alpha$、$\beta$ 和 $\gamma$ 分别为私人人均资本、政府基础设施投资和其他类型投资的生产率参数，$\alpha$、$\beta$、$\gamma$ 均大于等于 0，且 $\alpha+\beta+\gamma=1$。$\xi$ 表示投资的贴现系数，$g_1$ 和 $g_2$ 分别表示政府基础设施投资和其他类型投资。

假定政府对私人部门的税收全部用于基础设施投资和其他类型投资，且基础设施投资和其他类型投资占产出的比例系数维持不变，可以得到

$$g_1+g_2=ty \tag{5.29}$$

$$g_1=\phi ty \tag{5.30}$$

$$g_2=(1-\phi)y \tag{5.31}$$

其中，$\phi$ 是政府基础设施投资占政府税收收入的比例，$0<\phi<1$。

式 (5.26) 和式 (5.28) 联立，通过建立汉密尔顿方程解出均衡时的经济增长率可以表述为

$$g=\frac{\alpha(1-t)\left[\dfrac{\alpha t\xi}{t^\xi-\beta\phi^{-\xi}-\gamma(1-\phi)^{-\xi}}\right]^{-\frac{1+\phi}{\phi}}-\rho}{\sigma} \tag{5.32}①$$

根据索洛余值的基本关系式

$$TFP=g-\rho_K-\rho_L \tag{5.33}$$

可以得到

---

① 注：式（5.26～5.32）的模型推导过程见孙早、杨光、李康。

# 第五章
## 异质性制度对全要素生产率影响的理论机制

$$TFP = \frac{\alpha(1-t)\left[\frac{\alpha t \xi}{t^{\xi} - \beta\phi^{-\xi} - \gamma(1-\phi)^{-\xi}}\right]^{-\frac{1+\phi}{\phi}} - \rho}{\sigma} - \rho_K - \rho_L \quad (5.34)$$

针对式（5.34），重点对基础设施投资和政府投资结构两个变量进行分析。定义基础设施投资强度

$$m = \frac{g_1}{y} = t\phi \quad (5.35)$$

代入式（5.35），并对 $m$ 求导，可得

$$\frac{\mathrm{d}TFP}{\mathrm{d}m} = \frac{\alpha(1-t)(1+\xi)(\alpha t \xi)^{-\frac{1+\xi}{\xi}}[\beta^{-(1+\xi)} - \gamma(1-\phi)^{-(1+\xi)}]}{t\sigma[t^{\xi} - \beta\phi^{-\xi} - \gamma(1-\phi)^{-\xi}]^{-\frac{1}{\xi}}} \quad (5.36)$$

式（5.35）的正负主要取决于 $\beta\phi^{-(1+\xi)} - \gamma(1-\phi)^{-(1+\xi)}$。

若 $\beta\phi^{-(1+\xi)} > \gamma(1-\phi)^{-(1+\xi)}$，即当 $\left(\frac{\phi}{1-\phi}\right)^{-(1+\xi)}\frac{\beta}{\gamma} > 1$ 时，$\frac{\mathrm{d}TFP}{\mathrm{d}m} > 0$。即表示基础设施投资强度越大，$TFP$ 值越大。

若 $\beta\phi^{-(1+\xi)} \leq \gamma(1-\phi)^{-(1+\xi)}$，即当 $\left(\frac{\phi}{1-\phi}\right)^{-(1+\xi)}\frac{\beta}{\gamma} \leq 1$ 时，$\frac{\mathrm{d}TFP}{\mathrm{d}m} \leq 0$。即表示基础设施投资强度越大，$TFP$ 值越小。

基于上述分析，可以看出基础设施投资强度与全要素生产率的变动呈"倒 U"形曲线关系，呈"倒 U"形曲线的拐点条件是

$$\left(\frac{\phi}{1-\phi}\right)^{-(1+\xi)}\frac{\beta}{\gamma} = 1 \quad (5.37)$$

如果将 $\frac{\beta}{\gamma}$ 看作基础设施投资和其他投资的生产率比率，$\frac{\phi}{(1-\phi)}$ 看作基础设施投资和其他投资的结构，该拐点条件即说明基础设施强度对全要素生产率的影响取决于三个变量：一是基础设施投资和其他投资的生产率结构；二是政府基础设施投资和其他投资的投资结构；三是投资的贴现率。

## 二、基础作用路径分析

从基础设施强度对全要素生产率的影响所取决的三个变量出发，对公共供给型制度与全要素生产率的作用机制做简要分析。

#### 1. 政府基础设施投资和其他投资的投资结构

假定基础设施投资强度与全要素生产率关系的拐点值记为 $P$，拐点值对应的参数变量在表达中可以表示为

$$P = \left(\frac{\phi_0}{1-\phi_0}\right)^{-(1+\xi_0)} \frac{\beta_0}{\gamma_0} \quad (5.38)$$

给定一个基础设施投资的比例结构 $\phi_1$，如果该比例结构大于拐点值所确定的比例结构，即

$$\frac{\phi_1}{1-\phi_1} > \frac{\phi_0}{1-\phi_0} \quad (5.39)$$

那么，可以得到该基础设施投资确定的

$$P_1 = \left(\frac{\phi_1}{1-\phi_1}\right)^{-(1+\xi_0)} \frac{\beta_0}{\gamma_0} < \left(\frac{\phi_0}{1-\phi_0}\right)^{-(1+\xi_0)} \frac{\beta_0}{\gamma_0} = P \quad (5.40)$$

在此条件下，基础设施投资强度与全要素生产率变动呈现负相关关系。此处分析的实践启示在于：在政府的投资中，用于基础设施的投资如果高于一定比例，这种投资不仅不会带来全要素生产率的增加，反而会对全要素生产率的改善起到反作用。在这种情形下，如果将政府投资用于改善居民教育、医疗等民生事业，政府对全要素生产率的促进作用会明显高于对基础设施投资的效果。改革开放以来，在中国政府的强力推动下，中国的基础设施水平获得了极大的改善，基础设施的改善降低了交易成本，并显著提升了本区域的经济运行效率。然而，如果政府在基础设施较为健全的时候仍然无法克服投资冲动，将投资比重集中于基础设施投资而忽略对其他公共服务的投资，这种投资结构最终会影响到全要素生产率的提升，甚至在某种程度上会对经济运行带来额外的成本，降低经济运行的效率。

#### 2. 政府基础设施投资和其他投资的生产率结构

政府基础设施投资和其他投资的生产率结构可以直观地理解为基础设施投资和其他社会投资对产出的拉动系数。给定一个基础设施投资的生产率系数 $\beta_1$，如果该生产率系数大于拐点值所确定的生产率系数 $\beta_0$，可以得到该基础设施投资确定的

$$P_1 = \left(\frac{\phi_0}{1-\phi_0}\right)^{-(1+\xi_0)} \frac{\beta_1}{\gamma_0} > \left(\frac{\phi_0}{1-\phi_0}\right)^{-(1+\xi_0)} \frac{\beta_0}{\gamma_0} = P \quad (5.41)$$

在此条件下，基础设施投资强度与全要素生产率变动呈现正相关关系，

# 第五章
## 异质性制度对全要素生产率影响的理论机制

即基础设施投资强度越大,全要素生产率水平提升越快。此推论的实践启示在于:政府在进行基础设施投资时必须考虑并估算基础设施投资与其他投资对产出的拉动作用。如果一个地区基础设施投资和其他社会投资都较为紧缺,且基础设施对区域经济增长的带动作用更强,应该优先增加基础设施投资。如果基础设施投资拉动经济增长的空间显然小于其他投资拉动经济增长的空间,投资其他领域就更有利于实现经济增长和提升全要素生产率。

### 3. 贴现系数 $\xi$

基础设施投资的贴现系数也可以理解为维护基础设施投资建设每年应支付的利率成本。给定一个基础设施投资的贴现系数 $\xi_1$,如果该贴现系数大于拐点值所确定的贴现系数 $\xi_0$,基于该贴现系数可得到的拐点值可以表述为

$$P_1 = \left(\frac{\phi_0}{1-\phi_0}\right)^{-(1+\xi_1)} \frac{\beta_1}{\gamma_0} < \left(\frac{\phi_0}{1-\phi_0}\right)^{-(1+\xi_0)} \frac{\beta_0}{\gamma_0} = P \qquad (5.42)$$

在此条件下,基础设施投资强度与全要素生产率变动呈现负相关关系,即基础设施投资强度越大,全要素生产率水平提升越慢,甚至阻碍全要素生产率的提升。从投资的角度来看,贴现系数越高意味着基础设施投资折现的现值越小,同时也意味着每年基础设施投资收益越低。

基础设施投资的上述三个参数对全要素生产率的影响机制共同指向一个事实:当基础设施不足的时候,适度的基础设施建设是有利于全要素生产率水平提升的。但随着基础设施建设的不断完善,基础设施投资呈现边际效应递减的规律。当基础设施超过临界值或达到过剩状态时,再增加基础设施建设已无益于全要素生产率的增长。

## 小　　结

本章阐述了资本增进型制度、劳动增进型制度和公共供给型制度对全要素生产率影响的理论机制和作用路径,核心要点在于三个方面:

第一,通过模型分析发现,资本增进型制度通过储蓄转化为投资的比例、资本的边际生产率、储蓄率、制度实施带来的资本损耗,这四个参数

影响全要素生产率。除了国内金融深化这一领域，外资也是资本增进型制度发挥作用的重要领域之一。将模型拓展至开放经济体，发现外资除了具有资本性质，还有促进全要素生产率水平提升的技术外溢效应。

第二，与资本增进型制度类似，劳动增进型制度对全要素生产率的作用机制也是通过四个参数影响全要素生产率的，分别是制度实施的成本产出弹性、制度创新效率参数、劳动要素投入结构、有效劳动投入结构的产出弹性。

第三，相较上两种制度表现形式，公共供给型制度最大的不同是具有"两面性"。在经济波动周期内，政府的公共产品或服务供给在一定范围内可能会促进经济增长或提高一个地区的全要素生产率水平；但一旦超过合理范围，这种产品或服务供给反而会对经济增长和全要素生产率水平带来负效应。通过模型推导发现，公共供给型制度影响全要素生产率的拐点条件主要取决于三个变量：一是基础设施投资和其他投资的生产率结构；二是政府基础设施投资和其他投资的投资结构；三是投资的贴现率。

# 第六章　异质性制度与全要素生产率空间差异的实证检验

上一章从理论角度阐述了三类制度形式影响全要素生产率的作用机制，本章结合中国改革开放以来制度变迁的历程，用实证的方法分析上一章阐明的理论机制是否可在中国的案例中得到验证。实证检验需要解决两方面的问题：一是如果实证检验符合理论预期，需要从计量的严谨角度量化论证制度对全要素生产率的影响效果；二是如果实证检验不符合理论预期，需要进一步从现实的角度找到实证检验与理论分析偏差的主要原因。最后，基于实证，描述中国制度变迁与全要素生产率关系的真实图景。

本章重点检验三类制度形式与全要素生产率空间差异之间的关系。因为全要素生产率的空间差异作为因变量很难与部分省份的制度形式形成直接的对应关系，所以采用的方法是，将全要素生产率作为被解释变量，其他部分省份的制度变迁量化指标作为解释变量，以此来取得三类制度形式与全要素生产率之间的间接计量证据。这样做的基本理由在于，部分省份全要素生产率在空间上本身就是不同的，不同省份之间完全不同的全要素生产率本身就是全要素生产率空间差异的基本表现，而制度变迁的代理变量在部分省份的表现也是有所差异的，这两种差异在计量方程上恰好可以形成一种对应关系。

## 第一节　模型、计量方法及数据来源

在实证检验制度变迁与全要素生产率之间的关系时，我们首先需要对本章要使用到的模型、计量方法及数据来源做统一说明。

## 一、计量模型设定

本章计量模型的设定主要用于检验第五章中所描述的三种理论机制——资本增进型制度、劳动增进型制度和公共供给型制度是否是改革开放以来中国全要素生产率空间差异的显著成因。

综观目前对全要素生产率研究的文献，研究其影响因素的计量方程大致有两类：一类是动态面板数据模型，这类文献认为全要素生产率和一般经济变量一样，在经济活动中存在惯性，所以应该将解释变量的滞后项作为被解释变量放在模型中；另一类是静态面板数据模型，这类文献认为在实证检验中并没有发现上一期解释变量影响下一期解释变量的直接证据。本书认为，选择应用上述模型应该尊重两个标准：一是计量过程须严谨有效，符合模型设计的假定前提，否则对计量方程的估计是无效的；二是充分权衡理论与现实，如果计量结果完全不符合理论或不符合现实得到的基本规律，其计量的科学有效性也会大打折扣。

根据本章实证检验的目的和当前计量方程设计的研究进展，下文拟设定动态和静态两个面板数据方程以检验三类制度形式与全要素生产率空间差异的关系，然后综合计量检验效果和回归结果，判定到底是使用动态模型还是静态模型。其中，本节设定的动态面板数据计量方程是

$$\ln TFP_{it} = \beta_0 + \delta \ln TFP_{it-1} + \sum_{i=1}^{j} \alpha_i \ln X_{it}^i + \sum_{i=1}^{m} \beta_i \ln Y_{it}^i + \sum_{i=1}^{n} \gamma_i \ln Z_{it}^i + \phi control_{it} + \mu_i + \nu_{it} \quad (6.1)$$

在式（6.1）中，$\ln TFP_{it-1}$为解释变量的滞后项，$X$表示资本增进型制度，$Y$表示劳动增进型制度，$Z$表示公共供给型制度，$control_{it}$表示控制变量，$\mu_i$表示地区及时间的异质性，$\nu_{it}$表示随机误差项。

式（6.1）中，$X$、$Y$、$Z$分别由三类制度的六个代理变量表示，$control_{it}$选择人口密度、人力资本分布状况、产业结构状况三个指标作为控制变量。

将上述解释变量的滞后项去掉，即为本节设定的静态面板数据计量方程

# 第六章

异质性制度与全要素生产率空间差异的实证检验

$$\ln TFP_{it} = \beta_0 + \sum_{i=1}^{j} \alpha_i \ln X_{it}^i + \sum_{i=1}^{m} \beta_i \ln Y_{it}^i + \sum_{i=1}^{n} \gamma_i \ln Z_{it}^i + \phi control_{it} + \mu_i + \nu_{it} \qquad (6.2)$$

式（6.2）中各变量表示的含义与式（6.1）中一致。

## 二、计量方法

式（6.1）和式（6.2）涉及长面板数据模型中动态和静态两类模型估计。对于动态面板模型，目前常用的是差分广义矩估计 GMM（generalized method of moments，简称 GMM）和系统广义矩估计 GMM，但这两种方法主要适用于短动态面板。对于长面板，常用的方法是以差分 GMM 或系统 GMM 为初始值的偏差校正最小二乘虚拟变量模型（least square dummy variable model，简称 LSDV）法。除了这两种，目前主流的动态面板数据模型估计还有将最小二乘法、工具变量法、固定效应法和广义矩估计进行对比测量，互相印证以证明模型的稳健性。其中，最小二乘法不考虑面板数据的地区及时间异质性，仅将数据堆积在一起估计参数；固定效应模型尽管考虑了地区及时间异质性，但无法解释模型的内生性问题。基于此，大多数学者将最后的动态面板数据估计集中在后两种方法，但这种模型估计在应用中常常需要严格的假设条件。使用差分 GMM 的前提是扰动项 $\{\xi_{it}\}$ 不存在自相关，即 $\mathrm{Cov}(\xi_{it}, \xi_{is}) = 0$，$t \neq s$，$\forall i$。使用系统 GMM 的前提是扰动项 $\{\xi_{it}\}$ 不存在自相关，且 $\{\Delta y_{i,t-1}, \Delta y_{i,t-2}, \cdots\}$ 与个体效应 $\mu_i$ 不相关。

对于静态面板模型，如果是短面板数据，常用的方法是混合回归、固定效应模型和随机效应模型。其中，混合回归是一种极端情况，要求样本中每个个体都拥有完全相同的回归方程；而随机效应模型则是假定每个个体估计一个单独的回归方程。从经济理论的角度来看，随机效应模型比较少见，常见的是介于混合回归与随机效应模型之间的固定效应模型。长面板中由于 $n$ 相对于 $T$ 较小，对于可能存在的固定效应可以加入个体虚拟变量，对于时间效应可以加上时间趋势项或其平方项加以控制。

## 三、变量说明

式(6.1)和式(6.2)中主要涉及三个被解释变量和解释变量。

(1) 被解释变量：全要素生产率的对数。其中，全要素生产率主要基于索洛余值法测算，测算结果见第四章。

(2) 解释变量：主要包括资本增进型制度、劳动增进型制度和公共供给型制度的六个变量，动态面板数据模型中还包括全要素生产率对数的滞后一期变量。其中，资本增进型制度主要包括衡量金融深化程度的银行存贷款总额与GDP的比例、衡量外贸外资利用水平的开放度指标；劳动增进型制度主要包括衡量所有制制度变化的非国有企业职工占就业人员的比例、衡量户籍制度改革的城市化比重（城镇人口÷总人口）；公共供给型制度主要包括衡量各省基础设施建设水平的公路里程密度（公路里程÷省份面积）、衡量各省政府干预市场的程度（财政支出总额÷GDP）。

(3) 控制变量：主要包括人口密度、人力资本分布状况、产业结构状况三个指标。其中，人口密度是一个地区市场规模的代理变量，人力资本分布状况则可以作为本区域研发投入水平的代理变量，产业结构状况则是本地区产业发展状况的代理变量。

## 四、数据来源

本章采用1978—2015年中国部分省份的面板数据进行分析。所有关于外贸、外资、人口总量、国有企业人口、公路里程等基础数据均来源于《新中国六十年统计资料汇编》《中国统计年鉴（1994—2015）》《中国对外经济统计年鉴》和中国统计局网站等。个别缺失数据利用移动平均法补齐。由于重庆和西藏数据不全，故本章仅对其他29个省份的面板数据进行考察。基于上述统计资源获取的基础数据，可以测算出各代理指标的值。表6-1是这些变量数据的描述性统计。

# 第六章

异质性制度与全要素生产率空间差异的实证检验

表6-1 变量数据的描述性统计

| 变量名称 | 变量含义 | 均值 | 标准差 | 最小值 | 最大值 |
| --- | --- | --- | --- | --- | --- |
| $TFP$ | 全要素生产率 | 0.47 | 0.23 | 0.06 | 1.40 |
| $Fin$ | 存贷款总额与GDP的比例 | 1.94 | 0.95 | 0.37 | 8.13 |
| $Open$ | 对外开放度 | 0.28 | 0.44 | 0.0001 | 3.72 |
| $Pers$ | 非国有企业职工占就业人员的比例 | 0.31 | 0.15 | 0.07 | 0.90 |
| $Urban$ | 城镇人口占该省份人口的比例 | 0.35 | 0.18 | 0.08 | 0.89 |
| $Infra$ | 公路里程与该省份土地面积的比例 | 0.41 | 0.38 | 0.01 | 2.14 |
| $Fiscal$ | 财政支出与GDP的比例 | 0.16 | 0.08 | 0.05 | 0.63 |
| $Huma$ | 该省份高校在校学生占全国高校在校学生的比例 | 0.34 | 0.19 | 0.002 | 0.87 |
| $Popul$ | 人口总量与该省份土地面积的比例 | 0.04 | 0.05 | 0.0005 | 0.38 |
| $Indus$ | 第三产业的增加值占GDP的比例 | 0.34 | 0.10 | 0.09 | 0.80 |

## 第二节 总体检验

本节将对中国制度变迁与全要素生产率空间差异的总体情况做实证检验。用于检验的数据主要是基于1978—2015年中国29个省份的长面板数据。根据计量经济学的一般理论，使用面板数据的主要优点在于：第一，可以解决遗漏变量问题；第二，可以提供更多个体动态行为的信息；第三，样本容量较大，有利于提高估计的精度。但使用面板同样也会面临较多问题，如样本数据通常不满足独立同分布的假定，同一个体在不同期的扰动项一般存在自相关等（陈强，2014：250-251）。在使用面板数据用于检验的同时，本节对上述问题也将通过严格的检验过程予以规避。

## 一、计量过程与模型选择

在上节分析基础上,基于式(6.1)和式(6.2)分别进行动态和静态面板回归。

### 1. 动态面板模型计量

为较稳健地估算制度变迁对全要素生产率的动态影响,分别采用最小二乘法、固定效应法、差分 GMM 和系统 GMM 对式(6.1)进行回归估计,估计结果见表 6-2。从估算结果来看,四种动态长面板数据模型估算出来的全要素生产率一阶滞后变量均较为显著,且回归系数显著高于其他变量。但遗憾的是,无论是差分 GMM 还是系统 GMM,均存在较为严重的扰动项自相关情况,这意味着应用差分 GMM 和系统 GMM 模型的前提并不存在。动态普通最小二乘法(ordinary least square,简称 OLS)和动态固定效应模型(fixed effects model,简称 FE)尽管总体检验效果较好,但在估计动态长面板模型中存在较多缺陷。如前所述,动态 OLS 由于不考虑面板数据的地区及时间异质性,所以用此方法估算时会丢失大量的信息。动态固定效应模型尽管对地区及时间异质性有所考虑,但模型的内生性问题无法得到有效解释。综合上述检验结果,可认为动态模型在解释制度变迁对全要素生产率的影响作用时效果不够理想,故在本书中主要使用静态模型来验证制度变迁与全要素生产率之间的关系。

### 2. 静态面板模型计量

此处静态面板模型计量是基于长面板数据的静态模型计量。长面板与短面板静态面板模型分析的最大区别在于:短面板由于时间维度较小,信息较少,故无法讨论扰动项 $\{\xi_{it}\}$ 是否存在自相关;而对于长面板而言,由于时间维度较长,信息较多,故可以放松这个假定,需要充分考虑扰动项 $\{\xi_{it}\}$ 可能存在的自相关与异方差。对于扰动项 $\{\xi_{it}\}$ 可能存在的组间异方差、组内自相关或组间同期相关,目前主要有两类处理方法:一类是仍使用 OLS 进行估计参数,仅对标准误差进行校正,见表 6-3 的面板校正标准误差(panel-corrected standard error,简称 PCSE);另一类是对异方差或者自相关的具体形式进行假设,然后使用可行广义最小二乘法(feasible generalized least square,简称 FGLS)进行估计。

# 第六章
## 异质性制度与全要素生产率空间差异的实证检验

表 6-2 动态长面板数据的总体检验

| 变量名称 | | 动态 OLS | 动态 FE | 差分 GMM | 系统 GMM |
|---|---|---|---|---|---|
| 滞后一期 | ln$TFP$(-1) | 0.9765<br>(0.0040)*** | 0.9743<br>(0.0056)*** | 0.9065<br>(0.1914)*** | 0.8843<br>(0.0811)*** |
| 资本增进型制度 | ln$Fin$ | -0.0058<br>(0.0051) | -0.0009<br>(0.0069) | 0.0353<br>(0.0677) | 0.0315<br>(0.0457) |
| | ln$Open$ | 0.0004<br>(0.0014) | 0.0052<br>(0.0018)*** | -0.0010<br>(0.0211) | -0.0008<br>(0.0119) |
| 劳动增进型制度 | ln$Pers$ | 0.0102<br>(0.0039)*** | 0.0338<br>(0.0066)*** | 0.0747<br>(0.0778) | 0.0640<br>(0.1009) |
| | ln$Urban$ | -0.0161<br>(0.0037)*** | 0.0028<br>(0.0056) | 0.0407<br>(0.0483) | -0.0025<br>(0.0195) |
| 公共供给型制度 | ln$Infra$ | 0.0185<br>(0.0027)*** | 0.0038<br>(0.0037) | 0.0206<br>(0.0360) | 0.0513<br>(0.0383) |
| | ln$Fiscal$ | -0.02239<br>(0.0041)*** | -0.0308<br>(0.0052)*** | -0.0951<br>(0.0588) | -0.0894<br>(0.0622) |
| 控制变量 | ln$Huma$ | -0.0036<br>(0.0020)* | -0.0183<br>(0.0067)*** | -0.0086<br>(0.0919) | -0.0318<br>(0.1411) |
| | ln$Popul$ | -0.0138<br>(0.0022)*** | -0.0784<br>(0.0110)*** | -0.0546<br>(0.6369) | -0.0199<br>(0.1495) |

表 6-2（续）

| 变量名称 | | 动态 OLS | 动态 FE | 差分 GMM | 系统 GMM |
|---|---|---|---|---|---|
| 控制变量 | lnIndus | 0.0255 (0.0075)*** | 0.0263 (0.0084)*** | -0.0192 (0.1403) | 0.0193 (0.9363) |
| 截距项 | Constant | -0.0521 (0.0192)*** | -0.3368 (0.5189)*** | -0.3612 (2.0426) | -0.2923 (0.4586) |
| $R^2$ | | 0.9953 | 0.9936 | | |
| AR(1) | | | | 0.0390 | 0.0008 |
| AR(2) | | | | 0.0071 | 0.0043 |
| 观测值 | | 1044 | 1044 | 1044 | 1044 |

注：系统下方括号内的值是标准差，***、**、* 分别表示回归系数在 1%、5% 和 10% 的显著水平下统计显著。AR（1）、AR（2）对应的是 P 值。

表 6-3 静态长面板数据的总体检验

| 变量名称 | | OLS | PCSE | AR1 | PSAR1 | FGLS1 | FGLS2 |
|---|---|---|---|---|---|---|---|
| 资本增进型制度 | lnFin | -0.0332 (0.1174) | -0.0332 (0.0263) | -0.0445 (0.0209)** | -0.0474 (0.0212)** | -0.0462 (0.0033)** | -0.0429 (0.0042)** |
| | lnOpen | 0.0047 (0.021) | 0.0047 (0.007) | -0.0036 (0.0074) | -0.0025 (0.0069) | -0.0021 (0.0012) | -0.0007 (0.0016) |
| 劳动增进型制度 | lnPers | 0.2273 (0.1389) | 0.2273 (0.0324)*** | 0.0820 (0.0271)*** | 0.0638 (0.0276)** | 0.0648 (0.0046)** | 0.0467 (0.0059)** |

# 第六章
## 异质性制度与全要素生产率空间差异的实证检验

表 6-3（续）

| 变量名称 | | OLS | PCSE | AR1 | PSAR1 | FGLS1 | FGLS2 |
|---|---|---|---|---|---|---|---|
| 劳动增进型制度 | ln$Urban$ | 0.2224<br>(0.0978)** | 0.2224<br>(0.0359)*** | 0.0663<br>(0.0241)*** | 0.0820<br>(0.0252)*** | 0.0437<br>(0.0050)*** | 0.0613<br>(0.0054)*** |
| 公共供给型制度 | ln$Infra$ | −0.1020<br>(0.0539)* | −0.1020<br>(0.0188)*** | −0.0071<br>(0.0093) | −0.0071<br>(0.0092) | −0.0081<br>(0.0017)*** | −0.0068<br>(0.0020)*** |
| | ln$Fiscal$ | −0.1966<br>(0.0993)* | −0.1966<br>(0.0235)*** | −0.0740<br>(0.0201)*** | −0.0746<br>(0.0187)*** | −0.0663<br>(0.0039)*** | −0.0740<br>(0.0043)*** |
| 控制变量 | ln$Huma$ | 0.2669<br>(0.1252)** | 0.2669<br>(0.0434)*** | 0.1193<br>(0.0291)*** | 0.1984<br>(0.0352)*** | 0.0905<br>(0.0063)*** | 0.1769<br>(0.0066)*** |
| | ln$Popul$ | −0.3529<br>(0.3302) | −0.3529<br>(0.0784)*** | −0.0809<br>(0.0178)*** | −0.0747<br>(0.0241)*** | −0.0753<br>(0.0035)*** | −0.0713<br>(0.0052)*** |
| | ln$Indus$ | −0.2823<br>(0.1380)** | −0.2823<br>(0.0419)*** | −0.0842<br>(0.0237)*** | −0.0822<br>(0.0229)*** | −0.0655<br>(0.0051)*** | −0.0698<br>(0.0052)*** |
| 时间趋势项 | $t$ | 0.0364<br>(0.0083)*** | 0.0364<br>(0.0018)*** | 0.0318<br>(0.0017)*** | 0.0308<br>(0.0017)*** | 0.0327<br>(0.0005)*** | 0.0311<br>(0.0005)*** |
| 截距项 | $Constant$ | −70.93<br>(16.46)*** | −70.93<br>(3.54)*** | −61.63<br>(3.29)*** | −59.55<br>(3.25)*** | −63.37<br>(0.99)*** | −60.21<br>(0.96)*** |
| $R^2$ | | 0.9027 | 0.9027 | 0.8736 | 0.8736 | | |
| 观测值 | | 1044 | 1044 | 1044 | 1044 | 1044 | 1044 |

注：系统下方括号内的值是标准差，***、**、*分别表示回归系数在1%、5%和10%的显著水平下统计显著。

为获得较为稳健的估计结果,将分别对这两类方法的各种模型进行回归估计。其中,表6-3中的OLS估计是添加了时间趋势(添加的理由如图6-1[①]所示),然后用LSDV法估计的双向固定效应模型,PCSE考虑了组间异方差和组间同期相关的校正标准误模型。自回归过程1(autoregressive process,简称AR)是考虑了组内自相关且但要求各组的自回归系数相同的广义最小二乘估计;PSAR1是考虑了组内自相关且允许各组的自回归系数不同的广义最小二乘估计;FGLS1是同时考虑存在组间异方差、同期相关以及组内自相关但自回归系数相同情形的全面FGLS估计结果;FGLS2是同时考虑存在组间异方差、同期相关以及组内自相关且自回归系数不同情形的全面FGLS估计结果。

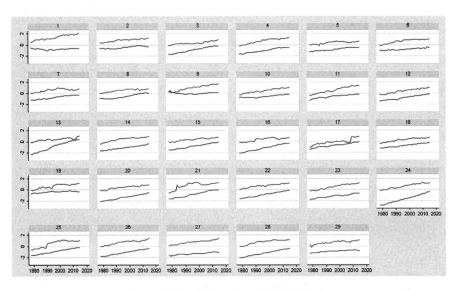

图6-1 ln*TFP*与ln*Fin*的时间趋势图

基于上述七个模型的回归结果可以看到主要变量估计的稳健性,但具体要使用哪一个模型仍需要对模型的组间异方差、组内自相关、组间同期

---

① 为了能够清晰地展示中国不同省份相关变量的时间趋势,此处仅描述了两个变量的时间趋势图,其他变量的趋势图同此图较为类似。此图主要是为了说明添加时间趋势项的合理性。

# 第六章
## 异质性制度与全要素生产率空间差异的实证检验

相关和变系数模型进行检验。这四种检验的统计量及相应的 $P$ 值结果见表 6-4。

表6-4 静态长面板数据的相关检验

| 检验对象 | 原假设 | 统计量检验值 | $P$ 值 | 检验结果 |
|---|---|---|---|---|
| 组间异方差 | 不同个体的扰动项方差相等 | $chi2(29) = 3801.44$ | 0.0000 | 存在组间异方差 |
| 组内自相关 | 不存在组内自相关 | $F(1,28) = 404.985$ | 0.0000 | 存在组内自相关 |
| 组间同期相关 | 不存在组间同期相关 | $Pesaran's\ test = 4.916$ | 0.0000 | 存在组间同期相关 |
| 变系数检验 | 不使用变系数模型 | $chi2(280) = 38690.72$ | 0.0000 | 应使用变系数模型 |

基于表6-4的检验结果，显然使用 FGLS2 静态长面板数据模型更为合理。

## 二、计量结论分析

基于 FGLS 的回归结果，可以得到五个结论。

第一，人力资本是决定全要素生产率空间差异的第一因素。在模型设定时，作为控制变量的人力资本既代表着全国高校学生的分布状况，也是全国各地技术水平的代理变量。在回归结果中，人力资本的回归系数最高，同时也验证了经济学理论中技术进步是全要素生产率主体决定因素的基本结论。

第二，在资本增进型制度中，开放度与全要素生产率的回归系数并不显著，这种回归结果可能有两种解释：一是从1978—2015年这个长周期来看，开放度与全要素生产率总的回归系数尽管不显著，但并不意味着改革开放以来每个阶段开放度对全要素生产率没有影响，它们之间的关系可能在某些阶段中存在关联；二是从外贸外资的技术外溢角度来看，尽管从理论上分析存在外贸外资促进全要素生产率的理论机制，但中国改革开放以来，以市场换技术的大量实证文献表明，中国外贸外资的技术外溢本身也不显著。这两种因素可能都会对开放度作用的发挥产生影响。在资本增进型制度中，金融深化对全要素生产率的回归系数为负，这种回归结果可能也有两种解释。一种是改革开放以来，尽管金融深化取得了一定的进展，但这并不能掩盖中国金融资源在区域层面、在不同所有制企业层面的分配不均。有众多文献证实，中国大量稀缺的金融资源配置到了效率低下的国有企业部门，这无疑对全要素生产率的提升形成较大的负面作用。在不同区域，由于受到政府意志的影响，故发生金融资源错配也是现行经济体制运行的常见现象。另一种是纵观改革开放以来制度变迁的历程，金融制度变革始终都是影响经济运行全局的重大课题。无论是在加入世贸组织后，还是在新时期的开放阶段，金融改革都较其他改革有所滞后，这种相对滞后的改革进程表现出阻滞全要素生产率发展的现象。此外，与开放度的分析类似，此处是基于1978—2015年这个长周期所做的回归结果，不排除在某些时期，金融制度的渐进性改革会对全要素生产率形成正向影响，相关结论仍有待在分阶段的实证中进一步观察。

第三，在劳动增进型制度中，所有制和户籍制度改革对全要素生产率的回归系数均为正，符合理论预期，同时也显示劳动增进型制度对中国全要素生产率的改善产生了积极作用。相较其他变量的表现，劳动增进型制度是三类制度中唯一对全要素生产率呈正向促进作用的变量，显示改革开放以来，劳动增进型制度是中国全要素生产率改善的主要源泉。

第四，公共供给型制度的"两面性"特征仍须进一步考察。在实证回归结果中，交通基础设施和财政支出对全要素生产率的影响为负，显示如果政府投入、干预超过一定量将对全要素生产率形成负的作用。按照第五章基础设施对全要素生产率影响的分析框架，交通基础设施投资在超过某个临界值的时候会对全要素生产率形成负面作用，财政干预也具有这种特征。从1978—2015年的长面板实证结果来看，显然当前的交通基础设施和财政支出已经超过了临界点限制。本节对交通基础设施和财政支出的作用考察是基于1978—2015年数据的总考察，这两个因素对全要素生产率的"两面性"特征表现并不充分，至于在哪个阶段超过临界点表现为负仍需要进一步分时间阶段考察。

第五，第三产业的增加值占GDP的比例（简称三产比重）是衡量市场规模的人口密度、衡量产业结构层次的指标。它与全要素生产率之间的关

# 第六章

## 异质性制度与全要素生产率空间差异的实证检验

系显著为负。该回归结果说明三个方面的问题：一是在中国较长的制度变迁中，人口规模禀赋非但没有对全要素生产率的提升起决定性作用，而且在一些人口密度较高的省份，就业不充分，人口资源没有得到充分利用，反而拖累了全要素生产率的提升；二是结合劳动增进型制度的回归结果可以发现，单纯的人口规模因素并不能构成全要素生产率提升的基本依据，只有提升人口在不同产业部门或城乡之间的配置效率，才能显著提升全要素生产率水平，即对全要素生产率而言，人口的要素流动比人口规模更有价值；三是在中国第三产业发展层次、水平普遍落后的背景下，以三产比重作为衡量本区域经济发展水平的基础指标并不可靠。如果一个地区第三产业的比重较高，而衡量三产发展质量的现代服务业或知识密集型服务业比重不高，这种产业结构的调整就不仅无益于全要素生产率发展，还可能会对全要素生产率的发展起负面作用。

## 第三节 分时期检验

上一节基于 1978—2015 年的长面板数据，对中国省域的制度变迁与全要素生产率空间差异进行了总体分析，本节基于制度变迁不同演进阶段进行分时期检验。从第三章的论述可知，中国的制度变迁大致可以分为 1978—1991 年、1992—2000 年、2001—2008 年、2009 年至今四个阶段，以下按照这四个时间段进行分时期检验。

### 一、计量过程与模型选择

分阶段回归与总体回归的最大差异在于，总体回归主要基于 1978—2015 年的长面板数据，在面板回归过程中需要考虑时间因素和扰动项的自相关与异方差等问题；而分阶段回归主要基于短面板数据，在回归过程中，由于时间维度较小，涵盖信息较少，故不用探讨扰动项是否存在自相关问题。

短面板计量的关键是基于统计量，从混合效应、固定效应和随机效应模型中选择最稳健可靠的模型。其中，$F$ 统计量决定使用混合效应模型还是固定效应模型，$chi$ 统计量决定使用混合效应模型还是随机效应模型，豪斯曼（Hausman）统计量决定使用固定效应模型还是随机效应模型。

以1978—1991年为例，采用stata 12.0软件对计量方程分别进行混合效应、固定效应和随机效应回归。在混合效应模型和固定效应模型的选取中，使用F检验，得到F统计量为80.55，P值为0.000，在1%显著水平下统计量显著，所以舍弃混合效应模型。在混合效应模型和随机效应模型的选取中，使用检验个体效应的chi检验，得到chi统计量为1443.13，P值为0.000，在1%显著水平下统计量显著，所以舍弃混合效应模型。在固定效应模型和随机效应模型的选取中，使用豪斯曼检验，得到chi-sq统计量为4.41，P值为0.8822。所以，应该接受原假设，建立随机效应模型。

而在1992—2000年，采用stata 12.0软件对计量方程分别进行混合效应、固定效应和随机效应回归。在混合效应模型和固定效应模型的选取中，使用F检验，得到F统计量为66.01，P值为0.000，在1%显著水平下统计量显著，所以舍弃混合效应模型。在混合效应模型和随机效应模型的选取中，使用检验个体效应的chi检验，得到chi统计量为668.28，P值为0.000，在1%显著水平下统计量显著，所以舍弃混合效应模型。在固定效应模型和随机效应模型的选取中，使用豪斯曼检验，得到chi-sq统计量为24.05，P值为0.0042，在1%显著水平下统计量显著。所以，舍弃随机效应模型，建立固定效应模型，估算结果见表6-5。

参照上述方法，分别对2001—2008年和2009—2015年的短面板数据进行检验，得出这两个阶段也应使用固定效应模型对参数进行估计，估计结果见表6-6。

## 二、计量结论分析

基于表6-5和表6-6的面板数据回归结果，按指标对中国改革开放以来各阶段制度变迁与全要素生产率之间的关系做以下分析。

第一，存贷款总额与GDP的比例。改革开放以来制度变迁四个阶段的回归结果一致表明，金融系统动员储蓄和引导投资的功能并没有对全要素生产率水平的提升产生显著的促进作用。分时间阶段的实证结果进一步强化了表6-3的实证结论，再次强调中国金融发展特征与全要素生产率之间的两种联系：一是金融深化指标与全要素生产率的关系不显著或者显

# 第六章
## 异质性制度与全要素生产率空间差异的实证检验

表6-5  1978—1991年与1992—2000年两个阶段的静态面板数据检验

| 变量名称 | | 1978—1991年 | | | 1992—2000年 | | |
|---|---|---|---|---|---|---|---|
| | | 混合效应 | 固定效应 | 随机效应 | 混合效应 | 固定效应 | 随机效应 |
| 资本增进型制度 | $\ln Fin$ | -0.1696<br>(0.0664)** | 0.0702<br>(0.0455) | 0.0543<br>(0.0447) | 0.0556<br>(0.0666) | 0.0072<br>(0.0608) | 0.0546<br>(0.0543) |
| | $\ln Open$ | 0.0180<br>(0.0140) | -0.0115<br>(0.0077) | -0.0114<br>(0.0077) | 0.0521<br>(0.0202)*** | -0.0459<br>(0.0201)** | -0.0388<br>(0.019)** |
| | $\ln Pers$ | 0.1902<br>(0.0513)*** | 0.4467<br>(0.0703)*** | 0.4004<br>(0.0644)*** | 0.2591<br>(0.0581)*** | 0.1452<br>(0.056)*** | 0.2059<br>(0.053)*** |
| 劳动增进型制度 | $\ln Urban$ | 0.6561<br>(0.0331)*** | 0.2975<br>(0.0792)*** | 0.4109<br>(0.0639)*** | 0.2254<br>(0.0423)*** | 0.2182<br>(0.0298)*** | 0.2103<br>(0.0289)*** |
| | $\ln Infra$ | -0.1532<br>(0.0403)*** | -0.0099<br>(0.0304) | -0.0125<br>(0.0292) | -0.1416<br>(0.0521)*** | 0.2102<br>(0.0543)*** | 0.175<br>(0.0522)*** |
| 公共供给型制度 | $\ln Fiscal$ | -0.4917<br>(0.0521)*** | -0.1165<br>(0.0305)*** | -0.1193<br>(0.0302)*** | -0.3703<br>(0.0644)*** | -0.3911<br>(0.0521)*** | -0.449<br>(0.0484)*** |
| | $\ln Huma$ | -0.0277<br>(0.0266) | 0.0863<br>(0.0513)* | 0.0765<br>(0.0422)* | -0.0123<br>(0.0239) | -0.2462<br>(0.0864)*** | -0.0992<br>(0.0528)* |
| 控制变量 | $\ln Popul$ | 0.0894<br>(0.0316)*** | 0.0242<br>(0.0452) | 0.0285<br>(0.0334) | 0.0811<br>(0.0364)** | 0.4487<br>(0.229)* | -0.0404<br>(0.0527) |
| | $\ln Indus$ | 0.1422<br>(00831)* | 0.1197<br>(0.0450)*** | 0.1012<br>(0.0438)** | 0.3785<br>(0.1438)*** | 0.4197<br>(0.0997)*** | 0.569<br>(0.0908)*** |

表6-5（续）

| 变量名称 | | 1978—1991年 | | | 1992—2000年 | | |
|---|---|---|---|---|---|---|---|
| | | 混合效应 | 固定效应 | 随机效应 | 混合效应 | 固定效应 | 随机效应 |
| 截距项 | Constant | -0.6253<br>(0.2379)*** | 0.1939<br>(0.2974) | 0.2498<br>(0.2181) | -0.5569<br>(0.266)** | 0.2705<br>(1.003) | -1.0839<br>(0.2377)*** |
| $R^2$ | | 0.7083 | 0.5339 | 0.5311 | 0.6193 | 0.6461 | 0.6279 |
| F统计量 | | | 80.55<br>($p=0.0000$) | | | 66.01<br>($p=0.0000$) | |
| chi统计量 | | | | 1443.13<br>($p=0.0000$) | | | 668.28<br>($p=0.0000$) |
| Hausman统计量 | | | 4.41<br>($p=0.8822$) | | | 24.05<br>($p=0.0042$) | |
| 观测值 | | 406 | 406 | 406 | 261 | 261 | 261 |

注：系统下方括号内的值是标准差，***、**、*分别表示回归系数在1%、5%和10%的显著水平下统计显著。

表6-6 2001—2008年与2009—2015年两个阶段的静态面板数据检验

| 变量名称 | | | 2001—2008年 | | | 2009—2015年 | | |
| --- | --- | --- | --- | --- | --- | --- | --- | --- |
| | | | 混合效应 | 固定效应 | 随机效应 | 混合效应 | 固定效应 | 随机效应 |
| 资本增进型制度 | ln*Fin* | | -0.2278<br>(0.0646)*** | 0.0108<br>(0.0476) | 0.0089<br>(0.0471) | -0.4675<br>(0.0948)*** | -0.0606<br>(0.0532) | -0.0826<br>(0.0534) |
| | ln*Open* | | 0.1704<br>(0.0257)*** | 0.0557<br>(0.0215)*** | 0.0573<br>(0.02)*** | 0.0955<br>(0.0367)*** | 0.0354<br>(0.026) | 0.0302<br>(0.0252) |
| 劳动增进型制度 | ln*Pers* | | 0.1249<br>(0.0671)* | 0.2733<br>(0.0363)*** | 0.3078<br>(0.0341)*** | -0.044<br>(0.0848) | 0.1951<br>(0.0409)*** | 0.1846<br>(0.0418)*** |
| | ln*Urban* | | 0.087<br>(0.0553) | -0.007<br>(0.018) | 0.0069<br>(0.0178) | 0.372<br>(0.1214)*** | 0.8259<br>(0.1283)*** | 0.6541<br>(0.1122)*** |
| 公共供给型制度 | ln*Infra* | | -0.0183<br>(0.0423) | 0.0705<br>(0.0152)*** | 0.0699<br>(0.0155)*** | 0.1883<br>(0.0958)* | 0.0934<br>(0.0992) | 0.1864<br>(0.0872)** |
| | ln*Fiscal* | | 0.059<br>(0.0829) | 0.1208<br>(0.0466)*** | 0.1356<br>(0.0446)*** | 0.0951<br>(0.1041) | -0.1394<br>(0.0704)** | -0.2008<br>(0.063)*** |
| 控制变量 | ln*Huma* | | 0.0299<br>(0.0262) | 0.2531<br>(0.0404)*** | 0.1687<br>(0.0326)*** | 0.0018<br>(0.0357) | -0.2096<br>(0.0834)*** | -0.0374<br>(0.057) |
| | ln*Popul* | | 0.046<br>(0.0347) | 0.3273<br>(0.1261)*** | -0.0277<br>(0.0389) | -0.0365<br>(0.0612) | -0.691<br>(0.1726)*** | -0.1526<br>(0.0568)*** |
| | ln*Indus* | | -0.3017<br>(0.1407)** | -0.1109<br>(0.0861) | -0.1693<br>(0.0827)** | 0.1659<br>(0.1538) | -0.0045<br>(0.0674) | 0.012<br>(0.0698) |

表 6-6（续）

| 变量名称 | | 2001—2008 年 | | | 2009—2015 年 | | |
|---|---|---|---|---|---|---|---|
| | | 混合效应 | 固定效应 | 随机效应 | 混合效应 | 固定效应 | 随机效应 |
| 截距项 | Constant | 0.1605 (0.2972) | 2.1407 (0.5596)*** | 0.4954 (0.2191)** | 0.6795 (0.4529) | -3.1339 (0.705)*** | -0.6208 (0.3412)* |
| $R^2$ | | 0.5560 | 0.8077 | 0.7978 | 0.4631 | 0.6632 | 0.6235 |
| $F$ 统计量 | | | 148.95 ($p$=0.0000) | | | 152.58 ($p$=0.0000) | |
| $chi$ 统计量 | | | | 652.74 ($p$=0.0000) | | | 487.44 ($p$=0.0000) |
| $Hausman$ 统计量 | | | | 28.12 ($p$=0.0009) | | | 27.82 ($p$=0.0019) |
| 观测值 | | 232 | 232 | 232 | 203 | 203 | 203 |

注：系统下方括号内的值是标准差，***、**、* 分别表示回归系数在 1%、5% 和 10% 的显著水平下统计显著。

# 第六章

## 异质性制度与全要素生产率空间差异的实证检验

著为负均说明,金融体系改革滞后、金融深化层次不高已经成为影响中国全要素生产率水平提升的重要因素,未来如何激发金融市场活力和改善金融市场运作效应,是下一步提升全要素生产率的关键问题;二是本书实证结论也印证了金融错配对全要素生产率的消极影响。徐晔、宋晓薇(2016:51-61)等的研究发现,在我国,金融资源错配通过直接效应引致全要素生产率减损 0.8021%;此外,通过人力资本市场、外商直接投资市场等也会间接带来全要素生产率的减损。张庆君、李雨霏、毛雪(2016:9-15,23)在考察 2005—2012 年中国所有制歧视造成的全要素生产率抑制作用时,同样发现金融错配对全要素生产率的提升有较强的抑制作用。

第二,开放度。在改革开放以来制度变迁的四个阶段中,以 2000 年为分水岭,对外开放对中国全要素生产率的影响形成显著差异。在 2000 年以前,以加工贸易和港资为主导的外商直接投资(foreign direct investment,简称 FDI)形式并未形成对中国全要素生产率提升的显著促进作用。甚至在 1992—2000 年间,开放度对中国全要素生产率的提升造成了抑制作用。2000 年以后,随着中国全面与世界市场接轨,市场开放对中国经济领域形成了更深层次的影响,在此阶段,尤其在 2001—2008 年间,开放度对中国全要素生产率的提升起到了积极的促进作用。2009 年至今,出口对中国经济增长的拉动作用逐步减弱,中国开放度也呈逐步下降的态势,在此背景下,开放度与中国全要素生产率的关联度有所减弱。

第三,非国有企业职工占就业人员的比例。该指标是在改革开放四个阶段中唯一持续显著推动全要素生产率水平提升的因素。非国有企业职工占就业人员的比例的各阶段变动是中国所有制变革的缩影,该指标与全要素生产率的正向关系也恰恰说明,产权变革尤其是非国有经济的蓬勃发展激发了中国经济增长的活力,同时非国有经济在经济领域的广泛参与也带来了技术的革新与快速推广应用,对提升中国全要素生产率大有裨益。本书得到的结论与诸多学者的研究较为一致。如姚洋(1998:29-35)在对中国工业企业技术效率的研究中发现,非国有经济成分的兴起更有利于提高中国工业的技术效率。刘伟和李绍荣(2001:3-9,93)也发现,所有制的变化对中国全要素生产率的变动有特别的解释能力。

第四,城市化率。作为劳动增进型制度的重要组成部分,衡量户籍制度改革效果的城市化率也是促进全要素生产率水平提升的重要因素之一。

从改革开放以来中国制度变迁四个阶段的回归结果来看,仅2001—2008年城市化率对全要素生产率之间的回归系数不显著外,其他三个阶段中,城市化都明显促进了中国全要素生产率水平的提升。魏下海、王岳龙(2010:69-76)在研究1991—2007年全要素生产率增长情况时也发现,城市化通过创新中介效应明显地推动了全要素生产率增长。赵爽、李春艳(2017:89-96)在考察服务业的全要素生产率变动时,也将城市化因素作为推动城市服务业效率提升的重要因素。城市化水平的提升在一定程度上强化了城市作为经济发展带动主体的要素集聚作用,客观上也推动了劳动要素的优化配置和效率的提升。

第五,公路里程密度。作为公共基础设施建设的重要代理指标,公路里程密度与全要素生产率的关系在1978—2015年的长面板计量模型中表现为负,但这并不能掩盖公共基础设施在改革开放不同时期对全要素生产率的特殊作用。纵观中国改革开放的四个历史阶段,1992—2000年和2001—2008年中国的基础设施建设对中国全要素生产率水平的提升有显著的促进作用。在特定时期基础设施与全要素生产率水平的正相关关系与总体回归结果的负相关关系并不矛盾。如第五章所述,基础设施供给与全要素生产率之间的关系本身就具有"两面性",在特定时期,尤其在基础设施供给不足时期,加快基础设施建设有利于改善投资环境和降低交易成本,同时对加快区域要素流动和提升要素配置效率有显著的促进作用。

第六,财政支出与GDP的比例。与公路覆盖密度对全要素生产率的影响类似,财政支出与GDP的比例与全要素生产率关系也在不同时期呈现出"两面性"特征。在1978—2015年财政支出与GDP比例与全要素生产计量分析总体关联系数为负,该指标在改革开放四个阶段,多与全要素生产率呈负相关关系;但在2001—2008年间,该指标与全要素生产率关系为正。考察这个阶段中国经济的发展,主要是在1997年东亚金融危机之后,中国面临外需市场萎缩、国内产能过剩、经济萧条的危机,政府启动了积极的财政政策和一系列有关调结构、保增长的举措。同时,有关中国重大制度变革的举措,如分税制、国有企业改革等也是在这个阶段形成。在这个阶段,财政支出对保障经济稳定增长和促进经济转型产生了深远影响,并对中国后续的经济腾飞和经济效率提升起到了巨大的作用。

第七,其他控制变量。除了上述三类制度的代理变量,人口密度、人力资本分布状况、产业结构状况三个指标也对全要素生产率形成了较大的影响，但这些影响在不同时期的表现有较大差异。如衡量部分省份人力资本状况的高校学生比重，在1978—1991年和2001—2008年对全要素生产率起到了显著的促进作用，但在1992—2000年和2009—2015年却与全要素生产率呈负相关关系。归其原因，可能在于不同时期人力资本流动对全要素生产率的影响有所差异，这在后续的章节中有待更深入的观察和讨论。衡量市场规模和劳动力供给潜力的人口密度指标，在1992—2008年间与全要素生产率有显著的正相关关系，显示这时期市场规模对分工和效率提升有显著促进作用；但在2009年以后，人口密度却与全要素生产率呈负相关关系，这可能是由于在新时期的对外开放格局中，随着产业的加速转型，劳动密集型产业优势逐步削弱，劳动力供给无法对全要素生产率的进一步提升形成显著的支撑作用。产业结构与全要素生产率的关联关系仅在1978—1991年和1992—2000年明显表现为正，在后续两个阶段并不显著。考虑到三产结构转变在1978—2000年仍处于较低水平，尤其是第三产业的现代服务业比重、知识密集型程度均不可与国际先进地区相比，故产业结构与全要素生产率之间的关联关系并不持续也是可以理解的现象。

## 第四节　分区域检验

跟中国制度变迁与全要素生产率空间差异的分时间阶段检验恰好相反，分区域检验涉及1978—2015年中国东部、中部和西部省份的面板数据回归，由于$N<T$，所以体现出典型的长面板数据回归特征。一般来说，东部地区包括北京、天津、河北、辽宁、上海、江苏、浙江、福建、山东、广东和海南；西部地区包括内蒙古、广西、四川、贵州、云南、陕西、甘肃、青海、宁夏、新疆；其他省份为中部地区。由于数据缺乏，本节的计量模型实证仍不考虑重庆、西藏、香港、澳门和台湾。

### 一、计量过程与模型选择

由于难以确定在计量回归前是否存在组间异方差、组内自相关或组间同期相关，所以此节仍参照本章第二节中长面板计量回归的方法，分别采用 OLS、PCSE、广义最小二乘法等六类模型进行回归，然后通过组间异方差、组内自相关、组间同期相关和变系数检验确定最终应使用哪一类模型。

以东部地区制度变迁与全要素生产率之间的关系的实证检验为例，基于对组间异方差、组内自相关和组间同期相关的不同假设进行六类模型的计量分析，计量结果见表 6-7。然后围绕组间异方差、组内自相关、组间同期相关和变系数检验进行测算，结果见表 6-10。从表中可以看出，用于检验组间异方差的统计量 $chi2$（11）= 149.49，$P$ 值为 0.0000，在 1% 的显著水平下可见存在组间异方差；用于检验组内自相关的统计量 $F$（1，10）= 106.181，$P$ 值为 0.0000，在 1% 的显著水平下可见存在组内自相关；用于检验组间同期相关佩萨兰（Pesaran's）统计量为 2.630，也在 1% 的显著水平下可见存在组间同期相关；用于检验是否应该使用变系数模型的统计量 $chi2$（100）= 17398.82，在 1% 的显著水平下可见应该使用变系数模型。综合上述各统计量的显著性检验，选择 FGLS2 模型用于估计东部制度变迁与全要素生产率的关系最为合适。估计中部和西部地区制度变迁与全要素生产率的关系和东部地区一样，检验的最终结果见表 6-8 与表 6-9，中部和西部地区的模型，根据检验也应该使用 FGLS2 模型。

从上述长面板检验的实证过程也可以看出，总体来说，"OLS + 面板校正标准误差"是最为稳健的方法，全面 FGLS 估计最有效率，而仅解决组内自相关的 FGLS 介于两者之间。直接使用全面 FGLS 估计效率最高，但由于在检验时并不明确长面板数据在组间异方差、组内自相关、组间同期相关方面的最终检验结果，如果这些检验结果无法通过，全面 FGLS 可能需要重新使用"OLS + 面板校正标准误差"来估计。

## 二、计量结论分析

从表 6-7 至表 6-9 可以看出，三大地区的制度变迁与全要素生产率空间差异表现、全国总体的制度变迁与全要素生产率空间差异表现，既有一致性，也有差异性。这种一致性主要表现在四个方面。

第一，衡量金融深化的存贷款总额与 GDP 比例与全要素生产率呈负

# 第六章
## 异质性制度与全要素生产率空间差异的实证检验

表6-7 东部地区静态长面板模型检验

| 变量名称 | | OLS | PCSE | AR1 | PSAR1 | FGLS1 | FGLS2 |
|---|---|---|---|---|---|---|---|
| 资本增进型制度 | ln$Fin$ | -0.1314<br>(0.1178) | -0.1314<br>(0.0593)** | -0.0657<br>(0.0409) | -0.0577<br>(0.0358) | -0.0809<br>(0.0215)*** | -0.0962<br>(0.0188)*** |
| | ln$Open$ | 0.0324<br>(0.0264) | 0.0324<br>(0.0104)*** | 0.0048<br>(0.0093) | 0.0031<br>(0.0089) | 0.006<br>(0.0055) | 0.0047<br>(0.0053) |
| 劳动增进型制度 | ln$Pers$ | 0.6726<br>(0.1758)*** | 0.6726<br>(0.0666)*** | 0.2709<br>(0.0547)*** | 0.2634<br>(0.0506)*** | 0.1092<br>(0.0311)*** | 0.1173<br>(0.0286)*** |
| | ln$Urban$ | 0.1917<br>(0.08)** | 0.1917<br>(0.0343)*** | 0.0627<br>(0.0263)** | 0.0548<br>(0.0252)** | 0.0203<br>(0.0149) | 0.0244<br>(0.0138)* |
| 公共供给型制度 | ln$Infra$ | -0.1961<br>(0.0825)** | -0.1961<br>(0.0313)*** | -0.0249<br>(0.0147)* | -0.0157<br>(0.0158) | -0.0071<br>(0.0078) | -0.0016<br>(0.0089) |
| | ln$Fiscal$ | -0.3951<br>(0.1682)** | -0.3951<br>(0.0395)*** | -0.1597<br>(0.0307)*** | -0.0953<br>(0.0255)*** | -0.0998<br>(0.0187)*** | -0.064<br>(0.0163)*** |
| 控制变量 | ln$Huma$ | 0.0689<br>(0.1244) | 0.0689<br>(0.0484) | 0.1698<br>(0.0508)*** | 0.2305<br>(0.0508)*** | 0.0973<br>(0.0259)*** | 0.1366<br>(0.0252)*** |
| | ln$Popul$ | -1.5481<br>(0.4406)*** | -1.5481<br>(0.1534)*** | -1.0517<br>(0.1463)*** | -0.7277<br>(0.1443)*** | -0.7994<br>(0.0735)*** | -0.5901<br>(0.0779)*** |
| | ln$Indus$ | -0.6211<br>(0.2731)** | -0.6211<br>(0.0901)*** | -0.2627<br>(0.073)*** | -0.2261<br>(0.0674)*** | -0.0582<br>(0.0397) | -0.0856<br>(0.0365) |

表6-7（续）

| 变量名称 | | OLS | PCSE | AR1 | PSAR1 | FGLS1 | FGLS2 |
|---|---|---|---|---|---|---|---|
| 时间趋势项 | $t$ | 0.052<br>(0.013)*** | 0.052<br>(0.0038)*** | 0.0416<br>(0.0031)*** | 0.0325<br>(0.0028)*** | 0.0384<br>(0.0018)*** | 0.0325<br>(0.0017)*** |
| 截距项 | Constant | -104.5997<br>(26.1155)*** | -104.5997<br>(7.5528)*** | -82.7292<br>(6.1816)*** | -64.1993<br>(5.6668)*** | -76.1895<br>(3.5926)*** | -64.0722<br>(3.41)*** |
| $R^2$ | | 0.8854 | 0.8854 | 0.8114 | 0.8658 | | |
| 观测值 | | 418 | 418 | 418 | 418 | 418 | 418 |

注：系统下方括号内的值是标准差，***、**、*分别表示回归系数在1%、5%和10%的显著水平下统计显著。

表6-8 中部地区静态长面板模型检验

| 变量名称 | | OLS | PCSE | AR1 | PSAR1 | FGLS1 | FGLS2 |
|---|---|---|---|---|---|---|---|
| 资本增进型制度 | ln$Fin$ | 0.0444<br>(0.0392) | 0.0444<br>(0.0294) | -0.043<br>(0.0235)* | -0.0344<br>(0.0237) | -0.0324<br>(0.0183)* | -0.0308<br>(0.0176)* |
| | ln$Open$ | -0.0094<br>(0.0269) | -0.0094<br>(0.0109) | -0.011<br>(0.0104) | -0.0089<br>(0.0102) | -0.0085<br>(0.0082) | -0.0048<br>(0.0082) |
| 劳动增进型制度 | ln$Pers$ | 0.0236<br>(0.0878) | 0.0236<br>(0.0369) | 0.0136<br>(0.0328) | 0.0067<br>(0.032) | 0.006<br>(0.0241) | -0.014<br>(0.0237) |
| | ln$Urban$ | -0.212<br>(0.1283) | -0.212<br>(0.0531)*** | 0.0502<br>(0.0412) | 0.0407<br>(0.0394) | 0.0207<br>(0.0309) | 0.0145<br>(0.0298) |

## 第六章 异质性制度与全要素生产率空间差异的实证检验

表6-8（续）

| 变量名称 | | OLS | PCSE | AR1 | PSAR1 | FGLS1 | FGLS2 |
|---|---|---|---|---|---|---|---|
| 公共供给型制度 | ln$Infra$ | 0.1129<br>(0.0412)** | 0.1129<br>(0.0339)*** | 0.0289<br>(0.0206) | 0.0229<br>(0.0202) | 0.0374<br>(0.0158)** | 0.031<br>(0.015)** |
| | ln$Fiscal$ | -0.1253<br>(0.0766) | -0.1253<br>(0.0314)*** | -0.0794<br>(0.0248)*** | -0.0771<br>(0.0242)*** | -0.0579<br>(0.0192)*** | -0.0551<br>(0.0185)*** |
| | ln$Huma$ | 0.434<br>(0.224)* | 0.434<br>(0.0607)*** | 0.134<br>(0.051)*** | 0.0693<br>(0.049) | 0.1105<br>(0.0375)*** | 0.0805<br>(0.0353)** |
| 控制变量 | ln$Popul$ | -0.2969<br>(0.3399) | -0.2969<br>(0.182) | -0.0035<br>(0.1826) | -0.0074<br>(0.1794) | 0.0403<br>(0.1326) | -0.019<br>(0.1321) |
| | ln$Indus$ | -0.073<br>(0.1262) | -0.073<br>(0.0625) | -0.1196<br>(0.0441)*** | -0.1339<br>(0.0414)*** | -0.1242<br>(0.0335)*** | -0.1368<br>(0.0318)*** |
| 时间趋势项 | $t$ | 0.0389<br>(0.0068)*** | 0.0389<br>(0.0033)*** | 0.0356<br>(0.0028)*** | 0.0352<br>(0.0028)*** | 0.0356<br>(0.0021)*** | 0.0353<br>(0.0021)*** |
| 截距项 | $Constant$ | -75.749<br>(13.5846)*** | -75.749<br>(6.7845)*** | -69.1188<br>(5.7718)*** | -68.5362<br>(5.7398)*** | -69.0689<br>(4.3982)*** | -68.8318<br>(4.3372)*** |
| $R^2$ | | 0.9693 | 0.9693 | 0.9409 | 0.9454 | | |
| 观测值 | | 304 | 304 | 304 | 304 | 304 | 304 |

注：系统下方括号内的值是标准差，***、**、* 分别表示回归系数在1%、5%和10%的显著水平下统计显著。

表 6-9 西部地区静态长面板模型检验

| 变量名称 | | OLS | PCSE | AR1 | PSAR1 | FGLS1 | FGLS2 |
|---|---|---|---|---|---|---|---|
| 资本增进型制度 | ln$Fin$ | 0.1708<br>(0.0932) | 0.1708<br>(0.0411)*** | -0.004<br>(0.0327) | -0.0397<br>(0.0287) | -0.038<br>(0.013)*** | -0.0634<br>(0.0147)*** |
| | ln$Open$ | 0.0023<br>(0.027) | 0.0023<br>(0.0124) | -0.0018<br>(0.0111) | 0.0085<br>(0.0099) | -0.0033<br>(0.0052) | -0.0036<br>(0.0053) |
| 劳动增进型制度 | ln$Pers$ | 0.3355<br>(0.1516)* | 0.3355<br>(0.054)*** | 0.1203<br>(0.0404)*** | 0.0682<br>(0.0385)* | 0.0503<br>(0.0169)*** | 0.0366<br>(0.019)* |
| | ln$Urban$ | 0.3518<br>(0.186)* | 0.3518<br>(0.0549)*** | 0.0959<br>(0.0296)*** | 0.073<br>(0.0265)*** | 0.0127<br>(0.0171) | 0.0069<br>(0.0167) |
| 公共供给型制度 | ln$Infra$ | -0.0864<br>(0.0597) | -0.0864<br>(0.0277)*** | -0.0287<br>(0.0119)** | -0.0233<br>(0.0116)** | -0.028<br>(0.0072)*** | -0.0166<br>(0.0071)** |
| | ln$Fiscal$ | -0.1219<br>(0.0705) | -0.1219<br>(0.0302)*** | -0.0251<br>(0.0251) | -0.0126<br>(0.0217) | -0.0307<br>(0.0116)*** | -0.0062<br>(0.0117) |
| 控制变量 | ln$Huma$ | 0.2652<br>(0.1209)* | 0.2652<br>(0.0497)*** | 0.0606<br>(0.0248)** | 0.1262<br>(0.0329)*** | 0.0283<br>(0.0138)** | 0.0576<br>(0.0191)*** |
| | ln$Popul$ | 0.0326<br>(0.0489) | 0.0326<br>(0.0511) | -0.0595<br>(0.0236)** | -0.0514<br>(0.0294)* | -0.061<br>(0.0071)*** | -0.0514<br>(0.013)*** |
| | ln$Indus$ | 0.0329<br>(0.191) | 0.0329<br>(0.0506) | -0.0058<br>(0.0248) | -0.0002<br>(0.0243) | -0.0003<br>(0.0126) | 0.0043<br>(0.0132) |

# 第六章
## 异质性制度与全要素生产率空间差异的实证检验

表 6-9（续）

| 变量名称 | | OLS | PCSE | AR1 | PSAR1 | FGLS1 | FGLS2 |
|---|---|---|---|---|---|---|---|
| 时间趋势项 | $t$ | 0.0139 (0.0094) | 0.0139 (0.0032)*** | 0.0309 (0.0025)*** | 0.0327 (0.0022)*** | 0.037 (0.0013)*** | 0.037 (0.0012)*** |
| 截距项 | Constant | -25.9463 (18.5219) | -25.9463 (6.2867)*** | -60.1039 (4.7854)*** | -63.2058 (4.2893)*** | -72.2049 (2.4484)*** | -71.9015 (2.3272)*** |
| $R^2$ | | 0.9334 | 0.9334 | 0.9182 | 0.9658 | | |
| 观测值 | | 380 | 380 | 380 | 380 | 380 | 380 |

注：系统下方括号内的值是标准差，***、**、*分别表示回归系数在1%、5%和10%的显著性水平下统计显著。

表 6-10 东部、中部和西部静态长面板数据的相关检验

| 分区域 | 检验对象 | 原假设 | 统计量检验值 | P值 | 检验结果 |
|---|---|---|---|---|---|
| 东部地区 | 组间异方差 | 不同个体的扰动项方差相等 | $chi2(11)=149.49$ | 0.0000 | 存在组间异方差 |
| | 组内自相关 | 不存在组内自相关 | $F(1,10)=106.181$ | 0.0000 | 存在组内自相关 |
| | 组间同期相关 | 不存在组间同期相关 | Pesaran's test=2.630 | 0.0085 | 存在组间同期相关 |
| | 变系数检验 | 不使用变系数模型 | $chi2(100)=17398.82$ | 0.0000 | 应使用变系数模型 |
| 中部地区 | 组间异方差 | 不同个体的扰动项方差相等 | $chi2(8)=92.05$ | 0.0000 | 存在组间异方差 |
| | 组内自相关 | 不存在组内自相关 | $F(1,7)=410.152$ | 0.0000 | 存在组内自相关 |
| | 组间同期相关 | 不存在组间同期相关 | Pesaran's test=3.183 | 0.0015 | 存在组间同期相关 |
| | 变系数检验 | 不使用变系数模型 | $chi2(70)=3016.92$ | 0.0000 | 应使用变系数模型 |

表6-10（续）

| 分区域 | 检验对象 | 原假设 | 统计量检验值 | $P$值 | 检验结果 |
| --- | --- | --- | --- | --- | --- |
| 西部地区 | 组间异方差 | 不同个体的扰动项方差相等 | $chi2(10)=602.98$ | 0.0000 | 存在组间异方差 |
| | 组内自相关 | 不存在组内自相关 | $F(1,9)=256.092$ | 0.0000 | 存在组内自相关 |
| | 组间同期相关 | 不存在组间同期相关 | $Pesaran's\ test=2.744$ | 0.0061 | 存在组间同期相关 |
| | 变系数检验 | 不使用变系数模型 | $chi2(90)=5782.52$ | 0.0000 | 应使用变系数模型 |

# 第六章

异质性制度与全要素生产率空间差异的实证检验

相关关系，这进一步论证了上述金融体制改革滞后和金融资源错配对全要素生产率的抑制作用。具体来看，这种基于金融发展导致的全要素生产率水平损失在东部地区和西部地区最为显著，在中部地区显著性较弱，这可能与金融资源在不同地区的配置有较大关系。

第二，开放度对全要素生产率的影响均不显著。尽管分时间阶段来看，2001—2008年间，中国开放度对全要素生产率的影响为正，但扩大至1978—2015年整个区间段，这种效应并不显著。这说明外贸和外资对中国全要素生产率水平提升的促进作用具有阶段性。较长一段时期内，在以加工贸易为主导的外贸外资组织形式和中国技术吸收能力较低的背景下，很难想象中国的全要素生产率能获得较大幅度的提升。相反，只有当中国对外资技术外溢水平的吸收能力不断增强，且外贸外资组织形式不断升级的背景下，开放度对全要素生产率的影响才会逐步提升。

第三，人力资本对全要素生产率的影响持续为正。人力资本是技术进步的载体，同时也是推动产业转型升级的重要支撑。尽管从时间阶段来看，人力资本的空间分布在某些阶段并不能较好地解释全要素生产率的空间差异，这可能与特定时期的产业发展阶段和对要素的配置需求有较大关系，但人力资本对全要素生产率的促进作用总体上表现为正，这充分说明以人力资本为载体的技术进步才是推动全要素生产率提升的根本动力。

第四，财政支出与全要素生产率均是负相关关系。在改革开放进程的某些特定阶段，以财政投入为代表的公共政策手段对全要素生产率形成了显著的促进作用，但政府的公共支出代表着政府行为对市场的直接干预，某种程度上会对市场投资形成挤出，会对市场秩序产生一定的干扰，这种"挤出效应"和"干扰效应"无论在东部、中部还是西部都显著成立，也显示政府与市场关系理论的普遍适用性。

除了一致性，制度变迁与全要素生产率在东部、中部和西部地区还表现出一定的差异性。

首先，劳动增进型制度对东部地区的全要素生产率改善有显著效果，但在中部和西部地区的效果相对较弱。从回归系数来看，比起户籍制度变革，东部地区所有制制度变革对全要素生产率的拉动作用更大，这与东部地区发达的民营经济有较大关系。相较而言，中部地区无论在所有制变革还是在户籍制度改革层面都没有形成对本区域全要素生产率的拉动作用。

由于户籍制度和所有制制度改革，中部地区劳动要素加速向东部流动，在某种程度上提高了东部地区的经济运行效率，却削弱了本地经济发展的活力。西部地区反映劳动增进型制度的两个指标均与全要素生产率呈正相关关系，但仅所有制变革指标显著。尽管显著度和回归系数均不高，但至少说明改革开放以来，西部地区所有制改革取得了一定成效。

其次，东部、中部和西部地区基础设施建设对全要素生产率的影响表现各异。东部地区基础设施建设与全要素生产率之间的关系并不显著，中部地区基础设施建设的回归系数为正，而西部地区基础设施建设的回归系数为负。三大区域相比，东部地区经济活力最强，交通基础设施也最为完善。考虑到交通基础设施与全要素生产率存在的"倒U"形关系，东部地区基础设施建设与全要素生产率之间的关系不显著的最大成因可能在于，随着东部经济的不断发展，基础设施对全要素生产率的边际效用逐步衰减，衰减至一定程度，基础设施的继续投入已经难以对全要素生产率起显著改善作用。三大区域中，中部地区的经济活力弱于东部地区，但强于西部地区。那么，在近年来东部地区向中西部地区产业转移加速的背景下，中部地区交通基础设施的优劣对吸引东部产业转移起到了至关重要的作用。中部地区基础设施建设与全要素生产率的关系目前总体来说仍处于"倒U"形曲线的左半部分。三大区域中，西部的经济活力最弱，但近年来为了加快经济发展，大多采取了优先布局交通体系建设、加快营造招商环境的基本策略。战略布局交通设施建设尽管有利于招商环境的营造，但也造成了交通设施"相对过剩"和先于全要素生产率提升的现象。西部地区基础设施建设与全要素生产率的关系在目前阶段已处于"倒U"形曲线的右半部分，故两者的回归系数呈负相关关系。

最后，从东部、中部和西部的实证检验结果来看，全要素生产率较高的地方并没有选在人口密度较高或者第三产业比重较高的区域。恰恰相反，无论从总体检验结果还是分区域检验结果来看，衡量市场规模的人口密度变量甚至与全要素生产率呈现出负相关的关系，衡量产业发展水平的第三产业比重变量也与全要素生产率呈现出负相关的关系。上述回归结果的原因可能主要集中在两个方面。一是从中国现有的人口分布格局来看，河南、四川等人口大省并非经济强省，反而是劳动人口的重要输出地；相反，在长三角、珠三角等人口密度相对较低的区域，反而由于较强的经济

# 第六章
## 异质性制度与全要素生产率空间差异的实证检验

发展活力吸引了较多的人口。因此，寻求不同区域人口密度与全要素生产率之间的关系得到的最终结果，必然是不显著或者是较弱的关联关系。二是从中国现有的产业结构来看，由于中国第三产业发展相对滞后或普遍不受到重视，目前在大多数地区，充当技术进步载体的仍主要集中在第二产业。第三产业由于以传统产业为主导，知识技术水平较低，其比重指标与全要素生产率之间存在负相关关系也有其合理性。

## 小 结

本章在全要素生产率空间差异的前提下，通过实证的方法考察了"制度与人""制度与资本"和"制度与政府"三种关系。其中，"制度与人"的关系表现为劳动增进型制度和人力资本本身的提升，以及这两者对全要素生产率的影响。"制度与资本"的关系表现为资本增进型制度以及这种制度与全要素生产率之间的关联关系。"制度与政府"的关系表现为公共供给型制度以及这种制度对全要素生产率的影响。实证表明，"制度与人"的关系是影响中国省域全要素生产率差异的主要原因。

本章对异质性制度与全要素生产率关系的考察没有考虑空间关联和不同区域之间的要素流动。事实上，根据空间经济学第一定律，所有事物都与其他事物相关联，但较近的事物比较远的事物更有关联。随着中国区域经济一体化的快速发展，上述三种制度的空间外溢也会成为影响全要素生产率的空间差异，所以后续章节有必要增加对制度空间外溢的论述以完善本章的主要结论。

# 第七章　制度外溢与全要素生产率空间差异

上一章在不考虑省份空间关联的基础上，探讨了制度异质性与全要素生产率之间的关系。在标准的计量经济学中，省份之间的经济变量经常假定是相互独立的；但实际上，随着要素流动障碍的不断破除和区域一体化进程的加快，地区之间的联系也越来越密切，空间关联因素已经成为现代计量经济学中不能忽视的重要因素。为深入探讨制度异质性与全要素生产率之间的关系，本章将在上一章基础上进一步放松省份独立的假设，着重探讨空间关联视角下的制度异质性与全要素生产率空间差异。在空间经济学的视角下，本章将回答几个基本问题：在空间经济学背景下，制度外溢的表现是什么？制度外溢是否对全要素生产率的空间关联形成影响？如果形成影响，考虑制度外溢的面板模型与没有考虑制度外溢的面板模型是否有区别？如果形成影响，考虑制度外溢的面板模型计量结果是否具有稳健性？本章论述将按照上述思路来展开。

## 第一节　空间经济学简介与制度外溢的基本事实

发端于 20 世纪 90 年代的空间经济学是由以克鲁格曼为代表的学者大力倡导所兴起的。近年来，空间思维逐步为主流经济学所接受，空间经济学理论也取得了长足的进展。对于制度经济学领域，沿用空间思维可以得到诸多极具启发性的结论和研究成果。下面将先对空间经济学的基本理论模型和研究思路做简要介绍，然后结合上述影响全要素生产率的制度因

# 第七章

## 制度外溢与全要素生产率空间差异

素,以开放度为例,简要分析制度空间外溢的基本表现。

## 一、空间经济学简介

空间经济学起源于 20 世纪 20 年代的地理计量革命。1970 年,托布勒(Tobler,1970:234-240)提出了被现在称为"地理学第一定律"的基本命题,即所有事物都与其他事物相关联,但较近的事物比较远的事物更关联。空间数据分析是空间经济学的基础支撑。所谓空间数据,是指在原来的横截面数据或面板数据基础上,叠加横截面单位的位置信息。研究如何处理空间数据的计量经济学分支,即为空间计量经济学。

空间计量经济学的常用分析工具包括莫兰 $I$(Moran's $I$)指数、莫兰散点图和 LISA(局部莫兰指数),其中,莫兰 $I$ 指数的具体表达式是

$$I = \frac{n \sum_{i=1}^{n} \sum_{j=1}^{n} \omega_{ij}(x_i - \bar{x})(x_j - \bar{x})}{\sum_{i=1}^{n} \sum_{j=1}^{n} \omega_{ij} \sum_{i=1}^{n} (x_i - \bar{x})^2} = \frac{\sum_{i=1}^{n} \sum_{j=1}^{n} \omega_{ij}(x_i - \bar{x})(x_j - \bar{x})}{S^2 \sum_{i=1}^{n} \sum_{j=1}^{n} \omega_{ij}} \quad (7.1)$$

其中,$I$ 为全局莫兰指数;$x_i$ 为区域 $i$ 的观测值;$S$ 为区间经济变量的方差;$\bar{x}$ 为区域间经济变量的平均数;$\omega_{ij}$ 为空间权重矩阵,用于衡量区域 $i$ 和区域 $j$ 之间的临近关系(魏浩、王宸,2011:66-82)。莫兰指数的取值范围介于 $-1 \sim 1$ 之间。其中,小于 0 表示负相关,等于 0 表示不相关,大于 0 表示正相关。莫兰指数大于 0 说明区域之间的属性较为相似。

全局莫兰指数可以用标准化统计量 $Z(I)$ 来检验其显著性水平,$Z(I)$ 的计算公式为

$$Z(I) = \frac{I - E(I)}{\sqrt{\text{var}(I)}} \quad (7.2)$$

由于全局指标仅能从全局角度说明空间的总体相关程度,并不能说明个体与周边地区的空间程度。为进一步观测各地区的局部集聚状态,需要进一步引入局部莫兰指数对局部地区进行自相关分析。局部莫兰指数的表达式为

$$I_i = \frac{(x_i - \bar{x})}{S^2} \sum_{j=1}^{n} \omega_{ij}(x_i - \bar{x}) \quad (7.3)$$

其中，$I_i$ 为区域 $i$ 的莫兰指数，$x_i$ 为区域 $i$ 的观测值，$S$ 为区间经济变量的方差，$\omega_{ij}$ 为空间权重矩阵。

$I_i > 0$，表示该空间单元与邻近单元的属性值相似（"高—高"或"低—低"）。

$I_i < 0$，表示该空间单元与邻近单元的属性值不相似（"高—低"或"低—高"）。

局部莫兰指数也可以用标准化统计量 $Z(I_i)$ 来检验其显著性水平，$Z(I_i)$ 的计算公式为

$$Z(I_i) = \frac{I_i - E(I_i)}{\sqrt{\mathrm{var}(I_i)}} \tag{7.4}$$

全局和局部的莫兰指数采用 GeoDa 软件①进行测算。

一般的截面数据空间计量模型是

$$y = \lambda Wy + X\beta + \mu \tag{7.5}$$

其中，扰动项 $\mu$ 的生成过程可以表示为

$$\mu = \rho M\mu + \varepsilon \quad \varepsilon \sim N(0, \sigma^2 I_n) \tag{7.6}$$

其中，$W$ 和 $M$ 分别表示被解释变量 $y$ 和扰动项 $\mu$ 的空间权重矩阵，二者可以相等。上述模型又被称为"带空间自回归的空间自回归模型"，若式（7.5）或式（7.6）中 $\rho = 0$ 或 $\lambda = 0$，则分别对应于空间经济学中流行的空间滞后模型（简称 SLM）②和空间误差模型（简称 SEM）。

将上述截面数据的空间计量模型扩展为面板数据空间计量模型，则须增加个体效应和时间效应的讨论。空间面板模型的不同形式，我们将在本章第二节进一步讨论。

## 二、制度外溢的基本事实

为说明制度外溢的空间效应，以影响全要素生产率的开放度为例，简

---

① GeoDa 是一个设计实现栅格数据探索性空间数据分析（exploratory spatial data analysis，简称 ESDA）的软件工具集合体。它向用户提供一个友好的和图示的界面用以进行空间数据分析，比如自相关性统计和异常值指示等。

② 编者注：空间滞后模型（spatial lag model，简称 SLM），也称为空间自回归模型（spatial autoregressive model，简称 SAR）。

# 第七章

## 制度外溢与全要素生产率空间差异

要展示和论述应用空间计量的基本过程。在第四章中,我们测算了全国的开放度指标。根据前面全局莫兰指数的计算公式,利用 GeoDa 软件,可以测算出 1978—2015 年全国开放度的全局莫兰指数,结果见表 7-1。在显著水平 $\alpha = 0.05$ 的情况下,1978—1994 年间,除 1982 年和 1983 年之外,其余各年全局莫兰指数的标准化检验 $Z$ 值和 $P$ 值均不满足空间自相关条件,说明在此阶段,全国对外开放并未形成集聚效应。从全局莫兰指数的表现来看,1994 年是全国对外开放从以点开放转向以面开放的重要转折点。1994—2008 年,全局莫兰指数稳步攀升,其空间自相关特征渐趋明显。全局莫兰指数在 2002—2008 年之间稳定在 0.3 以上的高位,说明中国对外开放成效逐步凸显,改革开放格局全面向纵深拓展。在 2008 年以后,中国开放度的全局莫兰指数缓慢下降,但总体仍保持空间自相关的显著特征,说明对外开放格局中的区域一体化态势更加明显。

表 7-1　1978—2015 年中国历年开放度全局莫兰指数测算结果

| 年份 | 全局莫兰指数 | $P$ 值 | $Z$ 值 | 判断结论 |
| --- | --- | --- | --- | --- |
| 1978 | -0.04693 | 0.462 | -0.182 | 接受原假设,空间不相关 |
| 1979 | -0.04389 | 0.496 | -0.177 | 接受原假设,空间不相关 |
| 1980 | 0.018574 | 0.254 | 0.558 | 接受原假设,空间不相关 |
| 1981 | 0.143933 | 0.064 | 1.6497 | 接受原假设,空间不相关 |
| 1982 | 0.245694 | 0.01 | 3.3963 | 拒绝原假设,空间自相关 |
| 1983 | 0.041587 | 0.008 | 2.6591 | 拒绝原假设,空间自相关 |
| 1984 | 0.020911 | 0.074 | 1.7404 | 接受原假设,空间不相关 |
| 1985 | 0.029858 | 0.052 | 1.928 | 接受原假设,空间不相关 |
| 1986 | 0.032889 | 0.078 | 1.5591 | 接受原假设,空间不相关 |
| 1987 | 0.057252 | 0.082 | 1.5706 | 接受原假设,空间不相关 |
| 1988 | 0.054376 | 0.096 | 1.3826 | 接受原假设,空间不相关 |
| 1989 | 0.058693 | 0.12 | 1.1892 | 接受原假设,空间不相关 |
| 1990 | 0.079142 | 0.108 | 1.2815 | 接受原假设,空间不相关 |
| 1991 | 0.07506 | 0.132 | 1.0337 | 接受原假设,空间不相关 |
| 1992 | 0.09308 | 0.108 | 1.4053 | 接受原假设,空间不相关 |

表 7 – 1（续）

| 年份 | 全局莫兰指数 | $P$值 | $Z$值 | 判断结论 |
|---|---|---|---|---|
| 1993 | 0.097624 | 0.094 | 1.3841 | 接受原假设，空间不相关 |
| 1994 | 0.082174 | 0.112 | 1.2143 | 接受原假设，空间不相关 |
| 1995 | 0.179217 | 0.034 | 2.2918 | 拒绝原假设，空间自相关 |
| 1996 | 0.223706 | 0.02 | 2.5356 | 拒绝原假设，空间自相关 |
| 1997 | 0.241595 | 0.018 | 2.7387 | 拒绝原假设，空间自相关 |
| 1998 | 0.251541 | 0.026 | 2.5209 | 拒绝原假设，空间自相关 |
| 1999 | 0.254561 | 0.022 | 2.5603 | 拒绝原假设，空间自相关 |
| 2000 | 0.279512 | 0.02 | 2.7712 | 拒绝原假设，空间自相关 |
| 2001 | 0.292539 | 0.022 | 2.7114 | 拒绝原假设，空间自相关 |
| 2002 | 0.301684 | 0.004 | 3.2134 | 拒绝原假设，空间自相关 |
| 2003 | 0.322122 | 0.01 | 3.0888 | 拒绝原假设，空间自相关 |
| 2004 | 0.352656 | 0.008 | 3.5519 | 拒绝原假设，空间自相关 |
| 2005 | 0.364663 | 0.004 | 3.6535 | 拒绝原假设，空间自相关 |
| 2006 | 0.368101 | 0.006 | 3.7079 | 拒绝原假设，空间自相关 |
| 2007 | 0.367834 | 0.002 | 3.7917 | 拒绝原假设，空间自相关 |
| 2008 | 0.347528 | 0.004 | 3.4703 | 拒绝原假设，空间自相关 |
| 2009 | 0.349691 | 0.006 | 3.6401 | 拒绝原假设，空间自相关 |
| 2010 | 0.335853 | 0.006 | 3.4328 | 拒绝原假设，空间自相关 |
| 2011 | 0.31564 | 0.012 | 3.2978 | 拒绝原假设，空间自相关 |
| 2012 | 0.288409 | 0.01 | 2.7806 | 拒绝原假设，空间自相关 |
| 2013 | 0.279793 | 0.012 | 2.8535 | 拒绝原假设，空间自相关 |
| 2014 | 0.295868 | 0.006 | 3.3082 | 拒绝原假设，空间自相关 |
| 2015 | 0.345612 | 0.004 | 3.4948 | 拒绝原假设，空间自相关 |

数据来源：笔者通过 GeoDa 软件测算得到。

注：在显著水平 $\alpha = 0.05$ 的情况下，全局莫兰指数的标准化检验 $Z$ 值大于 1.96 或 $P$ 值小于 0.05，说明观测变量存在空间自相关，否则说明观测变量之间不存在自相关。

# 第七章

## 制度外溢与全要素生产率空间差异

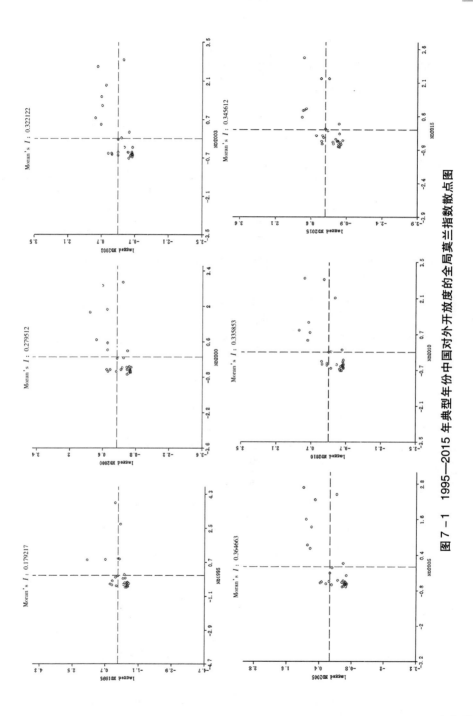

图7-1 1995—2015年典型年份中国对外开放度的全局莫兰指数散点图

进一步从全局莫兰指数的散点图来看，如图 7-1 所示，从 1995 年以后，2000 年、2003 年、2005 年、2010 年和 2015 年各年度落入第一、第三象限的地区总数占整体的比重基本呈现稳步攀升的趋势，这进一步证实了中国对外开放格局在空间上的相关性更趋显著，大部分省份与邻近省份存在相似的集聚特征，开放度水平较高或较低的省域分别在空间上相互邻近，对外开放由点向面的格局更加明显。

上述仅以开放度指标为例，介绍了制度空间外溢的基本表现，但这种制度的空间外溢能否对中国全要素生产率的空间差异形成影响，仍须基于计量模型做进一步的检验。

## 第二节　制度外溢与全要素生产率空间差异的实证检验

制度外溢与全要素生产率空间差异实证检验的基本步骤是：设定计量模型，然后对全要素生产率空间自相关进行检验，如果通过空间自相关检验，则可以对模型进行检验分析。应用空间计量经济学方法的一个重要局限是需要研究者主观设定一个非随机的空间权重矩阵，目前最常用的空间权重矩阵设计方法是根据"相邻"的性质予以设计。在空间经济学中，相邻的关系包括车相邻、象相邻、后相邻①，此外还有根据中心点距离自动生成空间权重矩阵。本节将用基于中心点距离自动生成空间权重矩阵的方法定义空间权重。

### 一、模型、计量方法及数据来源

一般的空间面板模型可以表述为

$$\begin{cases} y_{it} = \tau y_{i,t-1} + \rho \omega_i' y_t + x_{it}' \beta + d_i' X_i \delta + \mu_i + \gamma_i + \varepsilon_{it} \\ \varepsilon_{it} = \lambda m_i' \varepsilon_t + \nu_{it} \end{cases} \quad (7.7)$$

如果 $\lambda = 0$，则为"空间杜宾模型"；如果 $\lambda = 0$ 且 $\delta = 0$，则为"空

---

① 两个相邻的区域有共同的边是车相邻；两个相邻的区域有共同的顶点但没有共同的边是象相邻；两个相邻的区域有共同的边或顶点是后相邻。

# 第七章

## 制度外溢与全要素生产率空间差异

间滞后模型";如果 $\tau = 0$ 且 $\delta = 0$,则为"空间自相关模型";如果 $\tau = \rho = 0$ 且 $\delta = 0$,则为"空间误差模型"。

目前空间计量经济学中,较为常用的是"空间滞后模型"和"空间误差模型"。

空间自回归模型的表达形式为

$$Y = \rho W_N Y + X\beta + \varepsilon \tag{7.8}$$

空间误差模型的表达形式为

$$Y = X\beta + \mu \tag{7.9}$$

其中,

$$\mu = \lambda W_N + \varepsilon \tag{7.10}$$

结合本章的研究目的,上一章应用的计量模型结合空间计量经济学中的空间滞后模型可以修正为

$$\ln TFP_{it} = \beta_0 + \rho W \ln TFP_{it-1} + \sum_{i=1}^{j} \alpha_i \ln X_{it}^i + \sum_{i=1}^{m} \beta_i \ln Y_{it}^i +$$

$$\sum_{i=1}^{n} \gamma_i \ln Z_{it}^i + \phi control_{it} + \mu_i + \nu_{it} \tag{7.11}$$

其中,与上一章类似,仍以 $X$ 表示资本增进型制度,$Y$ 表示劳动增进型制度,$Z$ 表示公共供给型制度,$control_{it}$ 表示控制变量,$\mu_i$ 表示地区及时间的异质性,$\nu_{it}$ 表示随机误差项。$X$、$Y$、$Z$ 分别由三类制度的六个代理变量表示,$control_{it}$ 选择人口密度、人力资本分布状况、产业结构状况三个指标作为控制变量。

与之类似,结合空间误差模型也可以将上一章的计量模型进一步修正为

$$\ln TFP_{it} = \beta_0 + \rho W \ln TFP_{it-1} + \sum_{i=1}^{j} \alpha_i \ln X_{it}^i + \sum_{i=1}^{m} \beta_i \ln Y_{it}^i +$$

$$\sum_{i=1}^{n} \gamma_i \ln Z_{it}^i + \phi control_{it} + \mu \tag{7.12}$$

与一般的面板数据模型分析类似,空间面板计量模型也需要对固定效应模型和随机效应模型进行选择,并通过豪斯曼检验来完成。

在上述模型中,空间权重矩阵是个至关重要的外生变量,该变量常用"相邻"区域的距离函数来定义,常见的二进制邻接矩阵可以表述为

$$W_{ij} = \begin{cases} 1 & \text{当区域 } i \text{ 和 } j \text{ 相邻接} \\ 0 & \text{其他} \end{cases} \tag{7.13}$$

将此邻接关系扩展至更多区域，空间权重矩阵 $W$ 可以表达为

$$W = \begin{bmatrix} \omega_{11} & \omega_{12} & \cdots & \omega_{1n} \\ \omega_{21} & \omega_{22} & \cdots & \omega_{2n} \\ \vdots & \vdots & \vdots & \vdots \\ \omega_{n1} & \omega_{n2} & \cdots & \omega_{nn} \end{bmatrix} \tag{7.14}$$

定义矩阵的另一种方法是基于距离，假定区域 $i$ 和 $j$ 的距离为 $d_{ij}$，可定义空间权重矩阵 $W$ 为

$$W_{ij} = \begin{cases} 1 & d_{ij} < d \\ 0 & d_{ij} \geq d \end{cases} \tag{7.15}$$

此外，也有不用相邻关系，直接用两个区域之间的距离倒数定义空间权重：

$$W_{ij} = \frac{1}{d_{ij}} \tag{7.16}$$

本节首先使用第三种方法来定义空间权重，然后在下一节用其他方法来验证本节结论的稳健性。

本节空间权重的测算首先是计算该省份的省会城市与其他省份省会城市的球面距离（原始数据见表7-2）；然后对距离取倒数并进行标准化处理，即将矩阵中的每个元素除以其所在行元素之和，以保证每行元素之和为1。标准化的好处在于，如果标准化矩阵乘以对应省份的变量矩阵，容易得到每个区域邻居的平均值[①]。

---

① 空间权重矩阵的相关论述及方法可参考陈强（2014：576-577）。

# 第七章
## 制度外溢与全要素生产率空间差异

表7-2 不同省份省会城市的球面距离

| 城市 | 北京 | 天津 | 石家庄 | 太原 | 呼和浩特 | 沈阳 | 长春 | 哈尔滨 | 上海 | 南京 | 杭州 | 合肥 | 福州 | 南昌 | 济南 |
|---|---|---|---|---|---|---|---|---|---|---|---|---|---|---|---|
| 北京 | 0 | 104 | 270 | 406 | 408 | 621 | 854 | 1055 | 1065 | 900 | 1126 | 898 | 1559 | 1248 | 366 |
| 天津 | 104 | 0 | 267 | 426 | 495 | 604 | 856 | 1069 | 963 | 805 | 1028 | 812 | 1466 | 1170 | 280 |
| 石家庄 | 270 | 267 | 0 | 168 | 385 | 870 | 1117 | 1323 | 991 | 776 | 1012 | 734 | 1404 | 1048 | 273 |
| 太原 | 406 | 426 | 168 | 0 | 335 | 1024 | 1261 | 1458 | 1099 | 864 | 1098 | 796 | 1455 | 1066 | 416 |
| 呼和浩特 | 408 | 495 | 385 | 335 | 0 | 974 | 1160 | 1321 | 1374 | 1161 | 1397 | 1112 | 1778 | 1399 | 648 |
| 沈阳 | 621 | 604 | 870 | 1024 | 974 | 0 | 275 | 509 | 1191 | 1162 | 1322 | 1235 | 1791 | 1613 | 798 |
| 长春 | 854 | 856 | 1117 | 1261 | 1160 | 275 | 0 | 235 | 1444 | 1432 | 1583 | 1508 | 2051 | 1886 | 1069 |
| 哈尔滨 | 1055 | 1069 | 1323 | 1458 | 1321 | 509 | 235 | 0 | 1675 | 1667 | 1816 | 1743 | 2283 | 2121 | 1295 |
| 上海 | 1065 | 963 | 991 | 1099 | 1374 | 1191 | 1444 | 1675 | 0 | 266 | 169 | 402 | 611 | 611 | 729 |
| 南京 | 900 | 805 | 776 | 864 | 1161 | 1162 | 1432 | 1667 | 266 | 0 | 236 | 146 | 663 | 469 | 538 |
| 杭州 | 1126 | 1028 | 1012 | 1098 | 1397 | 1322 | 1583 | 1816 | 169 | 236 | 0 | 326 | 469 | 449 | 769 |
| 合肥 | 898 | 812 | 734 | 796 | 1112 | 1235 | 1508 | 1743 | 402 | 146 | 326 | 0 | 670 | 378 | 533 |
| 福州 | 1559 | 1466 | 1404 | 1455 | 1778 | 1791 | 2051 | 2283 | 611 | 663 | 469 | 670 | 0 | 445 | 1193 |
| 南昌 | 1248 | 1170 | 1048 | 1066 | 1399 | 1613 | 1886 | 2121 | 611 | 469 | 449 | 378 | 445 | 0 | 890 |
| 济南 | 366 | 280 | 273 | 416 | 648 | 798 | 1069 | 1295 | 729 | 538 | 769 | 533 | 1193 | 890 | 0 |
| 郑州 | 617 | 574 | 366 | 356 | 689 | 1151 | 1417 | 1637 | 827 | 567 | 789 | 468 | 1107 | 710 | 361 |

表 7-2（续）

| 城市 | 北京 | 天津 | 石家庄 | 太原 | 呼和浩特 | 沈阳 | 长春 | 哈尔滨 | 上海 | 南京 | 杭州 | 合肥 | 福州 | 南昌 | 济南 |
|---|---|---|---|---|---|---|---|---|---|---|---|---|---|---|---|
| 武汉 | 1050 | 983 | 825 | 823 | 1157 | 1486 | 1761 | 1993 | 684 | 454 | 558 | 312 | 699 | 260 | 713 |
| 长沙 | 1341 | 1279 | 1104 | 1077 | 1409 | 1786 | 2061 | 2293 | 886 | 706 | 730 | 581 | 666 | 286 | 1012 |
| 广州 | 1889 | 1819 | 1661 | 1640 | 1971 | 2283 | 2556 | 2791 | 1213 | 1132 | 1045 | 1048 | 694 | 670 | 1544 |
| 南宁 | 2050 | 2002 | 1792 | 1723 | 2029 | 2538 | 2812 | 3042 | 1603 | 1457 | 1436 | 1339 | 1168 | 998 | 1749 |
| 海口 | 2233 | 2173 | 1988 | 1942 | 2262 | 2670 | 2944 | 3178 | 1630 | 1535 | 1462 | 1439 | 1105 | 1067 | 1906 |
| 成都 | 1521 | 1703 | 1257 | 1118 | 1326 | 2124 | 2373 | 2576 | 1659 | 1408 | 1540 | 1263 | 1571 | 1159 | 1367 |
| 贵阳 | 1735 | 1703 | 1466 | 1370 | 1651 | 2279 | 2548 | 2769 | 1527 | 1322 | 1376 | 1183 | 1256 | 932 | 1481 |
| 昆明 | 2086 | 2067 | 1816 | 1699 | 1944 | 2658 | 2921 | 3136 | 1950 | 1743 | 1798 | 1602 | 1652 | 1353 | 1866 |
| 西安 | 917 | 916 | 652 | 518 | 772 | 1520 | 1769 | 1973 | 1223 | 957 | 1148 | 827 | 1350 | 906 | 779 |
| 兰州 | 1187 | 1226 | 970 | 803 | 874 | 1807 | 2020 | 2192 | 1718 | 1452 | 1650 | 1327 | 1841 | 1395 | 1182 |
| 西宁 | 1333 | 1381 | 1134 | 967 | 987 | 1946 | 2146 | 2306 | 1913 | 1647 | 1846 | 1523 | 2032 | 1587 | 1359 |
| 银川 | 897 | 951 | 717 | 554 | 549 | 1506 | 1706 | 1870 | 1595 | 1338 | 1559 | 1234 | 1829 | 1392 | 965 |
| 乌鲁木齐 | 2417 | 2504 | 2335 | 2192 | 2010 | 2905 | 2999 | 3062 | 3269 | 3012 | 3231 | 2906 | 3463 | 3018 | 2605 |

| 城市 | 郑州 | 武汉 | 长沙 | 广州 | 南宁 | 海口 | 成都 | 贵阳 | 昆明 | 西安 | 兰州 | 西宁 | 银川 | 乌鲁木齐 |
|---|---|---|---|---|---|---|---|---|---|---|---|---|---|---|
| 北京 | 617 | 1050 | 1341 | 1889 | 2050 | 2233 | 1521 | 1735 | 2086 | 917 | 1187 | 1333 | 897 | 2417 |
| 天津 | 574 | 983 | 1279 | 1819 | 2002 | 2173 | 1703 | 1703 | 2067 | 916 | 1226 | 1381 | 951 | 2504 |

表7-2（续）

| 城市 | 郑州 | 武汉 | 长沙 | 广州 | 南宁 | 海口 | 成都 | 贵阳 | 昆明 | 西安 | 兰州 | 西宁 | 银川 | 乌鲁木齐 |
|---|---|---|---|---|---|---|---|---|---|---|---|---|---|---|
| 石家庄 | 366 | 825 | 1104 | 1661 | 1792 | 1988 | 1257 | 1466 | 1816 | 652 | 970 | 1134 | 717 | 2335 |
| 太原 | 356 | 823 | 1077 | 1640 | 1723 | 1942 | 1118 | 1370 | 1699 | 518 | 803 | 967 | 554 | 2192 |
| 呼和浩特 | 689 | 1157 | 1409 | 1971 | 2029 | 2262 | 1326 | 1651 | 1944 | 772 | 874 | 987 | 549 | 2010 |
| 沈阳 | 1151 | 1486 | 1786 | 2283 | 2538 | 2670 | 2124 | 2279 | 2658 | 1520 | 1807 | 1946 | 1506 | 2905 |
| 长春 | 1417 | 1761 | 2061 | 2556 | 2812 | 2944 | 2373 | 2548 | 2921 | 1769 | 2020 | 2146 | 1706 | 2999 |
| 哈尔滨 | 1637 | 1993 | 2293 | 2791 | 3042 | 3178 | 2576 | 2769 | 3136 | 1973 | 2192 | 2306 | 1870 | 3062 |
| 上海 | 827 | 684 | 886 | 1213 | 1603 | 1630 | 1659 | 1527 | 1950 | 1223 | 1718 | 1913 | 1595 | 3269 |
| 南京 | 567 | 454 | 706 | 1132 | 1457 | 1535 | 1408 | 1322 | 1743 | 957 | 1452 | 1647 | 1338 | 3012 |
| 杭州 | 789 | 558 | 730 | 1045 | 1436 | 1462 | 1540 | 1376 | 1798 | 1148 | 1650 | 1846 | 1559 | 3231 |
| 合肥 | 468 | 312 | 581 | 1048 | 1339 | 1439 | 1263 | 1183 | 1602 | 827 | 1327 | 1523 | 1234 | 2906 |
| 福州 | 1107 | 699 | 666 | 694 | 1168 | 1105 | 1571 | 1256 | 1652 | 1350 | 1841 | 2032 | 1829 | 3463 |
| 南昌 | 710 | 260 | 286 | 670 | 998 | 1067 | 1159 | 932 | 1353 | 906 | 1395 | 1587 | 1392 | 3018 |
| 济南 | 361 | 713 | 1012 | 1544 | 1749 | 1906 | 1367 | 1481 | 1866 | 779 | 1182 | 1359 | 965 | 2605 |
| 郑州 | 0 | 469 | 739 | 1298 | 1432 | 1623 | 1010 | 1132 | 1507 | 444 | 906 | 1097 | 771 | 2445 |
| 武汉 | 469 | 0 | 301 | 839 | 1054 | 1193 | 982 | 871 | 1290 | 653 | 1149 | 1343 | 1133 | 2767 |
| 长沙 | 739 | 301 | 0 | 562 | 760 | 895 | 906 | 647 | 1068 | 781 | 1229 | 1412 | 1290 | 2850 |

129

表 7-2（续）

| 城市 | 郑州 | 武汉 | 长沙 | 广州 | 南宁 | 海口 | 成都 | 贵阳 | 昆明 | 西安 | 兰州 | 西宁 | 银川 | 乌鲁木齐 |
|---|---|---|---|---|---|---|---|---|---|---|---|---|---|---|
| 广州 | 1298 | 839 | 562 | 0 | 505 | 419 | 1234 | 764 | 1074 | 1308 | 1699 | 1863 | 1816 | 3282 |
| 南宁 | 1432 | 1054 | 760 | 505 | 0 | 328 | 969 | 452 | 607 | 1276 | 1536 | 1663 | 1738 | 3009 |
| 海口 | 1623 | 1193 | 895 | 419 | 328 | 0 | 1289 | 770 | 914 | 1536 | 1840 | 1977 | 2020 | 3336 |
| 成都 | 1010 | 982 | 906 | 1234 | 969 | 1289 | 0 | 519 | 640 | 605 | 601 | 699 | 877 | 2058 |
| 贵阳 | 1132 | 871 | 647 | 764 | 452 | 770 | 519 | 0 | 423 | 880 | 1088 | 1211 | 1307 | 2571 |
| 昆明 | 1507 | 1290 | 1068 | 1074 | 607 | 914 | 640 | 423 | 0 | 1183 | 1232 | 1298 | 1517 | 2507 |
| 西安 | 444 | 653 | 781 | 1308 | 1276 | 1536 | 605 | 880 | 1183 | 0 | 503 | 699 | 510 | 2114 |
| 兰州 | 906 | 1149 | 1229 | 1699 | 1536 | 1840 | 601 | 1088 | 1232 | 503 | 0 | 196 | 334 | 1625 |
| 西宁 | 1097 | 1343 | 1412 | 1863 | 1663 | 1977 | 699 | 1211 | 1298 | 699 | 196 | 0 | 441 | 1439 |
| 银川 | 771 | 1133 | 1290 | 1816 | 1738 | 2020 | 877 | 1307 | 1517 | 510 | 334 | 441 | 0 | 1674 |
| 乌鲁木齐 | 2445 | 2767 | 2850 | 3282 | 3009 | 3336 | 2058 | 2571 | 2507 | 2114 | 1625 | 1439 | 1674 | 0 |

注：限于篇幅，将表中所有数据后面的小数点省略。

# 第七章 制度外溢与全要素生产率空间差异

表7-3 基于不同省份球面距离倒数定义的空间权重

| 省份 | 北京 | 天津 | 河北 | 山西 | 内蒙古 | 辽宁 | 吉林 | 黑龙江 | 上海 | 江苏 | 浙江 | 安徽 | 福建 | 江西 |
|---|---|---|---|---|---|---|---|---|---|---|---|---|---|---|
| 北京 | 0.0000 | 0.2358 | 0.0905 | 0.0601 | 0.0598 | 0.0393 | 0.0286 | 0.0232 | 0.0230 | 0.0271 | 0.0217 | 0.0272 | 0.0157 | 0.0196 |
| 天津 | 0.2299 | 0.0000 | 0.0893 | 0.0559 | 0.0482 | 0.0394 | 0.0278 | 0.0223 | 0.0247 | 0.0296 | 0.0232 | 0.0293 | 0.0162 | 0.0204 |
| 河北 | 0.0869 | 0.0880 | 0.0000 | 0.1400 | 0.0610 | 0.0270 | 0.0210 | 0.0177 | 0.0237 | 0.0302 | 0.0232 | 0.0320 | 0.0167 | 0.0224 |
| 山西 | 0.0618 | 0.0589 | 0.1498 | 0.0000 | 0.0750 | 0.0245 | 0.0199 | 0.0172 | 0.0228 | 0.0291 | 0.0229 | 0.0315 | 0.0173 | 0.0236 |
| 内蒙古 | 0.0794 | 0.0656 | 0.0842 | 0.0969 | 0.0000 | 0.0333 | 0.0280 | 0.0245 | 0.0236 | 0.0279 | 0.0232 | 0.0292 | 0.0182 | 0.0232 |
| 辽宁 | 0.0643 | 0.0661 | 0.0459 | 0.0390 | 0.0410 | 0.0000 | 0.1453 | 0.0785 | 0.0335 | 0.0343 | 0.0302 | 0.0323 | 0.0223 | 0.0248 |
| 吉林 | 0.0490 | 0.0490 | 0.0375 | 0.0332 | 0.0361 | 0.1525 | 0.0000 | 0.1782 | 0.0290 | 0.0293 | 0.0265 | 0.0278 | 0.0204 | 0.0222 |
| 黑龙江 | 0.0470 | 0.0464 | 0.0374 | 0.0340 | 0.0375 | 0.0974 | 0.2107 | 0.0000 | 0.0296 | 0.0297 | 0.0273 | 0.0284 | 0.0217 | 0.0234 |
| 上海 | 0.0276 | 0.0305 | 0.0296 | 0.0267 | 0.0214 | 0.0247 | 0.0203 | 0.0175 | 0.0000 | 0.1104 | 0.1737 | 0.0730 | 0.0481 | 0.0481 |
| 江苏 | 0.0270 | 0.0301 | 0.0312 | 0.0281 | 0.0209 | 0.0209 | 0.0169 | 0.0146 | 0.0911 | 0.0000 | 0.1027 | 0.1661 | 0.0366 | 0.0518 |
| 浙江 | 0.0240 | 0.0263 | 0.0267 | 0.0246 | 0.0194 | 0.0205 | 0.0171 | 0.0149 | 0.1600 | 0.1146 | 0.0000 | 0.0831 | 0.0577 | 0.0602 |
| 安徽 | 0.0266 | 0.0295 | 0.0326 | 0.0300 | 0.0215 | 0.0194 | 0.0159 | 0.0137 | 0.0594 | 0.1637 | 0.0734 | 0.0000 | 0.0357 | 0.0633 |
| 福建 | 0.0244 | 0.0259 | 0.0271 | 0.0261 | 0.0214 | 0.0212 | 0.0185 | 0.0167 | 0.0622 | 0.0573 | 0.0811 | 0.0567 | 0.0000 | 0.0853 |
| 江西 | 0.0221 | 0.0236 | 0.0263 | 0.0259 | 0.0197 | 0.0171 | 0.0146 | 0.0130 | 0.0452 | 0.0588 | 0.0614 | 0.0730 | 0.0619 | 0.0000 |
| 山东 | 0.0712 | 0.0930 | 0.0955 | 0.0627 | 0.0402 | 0.0326 | 0.0244 | 0.0201 | 0.0357 | 0.0484 | 0.0339 | 0.0489 | 0.0218 | 0.0293 |
| 河南 | 0.0425 | 0.0457 | 0.0717 | 0.0738 | 0.0381 | 0.0228 | 0.0185 | 0.0160 | 0.0318 | 0.0463 | 0.0333 | 0.0561 | 0.0237 | 0.0370 |

表 7-3（续）

| 省份 | 北京 | 天津 | 河北 | 山西 | 内蒙古 | 辽宁 | 吉林 | 黑龙江 | 上海 | 江苏 | 浙江 | 安徽 | 福建 | 江西 |
|---|---|---|---|---|---|---|---|---|---|---|---|---|---|---|
| 湖北 | 0.0250 | 0.0267 | 0.0318 | 0.0319 | 0.0227 | 0.0177 | 0.0149 | 0.0132 | 0.0384 | 0.0578 | 0.0470 | 0.0840 | 0.0375 | 0.1008 |
| 湖南 | 0.0222 | 0.0233 | 0.0270 | 0.0276 | 0.0211 | 0.0167 | 0.0144 | 0.0130 | 0.0336 | 0.0422 | 0.0408 | 0.0512 | 0.0447 | 0.1042 |
| 广东 | 0.0211 | 0.0219 | 0.0240 | 0.0243 | 0.0202 | 0.0175 | 0.0156 | 0.0143 | 0.0328 | 0.0352 | 0.0381 | 0.0380 | 0.0574 | 0.0595 |
| 广西 | 0.0197 | 0.0202 | 0.0226 | 0.0235 | 0.0199 | 0.0159 | 0.0144 | 0.0133 | 0.0252 | 0.0278 | 0.0282 | 0.0302 | 0.0346 | 0.0405 |
| 海南 | 0.0203 | 0.0208 | 0.0228 | 0.0233 | 0.0200 | 0.0170 | 0.0154 | 0.0142 | 0.0278 | 0.0295 | 0.0310 | 0.0315 | 0.0410 | 0.0425 |
| 四川 | 0.0257 | 0.0257 | 0.0311 | 0.0349 | 0.0294 | 0.0184 | 0.0164 | 0.0152 | 0.0235 | 0.0277 | 0.0254 | 0.0309 | 0.0248 | 0.0337 |
| 贵州 | 0.0217 | 0.0220 | 0.0256 | 0.0274 | 0.0228 | 0.0165 | 0.0147 | 0.0136 | 0.0246 | 0.0284 | 0.0273 | 0.0318 | 0.0299 | 0.0403 |
| 云南 | 0.0225 | 0.0227 | 0.0259 | 0.0277 | 0.0242 | 0.0177 | 0.0161 | 0.0150 | 0.0241 | 0.0270 | 0.0262 | 0.0294 | 0.0285 | 0.0348 |
| 陕西 | 0.0335 | 0.0336 | 0.0472 | 0.0594 | 0.0399 | 0.0202 | 0.0174 | 0.0156 | 0.0252 | 0.0322 | 0.0268 | 0.0372 | 0.0228 | 0.0340 |
| 甘肃 | 0.0281 | 0.0272 | 0.0344 | 0.0415 | 0.0382 | 0.0185 | 0.0165 | 0.0152 | 0.0194 | 0.0230 | 0.0202 | 0.0251 | 0.0181 | 0.0239 |
| 青海 | 0.0283 | 0.0273 | 0.0332 | 0.0390 | 0.0382 | 0.0194 | 0.0176 | 0.0163 | 0.0197 | 0.0229 | 0.0204 | 0.0248 | 0.0185 | 0.0237 |
| 宁夏 | 0.0384 | 0.0362 | 0.0480 | 0.0622 | 0.0627 | 0.0228 | 0.0202 | 0.0184 | 0.0216 | 0.0257 | 0.0221 | 0.0279 | 0.0188 | 0.0247 |
| 新疆 | 0.0369 | 0.0356 | 0.0382 | 0.0407 | 0.0444 | 0.0307 | 0.0298 | 0.0291 | 0.0273 | 0.0296 | 0.0276 | 0.0307 | 0.0258 | 0.0296 |

| 省份 | 山东 | 河南 | 湖北 | 湖南 | 广东 | 广西 | 海南 | 四川 | 贵州 | 云南 | 陕西 | 甘肃 | 青海 | 宁夏 | 新疆 |
|---|---|---|---|---|---|---|---|---|---|---|---|---|---|---|---|
| 北京 | 0.0667 | 0.0396 | 0.0233 | 0.0182 | 0.0129 | 0.0119 | 0.0109 | 0.0161 | 0.0141 | 0.0117 | 0.0266 | 0.0206 | 0.0183 | 0.0273 | 0.0101 |
| 天津 | 0.0850 | 0.0415 | 0.0242 | 0.0186 | 0.0131 | 0.0119 | 0.0110 | 0.0157 | 0.0140 | 0.0115 | 0.0260 | 0.0194 | 0.0172 | 0.0251 | 0.0095 |

## 第七章 制度外溢与全要素生产率空间差异

表 7-3（续）

| 省份 | 山东 | 河南 | 湖北 | 湖南 | 广东 | 广西 | 海南 | 四川 | 贵州 | 云南 | 陕西 | 甘肃 | 青海 | 宁夏 | 新疆 |
|---|---|---|---|---|---|---|---|---|---|---|---|---|---|---|---|
| 河北 | 0.0861 | 0.0641 | 0.0285 | 0.0213 | 0.0141 | 0.0131 | 0.0118 | 0.0187 | 0.0160 | 0.0129 | 0.0360 | 0.0242 | 0.0207 | 0.0327 | 0.0101 |
| 山西 | 0.0604 | 0.0706 | 0.0305 | 0.0233 | 0.0153 | 0.0146 | 0.0129 | 0.0225 | 0.0183 | 0.0148 | 0.0484 | 0.0313 | 0.0260 | 0.0454 | 0.0115 |
| 内蒙古 | 0.0501 | 0.0470 | 0.0280 | 0.0230 | 0.0165 | 0.0160 | 0.0143 | 0.0244 | 0.0196 | 0.0167 | 0.0420 | 0.0371 | 0.0328 | 0.0591 | 0.0161 |
| 辽宁 | 0.0500 | 0.0347 | 0.0269 | 0.0224 | 0.0175 | 0.0157 | 0.0150 | 0.0188 | 0.0175 | 0.0150 | 0.0263 | 0.0221 | 0.0205 | 0.0265 | 0.0137 |
| 吉林 | 0.0392 | 0.0296 | 0.0238 | 0.0203 | 0.0164 | 0.0149 | 0.0142 | 0.0177 | 0.0164 | 0.0143 | 0.0237 | 0.0207 | 0.0195 | 0.0246 | 0.0140 |
| 黑龙江 | 0.0383 | 0.0303 | 0.0249 | 0.0216 | 0.0178 | 0.0163 | 0.0156 | 0.0192 | 0.0179 | 0.0158 | 0.0251 | 0.0226 | 0.0215 | 0.0265 | 0.0162 |
| 上海 | 0.0403 | 0.0355 | 0.0430 | 0.0331 | 0.0242 | 0.0183 | 0.0180 | 0.0177 | 0.0192 | 0.0151 | 0.0240 | 0.0171 | 0.0154 | 0.0184 | 0.0090 |
| 江苏 | 0.0451 | 0.0428 | 0.0534 | 0.0344 | 0.0214 | 0.0166 | 0.0158 | 0.0172 | 0.0183 | 0.0139 | 0.0253 | 0.0167 | 0.0147 | 0.0181 | 0.0081 |
| 浙江 | 0.0352 | 0.0343 | 0.0485 | 0.0370 | 0.0259 | 0.0188 | 0.0185 | 0.0176 | 0.0197 | 0.0151 | 0.0236 | 0.0164 | 0.0147 | 0.0174 | 0.0084 |
| 安徽 | 0.0449 | 0.0511 | 0.0766 | 0.0412 | 0.0228 | 0.0179 | 0.0166 | 0.0189 | 0.0202 | 0.0149 | 0.0289 | 0.0180 | 0.0157 | 0.0194 | 0.0082 |
| 福建 | 0.0319 | 0.0343 | 0.0544 | 0.0571 | 0.0548 | 0.0325 | 0.0344 | 0.0242 | 0.0303 | 0.0230 | 0.0281 | 0.0206 | 0.0187 | 0.0208 | 0.0110 |
| 江西 | 0.0310 | 0.0388 | 0.1060 | 0.0965 | 0.0412 | 0.0276 | 0.0259 | 0.0238 | 0.0296 | 0.0204 | 0.0304 | 0.0198 | 0.0174 | 0.0198 | 0.0091 |
| 山东 | 0.0000 | 0.0722 | 0.0366 | 0.0258 | 0.0169 | 0.0149 | 0.0137 | 0.0191 | 0.0176 | 0.0140 | 0.0334 | 0.0221 | 0.0192 | 0.0270 | 0.0100 |
| 河南 | 0.0728 | 0.0000 | 0.0560 | 0.0355 | 0.0202 | 0.0183 | 0.0162 | 0.0260 | 0.0232 | 0.0174 | 0.0592 | 0.0290 | 0.0239 | 0.0341 | 0.0107 |
| 湖北 | 0.0368 | 0.0559 | 0.0000 | 0.0873 | 0.0313 | 0.0249 | 0.0220 | 0.0267 | 0.0301 | 0.0203 | 0.0402 | 0.0228 | 0.0195 | 0.0232 | 0.0095 |
| 湖南 | 0.0294 | 0.0403 | 0.0991 | 0.0000 | 0.0530 | 0.0392 | 0.0333 | 0.0329 | 0.0460 | 0.0279 | 0.0381 | 0.0242 | 0.0211 | 0.0231 | 0.0104 |

表 7-3（续）

| 省份 | 山东 | 河南 | 湖北 | 湖南 | 广东 | 广西 | 海南 | 四川 | 贵州 | 云南 | 陕西 | 甘肃 | 青海 | 宁夏 | 新疆 |
|---|---|---|---|---|---|---|---|---|---|---|---|---|---|---|---|
| 广东 | 0.0258 | 0.0307 | 0.0475 | 0.0709 | 0.0000 | 0.0790 | 0.0951 | 0.0323 | 0.0522 | 0.0371 | 0.0305 | 0.0235 | 0.0214 | 0.0220 | 0.0121 |
| 广西 | 0.0231 | 0.0283 | 0.0384 | 0.0533 | 0.0802 | 0.0000 | 0.1235 | 0.0418 | 0.0896 | 0.0666 | 0.0317 | 0.0263 | 0.0243 | 0.0233 | 0.0134 |
| 海南 | 0.0238 | 0.0279 | 0.0379 | 0.0506 | 0.1081 | 0.1382 | 0.0000 | 0.0351 | 0.0588 | 0.0496 | 0.0295 | 0.0246 | 0.0229 | 0.0224 | 0.0136 |
| 四川 | 0.0286 | 0.0386 | 0.0398 | 0.0431 | 0.0316 | 0.0403 | 0.0303 | 0.0000 | 0.0752 | 0.0610 | 0.0645 | 0.0650 | 0.0558 | 0.0445 | 0.0190 |
| 贵州 | 0.0254 | 0.0332 | 0.0431 | 0.0581 | 0.0492 | 0.0831 | 0.0488 | 0.0723 | 0.0000 | 0.0889 | 0.0427 | 0.0345 | 0.0310 | 0.0287 | 0.0146 |
| 云南 | 0.0252 | 0.0312 | 0.0365 | 0.0440 | 0.0438 | 0.0774 | 0.0515 | 0.0735 | 0.1113 | 0.0000 | 0.0397 | 0.0382 | 0.0362 | 0.0310 | 0.0188 |
| 陕西 | 0.0395 | 0.0694 | 0.0471 | 0.0394 | 0.0235 | 0.0241 | 0.0200 | 0.0509 | 0.0350 | 0.0260 | 0.0000 | 0.0612 | 0.0440 | 0.0603 | 0.0146 |
| 甘肃 | 0.0282 | 0.0368 | 0.0290 | 0.0271 | 0.0196 | 0.0217 | 0.0181 | 0.0555 | 0.0307 | 0.0271 | 0.0663 | 0.0000 | 0.1700 | 0.0999 | 0.0205 |
| 青海 | 0.0277 | 0.0344 | 0.0281 | 0.0267 | 0.0202 | 0.0227 | 0.0191 | 0.0539 | 0.0311 | 0.0290 | 0.0539 | 0.1922 | 0.0000 | 0.0855 | 0.0262 |
| 宁夏 | 0.0356 | 0.0446 | 0.0304 | 0.0267 | 0.0190 | 0.0198 | 0.0170 | 0.0392 | 0.0263 | 0.0227 | 0.0675 | 0.1030 | 0.0780 | 0.0000 | 0.0206 |
| 新疆 | 0.0343 | 0.0365 | 0.0322 | 0.0313 | 0.0272 | 0.0296 | 0.0267 | 0.0433 | 0.0347 | 0.0356 | 0.0422 | 0.0549 | 0.0620 | 0.0533 | 0.0000 |

## 二、空间自相关检验

基于上述空间权重矩阵，利用 stata 12.0 可以测算出 1978—2015 年中国历年全要素生产率全局莫兰指数，结果见表 7-4。

表 7-4  1978—2015 年中国历年全要素生产率全局莫兰指数测算结果

| 年份 | 全局莫兰指数 | $P$ 值 | $Z$ 值 |
| --- | --- | --- | --- |
| 1978 | 0.019 | 0.03 | 1.874 |
| 1979 | 0.027 | 0.016 | 2.133 |
| 1980 | 0.03 | 0.015 | 2.174 |
| 1981 | 0.04 | 0.007 | 2.473 |
| 1982 | 0.041 | 0.007 | 2.445 |
| 1983 | 0.044 | 0.006 | 2.502 |
| 1984 | 0.052 | 0.004 | 2.686 |
| 1985 | 0.049 | 0.004 | 2.613 |
| 1986 | 0.045 | 0.007 | 2.454 |
| 1987 | 0.039 | 0.013 | 2.213 |
| 1988 | 0.036 | 0.017 | 2.108 |
| 1989 | 0.027 | 0.033 | 1.843 |
| 1990 | 0.017 | 0.061 | 1.55 |
| 1991 | 0.019 | 0.054 | 1.604 |
| 1992 | 0.031 | 0.025 | 1.961 |
| 1993 | 0.045 | 0.009 | 2.353 |
| 1994 | 0.055 | 0.005 | 2.61 |
| 1995 | 0.06 | 0.003 | 2.726 |
| 1996 | 0.063 | 0.003 | 2.754 |
| 1997 | 0.065 | 0.002 | 2.813 |
| 1998 | 0.066 | 0.002 | 2.821 |
| 1999 | 0.07 | 0.002 | 2.9 |

表 7-4（续）

| 年份 | 全局莫兰指数 | P 值 | Z 值 |
| --- | --- | --- | --- |
| 2000 | 0.067 | 0.002 | 2.814 |
| 2001 | 0.066 | 0.003 | 2.789 |
| 2002 | 0.064 | 0.003 | 2.737 |
| 2003 | 0.061 | 0.004 | 2.652 |
| 2004 | 0.054 | 0.007 | 2.433 |
| 2005 | 0.043 | 0.017 | 2.131 |
| 2006 | 0.034 | 0.029 | 1.899 |
| 2007 | 0.027 | 0.042 | 1.727 |
| 2008 | 0.024 | 0.051 | 1.633 |
| 2009 | 0.02 | 0.062 | 1.534 |
| 2010 | 0.016 | 0.075 | 1.436 |
| 2011 | 0.011 | 0.097 | 1.301 |
| 2012 | 0.01 | 0.101 | 1.276 |
| 2013 | 0.02 | 0.056 | 1.589 |
| 2014 | 0.027 | 0.038 | 1.774 |
| 2015 | 0.031 | 0.03 | 1.886 |

从表 7-4 可以看出，按照 1% 的显著水平测算，38 个观测年份中有 18 个年份存在全要素生产率空间自相关；按照 5% 的显著水平测算，38 个观测年份中有 30 个年份存在全要素生产率空间自相关；按照 10% 的显著水平测算，38 个观测年份中有 37 个年份存在全要素生产率空间自相关。即在 10% 的显著水平下，完全满足建立正式空间计量模型的条件。

表 7-4 中，各年份全局莫兰指数均为正值，说明我国省际全要素生产率的分布存在空间聚集现象。从全局莫兰指数的变化趋势看，历年全局莫兰指数总体呈波浪形的分布态势。按照上述方法，还可以进一步做出其他解释变量的全局莫兰指数，并将上面所有变量分别做出莫兰指数的散点图，并求出每年局部的莫兰指数。限于本书篇幅和研究的目的指向性，其他变量的相关内容就不再赘述。

# 第七章
制度外溢与全要素生产率空间差异

1978—1991年,也就是中国对外开放以来制度变迁的第一阶段,中国省际全要素生产率的全局莫兰指数变动经历了第一个波动周期;1992—2000年,中国省际全要素生产率的全局莫兰指数呈不断上升的趋势,在2000年前后达到全局莫兰指数的峰值;2001—2012年左右,中国省际全要素生产率的全局莫兰指数呈不断下降的趋势,该趋势在2012年以后出现反弹回升,如图7-2所示。全要素生产率的空间自相关分布为什么会呈现上述形态?造成这种分布的影响因素是什么?这些问题仍须通过实证检验的方法予以进一步分析。

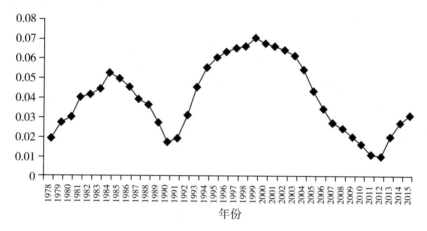

图7-2 1978—2015年中国省际全要素生产率全局莫兰指数波动趋势

## 三、计量过程与模型选择

在上述空间计量理论分析的基础上,结合本章研究的主要问题,从空间自回归模型和空间误差模型两个方面分别论述。

**1. 空间滞后模型**

面板空间自回归模型可分为固定效应模型和随机效应模型。与一般的面板回归类似,在决定使用固定效应模型还是随机效应模型时,要进行豪斯曼检验。1978—2015年中国省际全要素生产率变动的总体空间自回归固定效应和随机效应检验结果见表7-5。限于固定效应模型和随机效应模型选择的目的,没有从时点效应、个体效应和双固定效应层面对模型做进一步区分。可以看出,固定效应模型和随机效应模型回归效果都比较显著,但豪斯曼检验结果显示,使用固定效应模型显然高于随机效应模型。

表7-5  1978—2015年中国省际全要素生产率变动的空间自回归分析

| 变量 | | 固定效应模型 | 随机效应模型 |
|---|---|---|---|
| 资本增进型制度 | ln$Fin$ | -0.0422<br>(0.1258) | -0.0529<br>(0.1266) |
| | ln$Open$ | 0.0171<br>(0.0229) | 0.0207<br>(0.0233) |
| 劳动增进型制度 | ln$Pers$ | 0.2714<br>(0.157) | 0.2414<br>(0.1505) |
| | ln$Urban$ | 0.2178<br>(0.0905)** | 0.2346<br>(0.0948)** |
| 公共供给型制度 | ln$Infra$ | -0.1215<br>(0.0696)* | -0.0946<br>(0.0673) |
| | ln$Fiscal$ | -0.2944<br>(0.1584)* | -0.2857<br>(0.1586)* |
| 控制变量 | ln$Huma$ | 0.2556<br>(0.1263)** | 0.2513<br>(0.1044)** |
| | ln$Popul$ | -0.3696<br>(0.3372) | -0.2112<br>(0.1983) |
| | ln$Indus$ | -0.2241<br>(0.1403) | -0.2237<br>(0.1432) |
| 空间滞后因子 | | 0.2869<br>(0.1697)* | 0.2659<br>(0.18) |
| sigma2_e | | 0.025<br>(0.0055)*** | 0.026<br>(0.0058)*** |
| $R^2$ | | 0.8437 | 0.8426 |
| Hausman 统计量 | | chi2(9) = -23.95 < 0 | |
| Log-pseudolikelihood | | 465.0314 | 369.1315 |
| 观测值 | | 1102 | 1102 |

注:系统下方括号内的值是标准差,***、**、*分别表示回归系数在1%、5%和10%的显著水平下统计显著。

# 第七章

制度外溢与全要素生产率空间差异

在固定效应模型下,利用 stata 12.0 软件可以进一步回归得到个体效应固定、时点效应固定和双固定条件的空间自回归结果。从拟合优度和对数伪似然($Log-pseudolikelihood$)系数看,地区固定和双固定效应模型显著优于时点固定效应模型,且地区固定和双固定效应模型得到的回归系数符号基本一致,说明空间自回归模型得到的结论具有较强的稳健性。以地区固定的空间自回归模型为例,我们还可以得到空间自回归模型的直接效应、间接效应和总效应分析表,见表7-6。

表7-6 空间自相关模型的直接效应、间接效应和总效应分析

| 变量 | | 系数 | 标准误 | $Z$值 | $P$值 |
| --- | --- | --- | --- | --- | --- |
| 直接效应 | $\ln x_1$ | -0.0362 | 0.1240 | -0.2900 | 0.7710 |
|  | $\ln x_2$ | 0.0178 | 0.0230 | 0.7800 | 0.4380 |
|  | $\ln x_3$ | 0.2664 | 0.1461 | 1.8200 | 0.0680 |
|  | $\ln x_4$ | 0.2251 | 0.0851 | 2.6500 | 0.0080 |
|  | $\ln x_5$ | -0.1153 | 0.0670 | -1.7200 | 0.0850 |
|  | $\ln x_6$ | -0.2918 | 0.1586 | -1.8400 | 0.0660 |
|  | $\ln x_7$ | 0.2572 | 0.1243 | 2.0700 | 0.0390 |
|  | $\ln x_8$ | -0.3694 | 0.3272 | -1.1300 | 0.2590 |
|  | $\ln x_9$ | -0.2271 | 0.1359 | -1.6700 | 0.0950 |
| 间接效应 | $\ln x_1$ | 0.6792 | 0.2569 | 2.6400 | 0.0080 |
|  | $\ln x_2$ | 0.0206 | 0.0543 | 0.3800 | 0.7050 |
|  | $\ln x_3$ | -0.7152 | 0.3713 | -1.9300 | 0.0540 |
|  | $\ln x_4$ | 0.5653 | 0.2444 | 2.3100 | 0.0210 |
|  | $\ln x_5$ | 0.2865 | 0.1498 | 1.9100 | 0.0560 |
|  | $\ln x_6$ | 0.2078 | 0.2167 | 0.9600 | 0.3380 |
|  | $\ln x_7$ | -0.1622 | 0.7689 | -0.2100 | 0.8330 |
|  | $\ln x_8$ | 0.2569 | 0.5303 | 0.4800 | 0.6280 |
|  | $\ln x_9$ | -0.3183 | 0.2673 | -1.1900 | 0.2340 |

表 7-6（续）

| 变量 | | 系数 | 标准误 | $Z$ 值 | $P$ 值 |
| --- | --- | --- | --- | --- | --- |
| 总效应 | $\ln x_1$ | 0.6430 | 0.2282 | 2.8200 | 0.0050 |
| | $\ln x_2$ | 0.0384 | 0.0515 | 0.7500 | 0.4560 |
| | $\ln x_3$ | -0.4488 | 0.3573 | -1.2600 | 0.2090 |
| | $\ln x_4$ | 0.7904 | 0.2603 | 3.0400 | 0.0020 |
| | $\ln x_5$ | 0.1712 | 0.1210 | 1.4200 | 0.1570 |
| | $\ln x_6$ | -0.0841 | 0.1250 | -0.6700 | 0.5010 |
| | $\ln x_7$ | 0.0950 | 0.8087 | 0.1200 | 0.9060 |
| | $\ln x_8$ | -0.1125 | 0.5092 | -0.2200 | 0.8250 |
| | $\ln x_9$ | -0.5454 | 0.2819 | -1.9300 | 0.0530 |

**2. 空间误差模型**

利用 stata 12.0 软件也可以得到空间误差模型的计量结果，见表 7-7。在空间误差模型中，地区固定和双固定的空间误差模型也明显优于时点固定的空间误差模型。但在地区固定和双固定的空间误差模型中，后者空间滞后因子并不显著，显然不适合做进一步分析。无论在拟合优度方面还是在空间滞后因子方面，地区固定的空间误差模型的显著度都更高，因此，选择地区固定的空间滞后因子较为恰当。从拟合优度来看，空间误差模型的回归效果显然不如空间自回归模型，下文将着重以空间自回归模型为主体进一步分析。

## 四、计量结论分析

表 7-7 是考虑空间因素以后的全要素生产率影响因素的显著程度，表 7-6 中的直接效应[①]数据是不同类型制度的外溢程度及其对全要素生产率的影响程度。从表 7-6 和表 7-7 中的空间滞后因子、$\lambda$ 值都可以看出，制度的空间外溢对全要素生产率产生了较大的影响。对比上一章基于

---

① 在空间计量模型中，直接效应、间接效应和总效应的解释参见陈强（2014：585-586）。

表7-7 1978—2015年中国省际全要素生产率变动的空间计量结果

| 变量名称 | | 面板 SLM 模型 | | | | 面板 SEM 模型 | | |
|---|---|---|---|---|---|---|---|---|
| | | 地区固定 | 时点固定 | 双固定 | 地区固定 | 时点固定 | 双固定 | |
| 资本增进型制度 | ln$Fin$ | -0.0422<br>(0.1258) | -0.0975<br>(0.0914) | -0.0332<br>(0.1086) | -0.0465<br>(0.1383) | -0.0905<br>(0.0857) | -0.0266<br>(0.1185) | |
| | ln$Open$ | 0.0171<br>(0.0229) | 0.0918<br>(0.0306)*** | 0.0285<br>(0.021) | 0.0241<br>(0.026) | 0.055<br>(0.0394) | 0.0182<br>(0.0287) | |
| 劳动增进型制度 | ln$Pers$ | 0.2714<br>(0.157)* | 0.0878<br>(0.102) | 0.2646<br>(0.14)* | 0.3496<br>(0.196)* | 0.0683<br>(0.1045) | 0.2374<br>(0.1558) | |
| | ln$Urban$ | 0.2178<br>(0.0905)** | 0.4129<br>(0.0744)*** | 0.2659<br>(0.0848)*** | 0.2457<br>(0.125)** | 0.4368<br>(0.081)*** | 0.2226<br>(0.1055)** | |
| 公共供给型制度 | ln$Infra$ | -0.1215<br>(0.0696)* | -0.141<br>(0.0914) | -0.13<br>(0.067)* | -0.0584<br>(0.1009) | -0.1013<br>(0.1078) | -0.1253<br>(0.0626)** | |
| | ln$Fiscal$ | -0.2944<br>(0.1584)* | -0.4282<br>(0.1115)*** | -0.2968<br>(0.1448)** | -0.2892<br>(0.1738)* | -0.3561<br>(0.106)*** | -0.2453<br>(0.1435)* | |
| 控制变量 | ln$Huma$ | 0.2556<br>(0.1263)** | 0.0283<br>(0.0627) | 0.2678<br>(0.1202)** | 0.2567<br>(0.1233)** | -0.012<br>(0.0532) | 0.2544<br>(0.1375)* | |
| | ln$Popul$ | -0.3696<br>(0.3372) | 0.0666<br>(0.0803) | -0.387<br>(0.3134) | -0.3405<br>(0.3134) | 0.0694<br>(0.0966) | -0.4032<br>(0.3376) | |
| | ln$Indus$ | -0.2241<br>(0.1403) | -0.0157<br>(0.1869) | -0.3144<br>(0.1313)** | -0.1366<br>(0.1551) | -0.1344<br>(0.2167) | -0.2955<br>(0.1457)** | |

表7-7（续）

| 变量名称 | 面板 SLM 模型 | | | 面板 SEM 模型 | | |
|---|---|---|---|---|---|---|
| | 地区固定 | 时点固定 | 双固定 | 地区固定 | 时点固定 | 双固定 |
| λ | | | | 0.9034<br>(0.0602)*** | -0.5657<br>(0.3012)* | -0.3198<br>(0.2743) |
| 空间滞后因子 | 0.2869<br>(0.1697)** | -0.9653<br>(0.2759)*** | -0.6177<br>(0.2318)*** | | | |
| $sigma2\_e$ | 0.025<br>(0.0055)*** | 0.0501<br>(0.0085)*** | -0.6177<br>(0.2318)*** | 0.027<br>(0.0069)*** | 0.0576<br>(0.0105)*** | 0.0243<br>(0.0057)*** |
| $R^2$ | 0.8437 | 0.4212 | 0.6330 | 0.3721 | 0.3194 | 0.0177 |
| $Log-pseudolikelihood$ | 465.0314 | 66.7493 | 551.2446 | 361.6532 | 1.1109 | 481.7683 |
| 观测值 | 1102 | 1102 | 1102 | 1102 | 1102 | 1102 |

注：系统下方括号内的值是标准差，***、**、* 分别表示回归系数在1%、5%和10%的显著水平下统计显著。

# 第七章
## 制度外溢与全要素生产率空间差异

标准面板的回归结果，归结表 7-6 和表 7-7 的内容，我们可以得到两个结论。

第一，考虑空间因素以后，传统面板计量回归中的系数在空间计量面板回归中的表现发生较大变化，见表 7-8，最明显表现在两个方面。一是在传统面板计量回归中的 $\ln Fin$、$\ln Popul$ 和 $\ln Indus$ 三个因素回归系数结果在空间面板回归中均由显著变成不显著。考虑到金融资本、人口等要素在不同省份之间的空间流动，上述结论具有一定的合理性。二是劳动增进型制度和公共供给型制度的代理系数表现显著加强。考虑空间因素后，全民所有制改革诱发的劳动增进型制度代理变量系数由传统面板回归的 0.0467 增强到 0.2714，户籍制度改革诱发的劳动增进型制度代理变量系数由传统面板回归的 0.0613 增强到 0.2178，更进一步地说明劳动要素的空间流动增强了制度变迁对全要素生产率促进的效果。人力资本变量也与劳动增进型制度的表现呈现出相同的趋势。而且考虑空间因素后，以公共基础设施和财政支出为代理变量的公共供给型制度"两面性"特征更加明显。在 1978—2015 年间，政府基础设施建设和财政支出在地方政府竞争的空间格局下"负效应"进一步凸显。

表 7-8　SLM 和 FGLS2 模型的回归结果对比

| 变量名称 | | 面板 SLM 模型 | FGLS2 |
|---|---|---|---|
| 资本增进型制度 | $\ln Fin$ | -0.0422 (0.1258) | -0.0429 (0.0042)** |
| | $\ln Open$ | 0.0171 (0.0229) | -0.0007 (0.0016) |
| 劳动增进型制度 | $\ln Pers$ | 0.2714 (0.157)* | 0.0467 (0.0059)** |
| | $\ln Urban$ | 0.2178 (0.0905)** | 0.0613 (0.0054)*** |
| 公共供给型制度 | $\ln Infra$ | -0.1215 (0.0696)* | -0.0068 (0.0020) |
| | $\ln Fiscal$ | -0.2944 (0.1584)* | -0.0740 (0.0043)*** |

表 7-8（续）

| 变量名称 | | 面板 SLM 模型 | FGLS2 |
|---|---|---|---|
| 控制变量 | ln*Huma* | 0.2556<br>(0.1263)** | 0.1769<br>(0.0066)*** |
| | ln*Popul* | -0.3696<br>(0.3372) | -0.0713<br>(0.0052)*** |
| | ln*Indus* | -0.2241<br>(0.1403) | -0.0698<br>(0.0052)*** |

注：系统下方括号内的值是标准差，\*\*\*、\*\*、\*分别表示回归系数在1%、5%和10%的显著水平下统计显著。

第二，从表7-6可以进一步看出，不同类型制度对全要素生产率影响的空间效果。尽管在表7-7和表7-8中，开放度对全要素生产率的影响并不显著，但这并不妨碍该指标在不同省域之间外溢传导的空间效果。从直接效应来看，开放度的空间外溢贡献占据了开放度对全要素生产率影响贡献的46.35%（=0.0178÷0.0384），户籍制度改革的空间外溢贡献占据了户籍制度变革对全要素生产率影响贡献的28.48%（=0.2251÷0.7904）。

## 五、分时间阶段的计量扩展讨论

沿用上述方法，可以分别测算出中国改革开放以来四个制度变迁主要时间阶段的计量模型回归结果，详见表7-9至表7-14。其中，表7-9至表7-12是考虑空间效应的四个制度变迁阶段计量结果，表7-13是空间计量结果与面板回归结果的比较，表7-14是基于地区固定得到的空间自回归直接效应、间接效应和总效应系数。

分析表7-9至表7-12，可以看到每个计量结果都有两个共同点：一是空间自回归模型的拟合优度和对数伪似然检验值明显高于空间误差模型，显示空间自回归模型略优于空间误差模型；二是空间滞后因子和 $\lambda$ 值显著程度都较高，显示不同时期制度变迁对全要素生产率的影响都具有显著的空间效应。

## 第七章 制度外溢与全要素生产率空间差异

表 7-9  1978—1991 年中国省际全要素生产率变动的空间计量结果

| 变量名称 | | 面板 SLM 模型 | | | 面板 SEM 模型 | | |
|---|---|---|---|---|---|---|---|
| | | 地区固定 | 时点固定 | 双固定 | 地区固定 | 时点固定 | 双固定 |
| 资本增进型制度 | $\ln Fin$ | 0.0166 (0.075) | -0.2061 (0.1554) | -0.0016 (0.0778) | 0.0567 (0.0646) | -0.1975 (0.0957)** | 0.0188 (0.0773) |
| | $\ln Open$ | -0.0124 (0.0194) | 0.0382 (0.0291) | -0.0113 (0.0155) | -0.0118 (0.0205) | 0.0363 (0.0444) | -0.0148 (0.0214) |
| 劳动增进型制度 | $\ln Pers$ | 0.3099 (0.1688)* | 0.3849 (0.1885)** | 0.3557 (0.1701)** | 0.3679 (0.151)** | 0.1495 (0.1405) | 0.3156 (0.1697)** |
| | $\ln Urban$ | 0.2322 (0.1796) | 0.821 (0.1321)*** | 0.1836 (0.2094) | 0.2511 (0.1569) | 0.6511 (0.1033)*** | 0.2133 (0.1886) |
| 公共供给型制度 | $\ln Infra$ | -0.0295 (0.0272) | -0.1908 (0.1096) | -0.0391 (0.0301) | -0.0111 (0.03) | -0.1663 (0.1139) | -0.0272 (0.0239) |
| | $\ln Fiscal$ | -0.1961 (0.1253) | -0.5873 (0.1636)*** | -0.1609 (0.1099) | -0.2001 (0.1058)** | -0.6584 (0.1559)*** | -0.1956 (0.1264) |
| 控制变量 | $\ln Huma$ | 0.1313 (0.0841) | -0.0852 (0.075) | 0.1147 (0.0812) | 0.0993 (0.0831) | -0.0546 (0.0458) | 0.1292 (0.0878) |
| | $\ln Popul$ | -0.0038 (0.0316) | 0.1021 (0.104) | 0.0171 (0.0429) | 0.0106 (0.0372) | 0.0679 (0.0985) | -0.0016 (0.0247) |
| | $\ln Indus$ | 0.0197 (0.0684) | -0.0958 (0.2464) | -0.0469 (0.0756) | 0.0891 (0.1103) | 0.1744 (0.2782) | 0.0052 (0.0704) |

表7-9（续）

| 变量名称 | 面板SLM模型 | | | 面板SEM模型 | | |
|---|---|---|---|---|---|---|
|  | 地区固定 | 时点固定 | 双固定 | 地区固定 | 时点固定 | 双固定 |
| 空间滞后因子 $\lambda$ | 0.5607 (0.0982)*** | -0.6255 (0.2582)** | 0.3712 (0.1419)*** | 0.681 (0.0954)*** | -0.2462 (0.3284) | 0.5169 (0.1163)*** |
| sigma2_e | 0.0082 (0.0019)*** | 0.0514 (0.0091)*** | 0.0078 (0.0017)*** | 0.0084 (0.0019)*** | 0.0625 (0.0124)*** | 0.0083 (0.0019)*** |
| $R^2$ | 0.5584 | 0.2375 | 0.3952 | 0.5160 | 0.3467 | 0.4412 |
| Log-pseudolikelihood | 393.5095 | 22.5787 | 407.4742 | 385.0562 | -13.8254 | 392.5716 |
| 观测值 | 406 | 406 | 406 | 406 | 406 | 406 |

注：系统下方括号内的值是标准差，\*\*\*、\*\*、\*分别表示回归系数在1%、5%和10%的显著水平下统计显著。

表7-10 1992—2000年中国省际全要素生产率变动的空间计量结果

| 变量名称 | | 面板SLM模型 | | | 面板SEM模型 | | |
|---|---|---|---|---|---|---|---|
|  |  | 地区固定 | 时点固定 | 双固定 | 地区固定 | 时点固定 | 双固定 |
| 资本增进型制度 | lnFin | -0.1101 (0.1027) | -0.0747 (0.1217) | -0.1354 (0.096) | -0.1146 (0.0948) | -0.0445 (0.1442) | -0.1199 (0.0934) |
|  | lnOpen | -0.0095 (0.0316) | 0.1977 (0.0463)*** | 0.0106 (0.025) | -0.008 (0.0298) | 0.1568 (0.0512)*** | 0.0047 (0.029) |

## 第七章 制度外溢与全要素生产率空间差异

表 7-10（续）

| 变量名称 | | 面板 SLM 模型 | | | 面板 SEM 模型 | | |
|---|---|---|---|---|---|---|---|
| | | 地区固定 | 时点固定 | 双固定 | 地区固定 | 时点固定 | 双固定 |
| 劳动增进型制度 | lnPers | 0.0625<br>(0.066) | 0.1366<br>(0.0995) | 0.1086<br>(0.0546)** | 0.0776<br>(0.079) | 0.1069<br>(0.1146) | 0.0538<br>(0.0753) |
| | lnUrban | 0.0814<br>(0.0402)** | 0.1809<br>(0.0744)*** | 0.1025<br>(0.0366)*** | 0.0942<br>(0.0473)** | 0.1473<br>(0.0884)* | 0.0852<br>(0.0445)* |
| 公共供给型制度 | lnInfra | 0.0155<br>(0.0626) | −0.1563<br>(0.0979) | −0.0409<br>(0.0544) | 0.0162<br>(0.0626) | −0.192<br>(0.1282) | −0.0167<br>(0.0587) |
| | lnFiscal | −0.2301<br>(0.095)** | −0.4904<br>(0.145)*** | −0.2112<br>(0.0846)** | −0.2462<br>(0.1098)** | −0.346<br>(0.1898)* | −0.1928<br>(0.0902)** |
| 控制变量 | lnHuma | −0.2111<br>(0.1053)** | 0.0546<br>(0.0664) | −0.2424<br>(0.0928)*** | −0.2249<br>(0.1084)** | −0.0031<br>(0.061) | −0.2235<br>(0.0841)*** |
| | lnPopul | −0.6067<br>(0.344)* | 0.0307<br>(0.0896) | −1.0181<br>(0.3127)*** | −0.6471<br>(0.3297)** | 0.0996<br>(0.1177) | −0.9055<br>(0.328)*** |
| | lnIndus | −0.1925<br>(0.1157)* | 0.0502<br>(0.2634) | −0.4374<br>(0.0932)*** | −0.2403<br>(0.1088)** | −0.0618<br>(0.3031) | −0.2743<br>(0.0987)*** |
| λ | | | | | 0.9262<br>(0.0253)*** | −1.5796<br>(0.7811)** | −0.8798<br>(0.2344)*** |
| 空间滞后因子 | | 0.2939<br>(0.1552)* | −1.6212<br>(0.3964)*** | −0.9695<br>(0.1819)*** | | | |

表 7-10（续）

| 变量名称 | 面板 SLM 模型 | | | 面板 SEM 模型 | | |
|---|---|---|---|---|---|---|
| | 地区固定 | 时点固定 | 双固定 | 地区固定 | 时点固定 | 双固定 |
| $sigma2\_e$ | 0.0021<br>(0.0004)*** | 0.0206<br>(0.0036)*** | 0.0016<br>(0.0003)*** | 0.0021<br>(0.0005)*** | 0.028<br>(0.0062)*** | 0.0018<br>(0.0004)*** |
| $R^2$ | 0.8268 | 0.1470 | 0.5794 | 0.0764 | 0.0097 | 0.1788 |
| $Log-pseudolikelihood$ | 435.1634 | 122.5120 | 463.5755 | 413.9153 | 83.8465 | 449.6107 |
| 观测值 | 261 | 261 | 261 | 261 | 261 | 261 |

注：系统下方括号内的值是标准差，***、**、*分别表示回归系数在1%、5%和10%的显著水平下统计显著。

表 7-11 2001—2008 年中国省际全要素生产率变动的空间计量结果

| 变量名称 | | 面板 SLM 模型 | | | 面板 SEM 模型 | | |
|---|---|---|---|---|---|---|---|
| | | 地区固定 | 时点固定 | 双固定 | 地区固定 | 时点固定 | 双固定 |
| 资本增进型制度 | $\ln Fin$ | 0.075<br>(0.0821) | -0.0095<br>(0.1118) | 0.0882<br>(0.0745) | 0.06<br>(0.0952) | -0.1335<br>(0.1101) | 0.0592<br>(0.0913) |
| | $\ln Open$ | 0.0157<br>(0.0298) | 0.1578<br>(0.0488)*** | 0.0224<br>(0.0291) | 0.0159<br>(0.0337) | 0.1594<br>(0.0499)*** | 0.0066<br>(0.0335) |
| 劳动增进型制度 | $\ln Pers$ | 0.0934<br>(0.072) | 0.0255<br>(0.1498) | 0.0246<br>(0.0656) | 0.0907<br>(0.0622) | 0.0888<br>(0.1632) | 0.0606<br>(0.0654) |
| | $\ln Urban$ | -0.0165<br>(0.0232) | -0.0437<br>(0.0887) | -0.0277<br>(0.025) | -0.0011<br>(0.022) | 0.0991<br>(0.1101) | -0.0154<br>(0.0214) |

## 第七章 制度外溢与全要素生产率空间差异

表 7-11（续）

| 变量名称 | | 面板 SLM 模型 | | | 面板 SEM 模型 | | |
|---|---|---|---|---|---|---|---|
| | | 地区固定 | 时点固定 | 双固定 | 地区固定 | 时点固定 | 双固定 |
| 公共供给型制度 | ln$Infra$ | -0.0348 (0.0375) | -0.1061 (0.0629)** | -0.0136 (0.0363) | -0.0262 (0.0438) | -0.1684 (0.131) | -0.019 (0.042) |
| | ln$Fiscal$ | -0.0235 (0.0854) | -0.5724 (0.1546)*** | -0.0677 (0.0706) | 0.0027 (0.0842) | -0.1454 (0.1834) | -0.0125 (0.0765) |
| 控制变量 | ln$Huma$ | 0.1762 (0.0722)** | 0.0698 (0.0565) | 0.2179 (0.0692)*** | 0.1921 (0.0749)* | 0.0665 (0.0707) | 0.1893 (0.0809) |
| | ln$Popul$ | -0.3612 (0.2127)* | -0.018 (0.0588) | -0.2753 (0.1944) | -0.3254 (0.2616) | 0.0755 (0.1061) | -0.2784 (0.2512)*** |
| | ln$Indus$ | 0.0174 (0.085) | 0.3283 (0.2517) | 0.0819 (0.0968) | 0.0482 (0.0965) | -0.2403 (0.3292) | -0.025 (0.1058) |
| λ | | | | | 0.9323 (0.0336)*** | -2.5777 (0.6021)*** | -0.535 (0.4959) |
| 空间滞后因子 | | -0.4066 (0.2618) | -2.076 (0.3271)*** | -0.8202 (0.2982)*** | | | |
| sigma2_e | | 0.001 (0.0002)*** | 0.0164 (0.0038)*** | 0.0009 (0.0002)*** | 0.0012 (0.0002)*** | 0.0239 (0.0047)*** | 0.0011 (0.0002)*** |
| $R^2$ | | 0.8859 | 0.7147 | 0.5095 | 0.0001 | 0.0016 | 0.0132 |
| Log-pseudolikelihood | | 469.1145 | 128.1065 | 482.0918 | 433.1023 | 76.3650 | 462.0563 |
| 观测值 | | 232 | 232 | 232 | 232 | 232 | 232 |

注：系数下方括号内的值是标准差，***、**、*分别表示回归系数在1%、5%和10%的显著水平下统计显著。

表7-12 2009—2015年中国省际全要素生产率变动的空间计量结果

| 变量名称 | | 面板 SLM 模型 | | | 面板 SEM 模型 | | |
|---|---|---|---|---|---|---|---|
| | | 地区固定 | 时点固定 | 双固定 | 地区固定 | 时点固定 | 双固定 |
| 资本增进型制度 | lnFin | -0.0937<br>(0.158) | -0.0305<br>(0.18) | -0.1531<br>(0.1446) | -0.0563<br>(0.0957) | -0.341<br>(0.1692) | -0.158<br>(0.1683) |
| | lnOpen | 0.0426<br>(0.0341) | 0.0565<br>(0.0531) | 0.0226<br>(0.0391) | 0.0333<br>(0.029) | 0.1622<br>(0.066)** | 0.0572<br>(0.0352) |
| 劳动增进型制度 | lnPers | 0.1971<br>(0.0668)*** | 0.0805<br>(0.2131) | 0.1207<br>(0.0485)** | 0.1851<br>(0.0789) | -0.0714<br>(0.2151) | 0.1453<br>(0.0728)** |
| | lnUrban | 0.7215<br>(0.22)*** | 0.0536<br>(0.2689) | 0.8356<br>(0.2195)*** | 0.8353<br>(0.1783)*** | 0.1817<br>(0.2771) | 0.6847<br>(0.2089)*** |
| 公共供给型制度 | lnInfra | 0.0898<br>(0.2331) | -0.0987<br>(0.213) | 0.0797<br>(0.241) | 0.0987<br>(0.1793) | 0.2194<br>(0.2583) | -0.0327<br>(0.2031) |
| | lnFiscal | -0.1718<br>(0.0515)*** | -0.5292<br>(0.2331)** | -0.1459<br>(0.0604)** | -0.1217<br>(0.0656)* | -0.049<br>(0.2304) | -0.1282<br>(0.0756)* |
| 控制变量 | lnHuma | -0.1785<br>(0.1409) | 0.034<br>(0.112) | -0.1016<br>(0.1537) | -0.2282<br>(0.1675) | -0.0529<br>(0.1019) | -0.2416<br>(0.1636) |
| | lnPopul | -0.8214<br>(0.3559) | 0.0195<br>(0.1427) | -0.7801<br>(0.32)** | -0.7076<br>(0.1837)*** | -0.0667<br>(0.1948) | -0.8707<br>(0.1529)** |
| | lnIndus | -0.0815<br>(0.1281) | -0.1287<br>(0.2378) | -0.1382<br>(0.1142) | -0.0071<br>(0.1164) | -0.2365<br>(0.3416) | -0.1778<br>(0.141) |

# 第七章
## 制度外溢与全要素生产率空间差异

表 7-12（续）

| 变量名称 | 面板 SLM 模型 | | | 面板 SEM 模型 | | |
|---|---|---|---|---|---|---|
| | 地区固定 | 时点固定 | 双固定 | 地区固定 | 时点固定 | 双固定 |
| λ | -0.703<br>(0.2201)*** | -2.1833<br>(0.286)*** | -1.7735<br>(0.3354)*** | -0.4072<br>(0.335) | -1.9992<br>(0.8202)** | -1.4225<br>(0.492)*** |
| 空间滞后因子 | | | | | | |
| sigma2_e | 0.0013<br>(0.0003)*** | 0.0192<br>(0.0042)*** | 0.0009<br>(0.0002)*** | 0.0014<br>(0.0003)*** | 0.0293<br>(0.0061)*** | 0.0012<br>(0.0003)*** |
| $R^2$ | 0.6763 | 0.0140 | 0.0068 | 0.6625 | 0.0012 | 0.3503 |
| Log-pseudolikelihood | 382.0410 | 97.4771 | 411.3084 | 374.9198 | 55.4241 | 481.7683 |
| 观测值 | 203 | 203 | 203 | 203 | 203 | 203 |

注：系统下方括号内的值是标准差，***、**、* 分别表示回归系数在 1%，5% 和 10% 的显著水平下统计显著。

表 7-13 空间计量结果与面板计量结果的比较

| 解释变量 | 1978—1991 年 | | 1992—2000 年 | | 2001—2008 年 | | 2009—2015 年 | |
|---|---|---|---|---|---|---|---|---|
| | 一般面板回归 | 空间 SLM 模型 | 一般面板回归 | 空间 SLM 模型 | 一般面板回归 | 空间 SLM 模型 | 一般面板回归 | 空间 SLM 模型 |
| ln$Fin$ | 0.0543<br>(0.0447) | 0.0166<br>(0.075) | 0.0072<br>(0.0608) | -0.1354<br>(0.096) | 0.0108<br>(0.0476) | 0.0882<br>(0.0745) | -0.0606<br>(0.0532) | -0.1531<br>(0.1446) |

表 7-13（续）

| 解释变量 | 1978—1991 年 一般面板回归 | 1978—1991 年 空间 SLM 模型 | 1992—2000 年 一般面板回归 | 1992—2000 年 空间 SLM 模型 | 2001—2008 年 一般面板回归 | 2001—2008 年 空间 SLM 模型 | 2009—2015 年 一般面板回归 | 2009—2015 年 空间 SLM 模型 |
|---|---|---|---|---|---|---|---|---|
| ln$Open$ | -0.0114 (0.0077) | -0.0124 (0.0194) | -0.0459 (0.0201)** | 0.0106 (0.025) | 0.0557 (0.0215)*** | 0.0224 (0.0291) | 0.0354 (0.026) | 0.0226 (0.0391) |
| ln$Pers$ | 0.4004 (0.0644)*** | 0.3099 (0.1688)* | 0.1452 (0.056)*** | 0.1086 (0.0546)** | 0.2733 (0.0363)*** | 0.0246 (0.0656) | 0.1951 (0.0409)*** | 0.1207 (0.0485)** |
| ln$Urban$ | 0.4109 (0.0639)*** | 0.2322 (0.1796) | 0.2182 (0.0298)*** | 0.1025 (0.0366)*** | -0.007 (0.018) | -0.0277 (0.025) | 0.8259 (0.1283)*** | 0.8356 (0.2195)*** |
| ln$Infra$ | -0.0125 (0.0292) | -0.0295 (0.0272) | 0.2102 (0.0543)*** | -0.0409 (0.0544) | 0.0705 (0.0152)*** | -0.0136 (0.0363) | 0.0934 (0.0992) | 0.0797 (0.241) |
| ln$Fiscal$ | -0.1193 (0.0302)*** | -0.1961 (0.1253) | -0.3911 (0.0521)*** | -0.2112 (0.0846)** | 0.1208 (0.0466)*** | -0.0677 (0.0706) | -0.1394 (0.0704)* | -0.1459 (0.0604)** |
| ln$Huma$ | 0.0765 (0.0422)* | 0.1313 (0.0841) | -0.2462 (0.0864)*** | -0.2424 (0.0928)*** | 0.2531 (0.0404)*** | 0.2179 (0.0692)*** | -0.2096 (0.0834)*** | -0.1016 (0.1537) |
| ln$Popul$ | 0.0285 (0.0334) | -0.0038 (0.0316) | 0.4487 (0.229)* | -1.0181 (0.3127)*** | 0.3273 (0.1261)*** | -0.2753 (0.1944) | -0.691 (0.1726)*** | -0.7801 (0.32)** |
| ln$Indus$ | 0.1012 (0.0438)** | 0.0197 (0.0684) | 0.4197 (0.0997)*** | -0.4374 (0.0932)*** | -0.1109 (0.0861) | 0.0819 (0.0968) | -0.0045 (0.0674) | -0.1382 (0.1142) |

注：系统下方括号内的值是标准差，***、**、*分别表示回归系数在1%、5%和10%的显著水平下统计显著。本表中的空间SLM模型是基于地区固定得到的。

# 第七章

## 制度外溢与全要素生产率空间差异

与第六章传统面板计量的方法相比，因为在原有面板计量假设前提下增加考虑空间自相关，本章得到的分时间阶段的计量分析结果中，统计较为显著的系数个数明显减少。从回归系数来看，基于空间面板计量模型得到的变量回归系数比第六章传统面板得到的计量回归系数略小，但回归得到的系数正负号完全一致，这充分说明考虑空间外溢的空间计量经济学很大程度仍是对原有面板回归模型的修正和完善，原有的面板回归模型仍具有较强的解释作用。

分析表 7-14，可以看到制度变迁各个时期中不同因素对全要素生产率空间自相关的影响程度，这些因素的相互作用最终形成了全要素生产率莫兰指数的波动趋势，与图 7-2 所示一致。

表 7-14  不同时间阶段空间自相关模型的直接效应、间接效应和总效应系数比较

| 变量 | | 1978—1991 年 | 1992—2000 年 | 2001—2008 年 | 2009—2015 年 |
|---|---|---|---|---|---|
| 直接效应 | ln$Fin$ | 0.0241<br>(0.0712) | -0.1119<br>(0.1019) | 0.0774<br>(0.0836) | -0.1027<br>(0.1626) |
| | ln$Open$ | -0.0116<br>(0.0191) | -0.0086<br>(0.0315) | 0.0154<br>(0.0303) | 0.0443<br>(0.0349) |
| | ln$Pers$ | 0.3089<br>(0.1611)* | 0.0631<br>(0.0615) | 0.0852<br>(0.0685) | 0.2076<br>(0.0643)*** |
| | ln$Urban$ | 0.2484<br>(0.1762) | 0.0808<br>(0.038) | -0.0126<br>(0.0232)* | 0.7247<br>(0.2253)*** |
| | ln$Infra$ | -0.0337<br>(0.0293) | 0.0174<br>(0.0653)* | -0.0339<br>(0.0398) | 0.0637<br>(0.2216) |
| | ln$Fiscal$ | -0.1893<br>(0.1253) | -0.2312<br>(0.0948)** | -0.0288<br>(0.0902) | -0.1794<br>(0.0535)*** |
| | ln$Huma$ | 0.1402<br>(0.089) | -0.2065<br>(0.1058)* | 0.1818<br>(0.0718)** | -0.1525<br>(0.1532) |
| | ln$Popul$ | -0.0061<br>(0.042) | -0.5867<br>(0.3489)* | -0.3882<br>(0.2309)* | -0.8419<br>(0.3856)** |
| | ln$Indus$ | 0.0125<br>(0.0682) | -0.1753<br>(0.114) | 0.0353<br>(0.0931) | -0.0752<br>(0.1241) |

表 7 – 14（续）

| 变量 | | 1978—1991 年 | 1992—2000 年 | 2001—2008 年 | 2009—2015 年 |
|---|---|---|---|---|---|
| 间接效应 | ln$Fin$ | 0.3526 (0.3867) | 0.0353 (0.3722) | −0.1654 (0.162) | 0.0969 (0.2348) |
| | ln$Open$ | 0.0219 (0.1318) | 0.0417 (0.1306) | −0.0074 (0.0849) | −0.0464 (0.0741) |
| | ln$Pers$ | −0.1642 (0.751) | −0.0964 (0.2594) | 0.3578 (0.1531)** | −0.1614 (0.1479) |
| | ln$Urban$ | 0.9167 (1.6764) | −0.0903 (0.2362) | −0.1923 (0.0847)** | −0.1878 (0.8548) |
| | ln$Infra$ | −0.2295 (0.3237) | 0.0356 (0.3832) | 0.0361 (0.0434) | 0.5841 (0.6092) |
| | ln$Fiscal$ | 0.2452 (0.1842) | 0.0783 (0.3297) | 0.2692 (0.151)* | 0.1701 (0.1377) |
| | ln$Huma$ | 0.2804 (0.5517) | 0.2622 (1.1731) | −0.0564 (0.2935) | −0.5196 (0.4304) |
| | ln$Popul$ | −0.0905 (0.4989) | 2.4814 (1.6822) | 1.0531 (0.7437) | −0.037 (1.2168) |
| | ln$Indus$ | −0.3922 (0.6853) | 1 (0.9449) | −0.8124 (0.3212)** | −0.1287 (0.2648) |
| 总效应 | ln$Fin$ | 0.3767 (0.3788) | −0.0766 (0.3952) | −0.088 (0.1308) | −0.0058 (0.1841) |
| | ln$Open$ | 0.0103 (0.1314) | 0.033 (0.1268) | 0.008 (0.0896) | −0.0022 (0.0711) |
| | ln$Pers$ | 0.1446 (0.8024) | −0.0332 (0.2622) | 0.443 (0.176)** | 0.0461 (0.1444) |
| | ln$Urban$ | 1.1651 (1.7123) | −0.0095 (0.2433) | −0.2049 (0.0901)** | 0.5369 (0.8131) |
| | ln$Infra$ | −0.2632 (0.3391) | 0.0529 (0.4037) | 0.0021 (0.0122) | 0.6478 (0.6815) |

表 7 – 14（续）

| 变量 | | 1978—1991 年 | 1992—2000 年 | 2001—2008 年 | 2009—2015 年 |
| --- | --- | --- | --- | --- | --- |
| 总效应 | ln*Fiscal* | 0.0559<br>(0.1298) | -0.1529<br>(0.3233) | 0.2405<br>(0.0972)** | -0.0093<br>(0.1185) |
| | ln*Huma* | 0.4206<br>(0.5841) | 0.0557<br>(1.1727) | 0.1254<br>(0.2792) | -0.6722<br>(0.4174) |
| | ln*Popul* | -0.0966<br>(0.5333) | 1.8948<br>(1.7498) | 0.6649<br>(0.6298) | -0.8788<br>(0.9363) |
| | ln*Indus* | -0.3797<br>(0.6932) | 0.8247<br>(0.9796) | -0.7772<br>(0.3277)** | -0.2038<br>(0.2932) |

注：系数下方括号内的值是标准差，***、**、*分别表示回归系数在1%、5%和10%的显著水平下统计显著。此表是基于地区固定得到的空间自回归模型直接效应、间接效应和总效应。

## 第三节　实证检验的稳健性分析

空间计量经济学的最大缺陷在于将不同空间之间极其复杂的联系外生于一个空间权重矩阵，尽管很多学者从地理距离、临边性质、经济距离、贸易距离等不同领域试图刻画或设定一个相对客观的权重矩阵，但权重矩阵离客观的经济事实相差多远仍是难以测定的问题。为克服由于不同空间权重矩阵造成的计量结果误差，将再选取一种常用的 0 – 1 空间权重矩阵设定方法对上述计量结果进行检验。

0 – 1 空间权重矩阵即常见的二进制邻接矩阵，本章将考察 29 个省份。其简单的设定方法为：如果一个省份与其他省份邻接，该省与其他省份空间邻接的二进制单元即为 1；如果不邻接则取 0。按照上述方法，可以得到 29 个省份的空间权重矩阵，将其标准化为表 7 – 15 的结果。

利用 stata 12.0，沿用上一节制度外溢与全要素生产率空间差异的计量方法，可以进一步测算出基于 0 – 1 空间权重矩阵的计量回归结果。限于篇幅和研究目的，此处不对制度变迁各个阶段与 SEM 模型的计量结果展开论述，仅将通过两种不同权重设定方法得到的 SLM 空间计量结果进行对比分析，对比分析的结果见表 7 – 16。基于 0 – 1 空间权重矩阵和基

表7-15 基于不同省份球面距离倒数定义的空间权重

| 省份 | 北京 | 天津 | 河北 | 山西 | 内蒙古 | 辽宁 | 吉林 | 黑龙江 | 上海 | 江苏 | 浙江 | 安徽 | 福建 | 江西 |
|---|---|---|---|---|---|---|---|---|---|---|---|---|---|---|
| 北京 | 0.0000 | 0.3333 | 0.3333 | 0.3333 | 0.0000 | 0.0000 | 0.0000 | 0.0000 | 0.0000 | 0.0000 | 0.0000 | 0.0000 | 0.0000 | 0.0000 |
| 天津 | 0.5000 | 0.0000 | 0.5000 | 0.0000 | 0.0000 | 0.0000 | 0.0000 | 0.0000 | 0.0000 | 0.0000 | 0.0000 | 0.0000 | 0.0000 | 0.0000 |
| 河北 | 0.1667 | 0.1667 | 0.0000 | 0.0000 | 0.1667 | 0.1667 | 0.0000 | 0.0000 | 0.0000 | 0.0000 | 0.0000 | 0.0000 | 0.0000 | 0.0000 |
| 山西 | 0.0000 | 0.0000 | 0.2500 | 0.0000 | 0.2500 | 0.0000 | 0.0000 | 0.0000 | 0.0000 | 0.0000 | 0.0000 | 0.0000 | 0.0000 | 0.0000 |
| 内蒙古 | 0.0000 | 0.0000 | 0.1250 | 0.1250 | 0.0000 | 0.1250 | 0.1250 | 0.1250 | 0.0000 | 0.0000 | 0.0000 | 0.0000 | 0.0000 | 0.0000 |
| 辽宁 | 0.0000 | 0.0000 | 0.3333 | 0.0000 | 0.3333 | 0.0000 | 0.3333 | 0.0000 | 0.0000 | 0.0000 | 0.0000 | 0.0000 | 0.0000 | 0.0000 |
| 吉林 | 0.0000 | 0.0000 | 0.0000 | 0.0000 | 0.3333 | 0.3333 | 0.0000 | 0.3333 | 0.0000 | 0.0000 | 0.0000 | 0.0000 | 0.0000 | 0.0000 |
| 黑龙江 | 0.0000 | 0.0000 | 0.0000 | 0.0000 | 0.5000 | 0.0000 | 0.5000 | 0.0000 | 0.0000 | 0.0000 | 0.0000 | 0.0000 | 0.0000 | 0.0000 |
| 上海 | 0.0000 | 0.0000 | 0.0000 | 0.0000 | 0.0000 | 0.0000 | 0.0000 | 0.0000 | 0.0000 | 0.5000 | 0.5000 | 0.0000 | 0.0000 | 0.0000 |
| 江苏 | 0.0000 | 0.0000 | 0.0000 | 0.0000 | 0.0000 | 0.0000 | 0.0000 | 0.0000 | 0.2500 | 0.0000 | 0.2500 | 0.2500 | 0.0000 | 0.2000 |
| 浙江 | 0.0000 | 0.0000 | 0.0000 | 0.0000 | 0.0000 | 0.0000 | 0.0000 | 0.0000 | 0.2000 | 0.2000 | 0.0000 | 0.2000 | 0.2000 | 0.1667 |
| 安徽 | 0.0000 | 0.0000 | 0.0000 | 0.0000 | 0.0000 | 0.0000 | 0.0000 | 0.0000 | 0.1667 | 0.1667 | 0.1667 | 0.0000 | 0.0000 | 0.2500 |
| 福建 | 0.0000 | 0.0000 | 0.0000 | 0.0000 | 0.0000 | 0.0000 | 0.0000 | 0.0000 | 0.0000 | 0.0000 | 0.2500 | 0.0000 | 0.0000 | 0.0000 |
| 江西 | 0.0000 | 0.0000 | 0.0000 | 0.0000 | 0.0000 | 0.0000 | 0.0000 | 0.0000 | 0.0000 | 0.1429 | 0.1429 | 0.1429 | 0.1429 | 0.0000 |
| 山东 | 0.0000 | 0.2500 | 0.2500 | 0.0000 | 0.0000 | 0.0000 | 0.0000 | 0.0000 | 0.0000 | 0.2500 | 0.0000 | 0.2500 | 0.0000 | 0.0000 |
| 河南 | 0.0000 | 0.0000 | 0.1667 | 0.1667 | 0.0000 | 0.0000 | 0.0000 | 0.0000 | 0.0000 | 0.0000 | 0.0000 | 0.1667 | 0.0000 | 0.0000 |

# 第七章
## 制度外溢与全要素生产率空间差异

表 7–15（续）

| 省份 | 北京 | 天津 | 河北 | 山西 | 内蒙古 | 辽宁 | 吉林 | 黑龙江 | 上海 | 江苏 | 浙江 | 安徽 | 福建 | 江西 |
|---|---|---|---|---|---|---|---|---|---|---|---|---|---|---|
| 湖北 | 0.0000 | 0.0000 | 0.0000 | 0.0000 | 0.0000 | 0.0000 | 0.0000 | 0.0000 | 0.0000 | 0.0000 | 0.0000 | 0.2000 | 0.0000 | 0.2000 |
| 湖南 | 0.0000 | 0.0000 | 0.0000 | 0.0000 | 0.0000 | 0.0000 | 0.0000 | 0.0000 | 0.0000 | 0.0000 | 0.0000 | 0.0000 | 0.0000 | 0.2000 |
| 广东 | 0.0000 | 0.0000 | 0.0000 | 0.0000 | 0.0000 | 0.0000 | 0.0000 | 0.0000 | 0.0000 | 0.0000 | 0.0000 | 0.0000 | 0.2500 | 0.2500 |
| 广西 | 0.0000 | 0.0000 | 0.0000 | 0.0000 | 0.0000 | 0.0000 | 0.0000 | 0.0000 | 0.0000 | 0.0000 | 0.0000 | 0.0000 | 0.0000 | 0.0000 |
| 海南 | 0.0000 | 0.0000 | 0.0000 | 0.0000 | 0.0000 | 0.0000 | 0.0000 | 0.0000 | 0.0000 | 0.0000 | 0.0000 | 0.0000 | 0.2500 | 0.2500 |
| 四川 | 0.0000 | 0.0000 | 0.0000 | 0.1429 | 0.1429 | 0.0000 | 0.0000 | 0.0000 | 0.0000 | 0.0000 | 0.0000 | 0.0000 | 0.0000 | 0.0000 |
| 贵州 | 0.0000 | 0.0000 | 0.0000 | 0.1429 | 0.1429 | 0.0000 | 0.0000 | 0.0000 | 0.0000 | 0.0000 | 0.0000 | 0.0000 | 0.0000 | 0.0000 |
| 云南 | 0.0000 | 0.0000 | 0.0000 | 0.0000 | 0.0000 | 0.0000 | 0.0000 | 0.0000 | 0.0000 | 0.0000 | 0.0000 | 0.0000 | 0.0000 | 0.0000 |
| 陕西 | 0.0000 | 0.0000 | 0.0000 | 0.0000 | 0.3333 | 0.0000 | 0.0000 | 0.0000 | 0.0000 | 0.0000 | 0.0000 | 0.0000 | 0.0000 | 0.0000 |
| 甘肃 | 0.0000 | 0.0000 | 0.0000 | 0.0000 | 0.0000 | 0.0000 | 0.0000 | 0.0000 | 0.0000 | 0.0000 | 0.0000 | 0.0000 | 0.0000 | 0.0000 |
| 青海 | 0.0000 | 0.0000 | 0.0000 | 0.0000 | 0.0000 | 0.0000 | 0.0000 | 0.0000 | 0.0000 | 0.0000 | 0.0000 | 0.0000 | 0.0000 | 0.0000 |
| 宁夏 | 0.0000 | 0.0000 | 0.0000 | 0.0000 | 0.0000 | 0.0000 | 0.0000 | 0.0000 | 0.0000 | 0.0000 | 0.0000 | 0.0000 | 0.0000 | 0.0000 |
| 新疆 | 0.0000 | 0.0000 | 0.0000 | 0.0000 | 0.0000 | 0.0000 | 0.0000 | 0.0000 | 0.0000 | 0.0000 | 0.0000 | 0.0000 | 0.0000 | 0.0000 |

| 省份 | 山东 | 河南 | 湖北 | 湖南 | 广东 | 广西 | 海南 | 四川 | 贵州 | 云南 | 陕西 | 甘肃 | 青海 | 宁夏 | 新疆 |
|---|---|---|---|---|---|---|---|---|---|---|---|---|---|---|---|
| 北京 | 0.0000 | 0.0000 | 0.0000 | 0.0000 | 0.0000 | 0.0000 | 0.0000 | 0.0000 | 0.0000 | 0.0000 | 0.0000 | 0.0000 | 0.0000 | 0.0000 | 0.0000 |
| 天津 | 0.0000 | 0.0000 | 0.0000 | 0.0000 | 0.0000 | 0.0000 | 0.0000 | 0.0000 | 0.0000 | 0.0000 | 0.0000 | 0.0000 | 0.0000 | 0.0000 | 0.0000 |

表 7-15（续）

| 省份 | 山东 | 河南 | 湖北 | 湖南 | 广东 | 广西 | 海南 | 四川 | 贵州 | 云南 | 陕西 | 甘肃 | 青海 | 宁夏 | 新疆 |
| --- | --- | --- | --- | --- | --- | --- | --- | --- | --- | --- | --- | --- | --- | --- | --- |
| 河北 | 0.1667 | 0.1667 | 0.0000 | 0.0000 | 0.0000 | 0.0000 | 0.0000 | 0.0000 | 0.0000 | 0.0000 | 0.0000 | 0.0000 | 0.0000 | 0.0000 | 0.0000 |
| 山西 | 0.0000 | 0.2500 | 0.0000 | 0.0000 | 0.0000 | 0.0000 | 0.0000 | 0.0000 | 0.0000 | 0.0000 | 0.2500 | 0.0000 | 0.0000 | 0.0000 | 0.0000 |
| 内蒙古 | 0.0000 | 0.0000 | 0.0000 | 0.0000 | 0.0000 | 0.0000 | 0.0000 | 0.0000 | 0.0000 | 0.0000 | 0.1250 | 0.1250 | 0.0000 | 0.1250 | 0.0000 |
| 辽宁 | 0.0000 | 0.0000 | 0.0000 | 0.0000 | 0.0000 | 0.0000 | 0.0000 | 0.0000 | 0.0000 | 0.0000 | 0.0000 | 0.0000 | 0.0000 | 0.0000 | 0.0000 |
| 吉林 | 0.0000 | 0.0000 | 0.0000 | 0.0000 | 0.0000 | 0.0000 | 0.0000 | 0.0000 | 0.0000 | 0.0000 | 0.0000 | 0.0000 | 0.0000 | 0.0000 | 0.0000 |
| 黑龙江 | 0.0000 | 0.0000 | 0.0000 | 0.0000 | 0.0000 | 0.0000 | 0.0000 | 0.0000 | 0.0000 | 0.0000 | 0.0000 | 0.0000 | 0.0000 | 0.0000 | 0.0000 |
| 上海 | 0.2500 | 0.0000 | 0.0000 | 0.0000 | 0.0000 | 0.0000 | 0.0000 | 0.0000 | 0.0000 | 0.0000 | 0.0000 | 0.0000 | 0.0000 | 0.0000 | 0.0000 |
| 江苏 | 0.0000 | 0.0000 | 0.0000 | 0.0000 | 0.0000 | 0.0000 | 0.0000 | 0.0000 | 0.0000 | 0.0000 | 0.0000 | 0.0000 | 0.0000 | 0.0000 | 0.0000 |
| 浙江 | 0.1667 | 0.1667 | 0.1667 | 0.0000 | 0.0000 | 0.0000 | 0.0000 | 0.0000 | 0.0000 | 0.0000 | 0.0000 | 0.0000 | 0.0000 | 0.0000 | 0.0000 |
| 安徽 | 0.0000 | 0.0000 | 0.0000 | 0.0000 | 0.2500 | 0.2500 | 0.0000 | 0.0000 | 0.0000 | 0.0000 | 0.0000 | 0.0000 | 0.0000 | 0.0000 | 0.0000 |
| 福建 | 0.0000 | 0.0000 | 0.1429 | 0.1429 | 0.1429 | 0.1429 | 0.0000 | 0.0000 | 0.0000 | 0.0000 | 0.0000 | 0.0000 | 0.0000 | 0.0000 | 0.0000 |
| 江西 | 0.0000 | 0.0000 | 0.0000 | 0.0000 | 0.0000 | 0.0000 | 0.0000 | 0.0000 | 0.0000 | 0.0000 | 0.1667 | 0.0000 | 0.0000 | 0.0000 | 0.0000 |
| 山东 | 0.1667 | 0.2500 | 0.0000 | 0.0000 | 0.0000 | 0.0000 | 0.0000 | 0.0000 | 0.0000 | 0.0000 | 0.0000 | 0.0000 | 0.0000 | 0.0000 | 0.0000 |
| 河南 | 0.0000 | 0.0000 | 0.0000 | 0.2000 | 0.2000 | 0.2000 | 0.0000 | 0.0000 | 0.2000 | 0.0000 | 0.2000 | 0.0000 | 0.0000 | 0.0000 | 0.0000 |
| 湖北 | 0.0000 | 0.0000 | 0.2000 | 0.2000 | 0.0000 | 0.0000 | 0.0000 | 0.0000 | 0.0000 | 0.0000 | 0.0000 | 0.0000 | 0.0000 | 0.0000 | 0.0000 |
| 湖南 | 0.0000 | 0.0000 | 0.2000 | 0.0000 | 0.0000 | 0.0000 | 0.0000 | 0.0000 | 0.0000 | 0.0000 | 0.0000 | 0.0000 | 0.0000 | 0.0000 | 0.0000 |

# 第七章
## 制度外溢与全要素生产率空间差异

表 7 – 15（续）

| 省份 | 山东 | 河南 | 湖北 | 湖南 | 广东 | 广西 | 海南 | 四川 | 贵州 | 云南 | 陕西 | 甘肃 | 青海 | 宁夏 | 新疆 |
|---|---|---|---|---|---|---|---|---|---|---|---|---|---|---|---|
| 广东 | 0.0000 | 0.0000 | 0.0000 | 0.2500 | 0.0000 | 0.2500 | 0.0000 | 0.0000 | 0.0000 | 0.0000 | 0.0000 | 0.0000 | 0.0000 | 0.0000 | 0.0000 |
| 广西 | 0.0000 | 0.0000 | 0.0000 | 0.2500 | 0.2500 | 0.0000 | 0.0000 | 0.0000 | 0.2500 | 0.2500 | 0.0000 | 0.0000 | 0.0000 | 0.0000 | 0.0000 |
| 海南 | 0.0000 | 0.0000 | 0.0000 | 0.2500 | 0.0000 | 0.2500 | 0.0000 | 0.0000 | 0.0000 | 0.0000 | 0.0000 | 0.0000 | 0.0000 | 0.0000 | 0.0000 |
| 四川 | 0.0000 | 0.0000 | 0.0000 | 0.0000 | 0.0000 | 0.0000 | 0.0000 | 0.0000 | 0.2000 | 0.2000 | 0.2000 | 0.2000 | 0.2000 | 0.0000 | 0.0000 |
| 贵州 | 0.0000 | 0.0000 | 0.0000 | 0.3333 | 0.0000 | 0.0000 | 0.0000 | 0.3333 | 0.0000 | 0.3333 | 0.0000 | 0.0000 | 0.0000 | 0.0000 | 0.0000 |
| 云南 | 0.0000 | 0.0000 | 0.0000 | 0.0000 | 0.0000 | 0.5000 | 0.0000 | 0.0000 | 0.5000 | 0.0000 | 0.0000 | 0.0000 | 0.0000 | 0.0000 | 0.0000 |
| 陕西 | 0.0000 | 0.1429 | 0.1429 | 0.0000 | 0.0000 | 0.0000 | 0.0000 | 0.1429 | 0.0000 | 0.0000 | 0.0000 | 0.1429 | 0.1429 | 0.1429 | 0.1429 |
| 甘肃 | 0.0000 | 0.0000 | 0.0000 | 0.0000 | 0.0000 | 0.0000 | 0.0000 | 0.3333 | 0.0000 | 0.0000 | 0.3333 | 0.0000 | 0.3333 | 0.0000 | 0.0000 |
| 青海 | 0.0000 | 0.0000 | 0.0000 | 0.0000 | 0.0000 | 0.0000 | 0.0000 | 0.3333 | 0.0000 | 0.0000 | 0.3333 | 0.3333 | 0.0000 | 0.0000 | 0.0000 |
| 宁夏 | 0.0000 | 0.0000 | 0.0000 | 0.0000 | 0.0000 | 0.0000 | 0.0000 | 0.0000 | 0.0000 | 0.0000 | 0.5000 | 0.5000 | 0.0000 | 0.0000 | 0.0000 |
| 新疆 | 0.0000 | 0.0000 | 0.0000 | 0.0000 | 0.0000 | 0.0000 | 0.0000 | 0.0000 | 0.0000 | 0.0000 | 0.0000 | 0.0000 | 0.0000 | 0.0000 | 0.0000 |

表7-16 两种方法对1978—2015年中国省际全要素生产率变动的空间计量结果的比较

| 变量名称 | | 地理距离矩阵面板SLM模型 | | | 0-1空间权重矩阵面板SLM模型 | | |
|---|---|---|---|---|---|---|---|
| | | 地区固定 | 时点固定 | 双固定 | 地区固定 | 时点固定 | 双固定 |
| 资本增进型制度 | ln$Fin$ | -0.0422<br>(0.1258) | -0.0975<br>(0.0914) | -0.0332<br>(0.1086) | -0.0383<br>(0.1261) | -0.1661<br>(0.0861)* | -0.0387<br>(0.1155) |
| | ln$Open$ | 0.0171<br>(0.0229) | 0.0918<br>(0.0306)*** | 0.0285<br>(0.021) | 0.017<br>(0.0237) | 0.0402<br>(0.035) | 0.0249<br>(0.0249) |
| 劳动增进型制度 | ln$Pers$ | 0.2714<br>(0.157)* | 0.0878<br>(0.102) | 0.2646<br>(0.14)* | 0.2748<br>(0.1498)* | 0.0812<br>(0.1173) | 0.2658<br>(0.1329)* |
| | ln$Urban$ | 0.2178<br>(0.0905)** | 0.4129<br>(0.0744)*** | 0.2659<br>(0.0848)*** | 0.2221<br>(0.0818)*** | 0.4722<br>(0.0542)*** | 0.2281<br>(0.0894)** |
| 公共供给型制度 | ln$Infra$ | -0.1215<br>(0.0696)* | -0.141<br>(0.0914) | -0.13<br>(0.067)* | -0.0758<br>(0.0639) | -0.0875<br>(0.1197) | -0.1413<br>(0.0632) |
| | ln$Fiscal$ | -0.2944<br>(0.1584)* | -0.4282<br>(0.1115)*** | -0.2968<br>(0.1448)** | -0.2927<br>(0.148)** | -0.2902<br>(0.1003)*** | -0.2822<br>(0.1478)** |

表 7-16（续）

| 变量名称 | | 地理距离矩阵面板 SLM 模型 | | | 0-1 空间权重矩阵面板 SLM 模型 | | |
|---|---|---|---|---|---|---|---|
| | | 地区固定 | 时点固定 | 双固定 | 地区固定 | 时点固定 | 双固定 |
| 控制变量 | ln*Huma* | 0.2556<br>(0.1263)** | 0.0283<br>(0.0627) | 0.2678<br>(0.1202)** | 0.2328<br>(0.1187)** | -0.0286<br>(0.0566) | 0.2734<br>(0.1195)** |
| | ln*Popul* | -0.3696<br>(0.3372) | 0.0666<br>(0.0803) | -0.387<br>(0.3134) | -0.2999<br>(0.2917) | 0.1149<br>(0.0943) | -0.3448<br>(0.3153) |
| | ln*Indus* | -0.2241<br>(0.1403) | -0.0157<br>(0.1869) | -0.3144<br>(0.1313)** | -0.1641<br>(0.1442) | -0.1015<br>(0.2049) | -0.2407<br>(0.1392)* |
| 空间滞后因子 | | 0.2869<br>(0.1697)* | -0.9653<br>(0.2759)*** | -0.6177<br>(0.2318)*** | 0.3223<br>(0.1288)** | -0.11<br>(0.1008) | -0.0105<br>(0.1365) |
| sigma2_e | | 0.025<br>(0.0055)*** | 0.0501<br>(0.0085)*** | -0.6177<br>(0.2318)*** | 0.0261<br>(0.0059)*** | 0.0555<br>(0.0095)*** | 0.0226<br>(0.0046)*** |
| $R^2$ | | 0.8437 | 0.4212 | 0.6330 | 0.8284 | 0.1454 | 0.4035 |
| Log-pseudolikelihood | | 465.0314 | 66.7493 | 551.2446 | 432.3784 | 27.6255 | 525.6999 |
| 观测值 | | 1102 | 1102 | 1102 | 1102 | 1102 | 1102 |

注：系统下方括号内的值是标准差，***、**、*分别表示回归系数在1%、5%和10%的显著水平下统计显著。本表中的空间面板 SLM 模型是基于地区固定得到的。

于地理距离倒数设定的空间权重矩阵在计量结果上存在两点差异。

第一，从回归结果较为显著的地区固定和双固定 SLM 回归结果看，基于两种不同权重得到的回归系数显著性较为一致。以地区固定的 SLM 模型回归结果为例，两种不同权重得到的回归系数中，ln$Pers$、ln$Urban$、ln$Infra$、ln$Fiscal$、ln$Huma$ 五个变量的回归系数总体较为显著，但基于 0-1 空间权重矩阵回归得到的系数值略小于基于地理距离倒数设定的空间权重矩阵回归系数值。不同权重设定得到的最终回归结果具有较高的一致性，这在魏下海和王岳龙的研究中也可以找到佐证。系数的大小及显著程度也能在一定程度上说明，基于地理距离倒数设定的空间权重矩阵得到的计量结果具有较高的稳健性。

第二，从拟合优度和对数伪似然检验值看，基于地理距离倒数设定的空间权重矩阵得到的计量分析效果显然好于基于 0-1 空间权重矩阵得到的结果，这在某种程度上也说明前一节对空间权重矩阵的设计具有更高的合理性。

总之，从两种权重方法设定的回归结果对比中可以看出，前一节得到的回归结果具有较高的稳健性。

## 小　　结

本章是在第六章实证检验基础上的进一步拓展和深化。基本思路是在空间经济学的理论指引下，充分考虑空间外溢对全要素生产率空间差异的影响机制，通过设定 SLM 和 SEM 两种模型，最后检验出在考虑空间因素情形下全要素生产率的影响因素，并对不同时期制度外溢的主要变量及其空间外溢效果进行了简要分析。

通过本章的分析，可以大体得到三点结论。

第一，在影响全要素生产率的因素中，制度空间外溢的影响效果不仅存在，而且不可忽视。从 1978—2015 年的实证检验结果来看，开放度对全要素生产率的影响贡献中，其空间外溢贡献占了 46.35%，户籍制度变革对全要素生产率的影响贡献中，其空间外溢贡献占了 28.48%。

第二，考虑空间外溢的面板计量模型较第六章一般面板计量分析得到

# 第七章

## 制度外溢与全要素生产率空间差异

的结论更为精细,且回归结论中各制度变迁的代理变量回归系数总体表现仍较为稳健,部分控制变量的回归结果是对一般面板回归结果的进一步修正。

第三,以 0-1 空间权重矩阵为例,本章比较了两种不同权重设置模式对模型最终计量结果的影响。两种不同权重设置得到的最终计量结果具有较高的一致性。结合相关检验统计量来看,基于地理距离倒数设定的空间权重矩阵更为合理精细。

本章通过实证检验发现,除了存在具有显著空间外溢效果的开放度、城市化(户籍制度)等制度变量,还有很多制度变量不存在空间联动或空间集聚效应。之所以会出现这种现象,既有经济发展阶段的客观成因,也有影响要素自由流动、地方政府本地市场保护或其他制度瓶颈的原因。本章的实证结果可以得到一些启发性的建议,如应该进一步破除制约要素自由流动的政策瓶颈,加快区域一体化发展等。

# 第八章　制度因素与全要素生产率空间收敛性分析

　　第六、七章从两个角度重点考察了制度异质性与全要素生产率之间的关系以及这种关系在中国省域实证中的基本表现。在确定制度因素是造成全要素生产率空间差异的重要成因的同时，还须从长远来看，制度在空间的异质性分布是否有利于全要素生产率的空间收敛，即中国省域全要素生产率的差异是否会缩小或逐步趋向稳态。收敛性的考察一直是经济增长理论中的重要内容。自二十世纪五六十年代新古典经济增长理论提出"经济增长收敛假说"以来，在索洛、斯旺以及内生经济增长理论大师的不断完善下，收敛性的理论体系和模型框架已经较为成熟。

　　从收敛本身来看，经济收敛可以细化为绝对$\beta$收敛、条件$\beta$收敛、俱乐部收敛、$\sigma$收敛等多种类型（林光平、龙志和，2014：3-5，53-55）。绝对$\beta$收敛是指初始水平不同的经济体长期以来某一经济指标会收敛于同一稳定状态。条件$\beta$收敛是指初始水平不同的经济体长期以来某一经济指标不会收敛于同一稳定状态，而是有各自的稳定状态，这种稳定状态由初始水平以外的其他因素决定。俱乐部收敛是指经济结构特征与初始水平类似的经济体长期以来会趋于收敛。$\sigma$收敛是指不同经济体的经济指标差异随着时间的推移逐步减少，一般用泰勒指数、变异系数等来衡量。

　　本章考察全要素生产率的绝对$\beta$收敛和条件$\beta$收敛状况，对制度因素影响下全要素生产率的条件$\beta$收敛状况将给予重点考察。

# 第八章

## 制度因素与全要素生产率空间收敛性分析

## 第一节 全要素生产率的 $\beta$ 收敛实证分析

$\beta$ 收敛分为绝对 $\beta$ 收敛和条件 $\beta$ 收敛，下面将介绍 $\beta$ 收敛实证检验的基础模型，然后对中国全要素生产率的绝对 $\beta$ 收敛和条件 $\beta$ 收敛状况按照总体、时间段、片区三个层次分别予以考察。

### 一、计量检验模型和数据来源

根据先验理论研究，全要素生产率的绝对 $\beta$ 收敛基础计量检验方程可以设定为

$$\frac{(\ln TFP_{iT} - \ln TFP_{it_0})}{T} = \alpha + \beta \ln TFP_{it_0} + \varepsilon_{it} \quad (8.1)$$

上式也可以变换为

$$\frac{1}{T}\ln(\frac{TFP_{iT}}{TFP_{it_0}}) = \alpha + \beta \ln TFP_{it_0} + \varepsilon_{it} \quad (8.2)$$

绝对 $\beta$ 收敛的基础计量检验方程假定的前提是所有区域之间的经济不相关，但这容易形成诟病。基于此，在式（8.1）的基础上，通过增加空间权重矩阵将地区间的相关性引入模型，可以形成检验绝对 $\beta$ 收敛的空间经济学方程，具体表示为

$$\frac{1}{T}\ln(\frac{TFP_{iT}}{TFP_{it_0}}) = \alpha + \beta \ln TFP_{it_0} + \lambda W \frac{1}{T}\ln(\frac{TFP_{iT}}{TFP_{it_0}}) + \varepsilon_{it} \quad (8.3)$$

绝对 $\beta$ 收敛考察的是与初始值之间的关系。如果 $\beta < 0$，说明存在绝对 $\beta$ 收敛，同时也说明全要素生产率较为落后的区域增长较快，落后地区"赶超效应"明显，最终所有区域实现同一稳态均衡水平。如果 $\beta > 0$，就说明不存在绝对 $\beta$ 收敛，区域之间的差异呈现发散或者不断扩大的状态（赵磊，2013：12-23）。

条件 $\beta$ 收敛考察的是基于上一期的动态方程。根据先验理论研究，全

要素生产率的条件 $\beta$ 收敛①的基础计量检验方程可以设定为

$$\ln(\frac{TFP_{i,t}}{TFP_{it-1}}) = \alpha + \beta \ln TFP_{i,t-1} + \varepsilon_{it} \qquad (8.4)$$

在式（8.4）的基础上，通过增加空间权重矩阵将地区间的相关性引入模型，可以形成检验条件 $\beta$ 收敛的空间经济学方程，具体表示为

$$\ln(\frac{TFP_{i,t}}{TFP_{it-1}}) = \alpha + \beta \ln TFP_{i,t-1} + \lambda W \ln(\frac{TFP_{i,t}}{TFP_{it-1}}) + \varepsilon_{it} \qquad (8.5)$$

本节使用的数据与前两章的数据来源一致，不同的是在检验东部、中部和西部的绝对 $\beta$ 收敛和条件 $\beta$ 收敛时需要分别用到东、中、西部的空间权重矩阵。结合上一章的空间权重矩阵计算方法，此处仍使用不同省域质点的球面距离倒数作为矩阵基础数据，具体方法是：首先测算该省份与其他省份省会城市的球面距离，然后对距离取倒数并进行标准化处理。东部、中部和西部的空间权重矩阵见表 8-1 至表 8-3。由于被解释变量 $\frac{TFP_{i,t}}{TFP_{it-1}}$ 需要用到上一年的全要素生产率数据，故用于实证的数据仅包括 1979—2015 年的数据。

## 二、总体实证检验分析

根据式（8.2～8.5），利用 stata 12.0 软件，可以测算出 1979—2015 年中国全要素生产率的绝对收敛和条件收敛结果，见表 8-4。

从表 8-4 可以看出，1979—2015 年间，中国省际全要素生产率的绝对收敛态势表现非常明显。如果不考虑空间因素，$\beta_1$ 的回归系数达到 -0.0129；如果考虑空间因素，空间滞后模型中 $\beta_1$ 的回归系数为 -0.0137，空间误差模型中 $\beta_1$ 的回归系数大致与不考虑空间因素的回归系数一致。两

---

① 不同学者对条件收敛的定义理解有较大区别。林光平、龙志和认为，条件收敛的检验方程是将绝对收敛加上一定的控制变量或者相关解释变量，因此，增加空间自相关的空间控制本质上也算是一种条件收敛检验方程。然而，这以赵磊为代表的学者对条件收敛的定义与林光平、龙志和有很大不同，他认为条件收敛就是本期相对上一期的动态方程，是以自身为参照系衡量本区域趋向自身稳态特征的收敛特征分析。在实际计量检验中，赵磊这种理解占据主流地位，本节使用赵磊的条件收敛计量检验模型。

# 第八章
## 制度因素与全要素生产率空间收敛性分析

表 8-1 东部地区基于省份质心距离倒数的空间权重标准化矩阵

| 省份 | 北京 | 天津 | 河北 | 辽宁 | 上海 | 江苏 | 浙江 | 福建 | 山东 | 广东 | 海南 |
|---|---|---|---|---|---|---|---|---|---|---|---|
| 北京 | 0 | 0.433753 | 0.166363 | 0.07235 | 0.042211 | 0.049924 | 0.039925 | 0.028833 | 0.122723 | 0.023794 | 0.020123 |
| 天津 | 0.409514 | 0 | 0.159058 | 0.07022 | 0.04407 | 0.052693 | 0.041285 | 0.028937 | 0.151378 | 0.023322 | 0.019523 |
| 河北 | 0.213139 | 0.215841 | 0 | 0.066152 | 0.058089 | 0.07416 | 0.056877 | 0.041007 | 0.211109 | 0.034668 | 0.028957 |
| 辽宁 | 0.169576 | 0.174325 | 0.121021 | 0 | 0.088447 | 0.090621 | 0.079663 | 0.058811 | 0.131935 | 0.046142 | 0.039459 |
| 上海 | 0.052348 | 0.057889 | 0.056229 | 0.046799 | 0 | 0.209391 | 0.329541 | 0.091224 | 0.076463 | 0.045934 | 0.034182 |
| 江苏 | 0.063869 | 0.071401 | 0.074053 | 0.049463 | 0.216004 | 0 | 0.243473 | 0.086696 | 0.106776 | 0.050799 | 0.037467 |
| 浙江 | 0.047187 | 0.051683 | 0.05247 | 0.040171 | 0.314063 | 0.224934 | 0 | 0.113273 | 0.069053 | 0.050829 | 0.036338 |
| 福建 | 0.058032 | 0.061688 | 0.064421 | 0.050501 | 0.148049 | 0.136394 | 0.192893 | 0 | 0.075809 | 0.130355 | 0.081859 |
| 山东 | 0.153781 | 0.200915 | 0.20648 | 0.070536 | 0.07726 | 0.104586 | 0.073211 | 0.047198 | 0 | 0.036481 | 0.029551 |
| 广东 | 0.057178 | 0.059359 | 0.065025 | 0.047307 | 0.089006 | 0.095419 | 0.103344 | 0.155638 | 0.069961 | 0 | 0.257763 |
| 海南 | 0.059297 | 0.060935 | 0.066603 | 0.049609 | 0.081222 | 0.0863 | 0.0906 | 0.119851 | 0.069494 | 0.316089 | 0 |

表 8-2 中部地区基于省份质心距离倒数的空间权重标准化矩阵

| 省份 | 山西 | 吉林 | 黑龙江 | 安徽 | 江西 | 河南 | 湖北 | 湖南 |
| --- | --- | --- | --- | --- | --- | --- | --- | --- |
| 山西 | 0 | 0.091942 | 0.079485 | 0.145602 | 0.108728 | 0.325773 | 0.140901 | 0.107569 |
| 吉林 | 0.099185 | 0 | 0.531675 | 0.082892 | 0.066302 | 0.08826 | 0.07101 | 0.060676 |
| 黑龙江 | 0.091052 | 0.564564 | 0 | 0.076164 | 0.062605 | 0.081088 | 0.066625 | 0.057903 |
| 安徽 | 0.102991 | 0.054351 | 0.047031 | 0 | 0.216866 | 0.175027 | 0.262611 | 0.141124 |
| 江西 | 0.070343 | 0.039762 | 0.035358 | 0.198352 | 0 | 0.105575 | 0.288205 | 0.262406 |
| 河南 | 0.251956 | 0.063276 | 0.054747 | 0.191373 | 0.126209 | 0 | 0.19109 | 0.121348 |
| 湖北 | 0.082188 | 0.038395 | 0.033926 | 0.216558 | 0.259847 | 0.14412 | 0 | 0.224966 |
| 湖南 | 0.078976 | 0.041294 | 0.037111 | 0.146479 | 0.297786 | 0.115194 | 0.283159 | 0 |

# 第八章
## 制度因素与全要素生产率空间收敛性分析

表8-3 西部地区基于省份质心距离倒数的空间权重标准化矩阵

| 省份 | 内蒙古 | 广西 | 四川 | 贵州 | 云南 | 陕西 | 甘肃 | 青海 | 宁夏 | 新疆 |
|---|---|---|---|---|---|---|---|---|---|---|
| 内蒙古 | 0 | 0.060531 | 0.092609 | 0.074422 | 0.063196 | 0.159174 | 0.140604 | 0.12443 | 0.223917 | 0.061116 |
| 广西 | 0.059174 | 0 | 0.123893 | 0.265769 | 0.197705 | 0.0941 | 0.078167 | 0.072205 | 0.069083 | 0.039904 |
| 四川 | 0.064723 | 0.088573 | 0 | 0.16533 | 0.134235 | 0.141961 | 0.142863 | 0.12275 | 0.097855 | 0.04171 |
| 贵州 | 0.054349 | 0.198538 | 0.172757 | 0 | 0.212329 | 0.101955 | 0.082491 | 0.07406 | 0.068631 | 0.034891 |
| 云南 | 0.05372 | 0.171913 | 0.163269 | 0.247152 | 0 | 0.088237 | 0.084756 | 0.080457 | 0.068844 | 0.041654 |
| 陕西 | 0.112011 | 0.067737 | 0.142939 | 0.098244 | 0.073046 | 0 | 0.171935 | 0.123699 | 0.1695 | 0.04089 |
| 甘肃 | 0.07204 | 0.040968 | 0.104734 | 0.057875 | 0.051086 | 0.125185 | 0 | 0.320916 | 0.188462 | 0.038734 |
| 青海 | 0.071674 | 0.042545 | 0.101169 | 0.058415 | 0.054519 | 0.101254 | 0.360785 | 0 | 0.160452 | 0.049188 |
| 宁夏 | 0.142604 | 0.045005 | 0.08917 | 0.059851 | 0.051578 | 0.1534 | 0.234258 | 0.177402 | 0 | 0.04673 |
| 新疆 | 0.110945 | 0.0741 | 0.108339 | 0.08673 | 0.088955 | 0.105481 | 0.137235 | 0.155015 | 0.1332 | 0 |

表8-4 1979—2015年中国省际全要素生产率的收敛性检验

| 变量名称 | 绝对 $\beta$ 收敛 | | | 条件 $\beta$ 收敛 | | |
|---|---|---|---|---|---|---|
| | 基础模型 | SLM | SEM | 基础模型 | SLM | SEM |
| $\beta_1$ | -0.0129 (0.0004)*** | -0.0137 (0.0016)*** | -0.0129 (0.0014)*** | | | |
| $\beta_2$ | | | | -0.0053 (0.001)*** | -0.0022 (0.0042) | -0.0021 (0.0028) |
| $\alpha$ | -0.0062 (0.0005)*** | 0.0121 (0.0122) | -0.0062 (0.002)*** | 0.0083 (0.001)*** | 0.0037 (0.0018)*** | 0.0111 (0.0032)*** |
| $\lambda$ | | 0.6441 (0.0925)*** | 0.6463 (0.0933)*** | | 0.6941 (0.0262)*** | 0.6966 (0.0285)*** |
| 空间滞后因子 | | | | | | |
| $R^2$ | 0.5481 | 0.7671 | 0.7501 | 0.0251 | 0.3525 | 0.3491 |
| Log-pseudolikelihood | | 4098.0960 | 4096.8572 | | 3091.7924 | 3092.1382 |
| 收敛率/% | 0.758 | 0.831 | 0.760 | 0.006 | 0.003 | 0.002 |
| 观测值 | 1073 | 1073 | 1073 | 1073 | 1073 | 1073 |

注：系统下方括号内的值是标准差，***、**、*分别表示回归系数在1%、5%和10%的显著水平下统计显著。

# 第八章

## 制度因素与全要素生产率空间收敛性分析

个模型中的误差自相关系数和空间滞后因子均较为显著，说明我国省际存在显著的空间相关性。空间因素的引入也进一步增强了基础模型的绝对收敛检验效果，三个方程中 $\beta_1 < 0$，说明存在显著的绝对收敛态势。

在式（8.2）和式（8.3）中，绝对收敛的收敛速度 $\nu$ 计算公式可以表述为

$$\beta = -\frac{(1 - e^{-\nu T})}{T} \tag{8.6}$$

由此得到

$$\nu = -\frac{\ln(1 + \beta T)}{T} \tag{8.7}$$

根据式（8.7），可以得到 1979—2015 年中国全要素生产率的绝对收敛速度为 0.76%～0.83%。全要素生产率的绝对收敛说明从总体区域来看，落后地区全要素生产率提升较快，对先进地区的"追赶效应"较为明显，这在第三章第三节全要素生产率的分地区测算中得以印证。改革开放以来，中部、西部地区的全要素生产率增速显著快于东部地区，也证明全要素生产率存在绝对收敛态势。

在式（8.4）和式（8.5）中，条件收敛的收敛速度 $\tau$ 的计算公式可以表述为

$$\beta = -(1 - e^{-\tau T}) \tag{8.8}$$

整理可得

$$\tau = -\frac{\ln(1 + \beta)}{T} \tag{8.9}$$

从式（8.7）和式（8.9）也可以看出，若 $\beta < 0$，必然存在 $\nu > \tau$。

条件收敛是不同区域全要素生产率趋于自身稳态条件的趋势性展示。从表 8-4 可以看出，1979—2015 年中国省际全要素生产率条件收敛的基础检验模型回归拟合优度较低，空间滞后和空间误差模型收敛系数 $\beta_2$ 并不显著，因此，中国省际全要素生产率条件收敛趋于自身稳态条件的趋势并不显著。

本节得到的结论与楚尔鸣、马永军（2013：59-66）得到的结论有较大差异，他们以 2000—2011 年的数据为基础，检验了中国省际全要素生产率的绝对 $\beta$ 收敛、条件 $\beta$ 收敛、$\sigma$ 收敛状况。结果发现，中国 2000—2011 年的数据进行全要素生产率仅具有条件收敛态势，不具有绝对收敛

态势。本书根据 1978—2015 年的全要素生产率收敛性检验,发现中国省际全要素生产率的绝对 $\beta$ 收敛较为显著,条件 $\beta$ 收敛显著度不高。之所以会形成上述差异,可能有三方面的因素。

第一,楚尔鸣、马永军在检验中国全要素生产率的收敛性时,并未考虑全要素生产率空间关联度的影响。实际上,如果仅以普通的面板回归模型为基准,本节得到的全要素生产率条件收敛特征也较为明显;但如果考虑空间因素,全要素生产率的条件收敛特征显著下降,说明不考虑空间自相关会对结果产生较大的影响。

第二,本节用于实证检验的数据周期较长,相较 1978—2015 年而言,2000—2011 年仅仅是长周期下的一段时期分支。实际上,检验绝对 $\beta$ 收敛和条件 $\beta$ 收敛的目的,主要是考察全要素生产率的长期收敛态势。因此,使用长周期的基础数据显然更有效果。在考察中国省域经济增长的收敛性特征时,林光平、龙志和(2014:52-54)也发现,用长周期数据检验得到的收敛性特征与短周期数据检验得到的收敛性特征有显著差异,这也是支持本节检验结论的一个例证。

第三,楚尔鸣、马永军用于检验绝对 $\beta$ 收敛、条件 $\beta$ 收敛的全要素生产率原始数据是基于随机前沿方法(stochastic frontier approach,简称 SFA)模型与库姆巴卡(Kumbhakar)全要素生产率增长率分解公式测算出来的,可能与本节使用的全要素生产率原始数据有一定差异,这也是造成其与本节得到的结论有所差异的重要原因。

### 三、分时间阶段实证检验分析

本节将全要素生产率的绝对收敛和条件收敛态势分时间阶段进行检验,最终检验结果见表 8-5 和表 8-6。

分时期来看,中国省际全要素生产率的绝对 $\beta$ 收敛表现出三方面特征。

第一,1979—1991 年与 1992—2000 年两个阶段,中国省际全要素生产率的绝对 $\beta$ 收敛特征较为显著;2001—2008 年和 2009—2015 年,中国省际全要素生产率的绝对 $\beta$ 收敛减弱,三个模型中仅基础 OLS 模型的收敛系数表现显著。这与 1978—2015 年中国省际全要素生产率 $\sigma$ 收敛的变

## 第八章 制度因素与全要素生产率空间收敛性分析

表8-5 1979—1991年与1992—2000年两个阶段中国省际全要素生产率的收敛性检验

| 变量名称 | 1979—1991年 绝对β收敛 | | | 1979—1991年 条件β收敛 | | | 1992—2000年 绝对β收敛 | | | 1992—2000年 条件β收敛 | | |
|---|---|---|---|---|---|---|---|---|---|---|---|---|
| | OLS | SLM | SEM | OLS | SLM | SEM | OLS | SLM | SEM | OLS | SLM | SEM |
| $\beta_1$ | -0.0137<br>(0.0009)<br>*** | -0.0149<br>(0.0023)<br>*** | -0.0138<br>(0.002)<br>*** | | | | -0.0156<br>(0.0021)<br>*** | -0.0191<br>(0.0038)<br>*** | -0.0157<br>(0.0031)<br>*** | | | |
| $\beta_2$ | | | | -0.0148<br>(0.0021)<br>*** | -0.0137<br>(0.0031)<br>*** | -0.0136<br>(0.0031)<br>*** | | | | -0.0133<br>(0.0026)<br>*** | -0.0088<br>(0.0051)<br>* | -0.0104<br>(0.0041)<br>** |
| $\alpha$ | -0.0095<br>(0.0013)<br>*** | 0.0161<br>(0.0211) | -0.0096<br>(0.0033)<br>*** | -0.0089<br>(0.0027)<br>*** | 0.0033<br>(0.0114) | -0.0071<br>(0.0051) | 0.0055<br>(0.0025)<br>** | 0.0605<br>(0.0329)<br>* | 0.0053<br>(0.0036) | 0.0061<br>(0.0025)<br>** | -0.0134<br>(0.0071)<br>** | 0.0086<br>(0.0041)<br>** |
| $\lambda$ | | 0.6343<br>(0.0581)<br>*** | 0.639<br>(0.0613)<br>*** | | 0.6918<br>(0.04)<br>*** | 0.6945<br>(0.042)<br>*** | | 0.808<br>(0.0606)<br>*** | 0.8129<br>(0.0568)<br>*** | | 0.5338<br>(0.0804)<br>*** | 0.6932<br>(0.0746)<br>*** |
| 空间滞后因子 | | 0.5816 | 0.5625 | | 0.6248 | 0.6321 | | 0.3646 | 0.2533 | | 0.2587 | 0.1999 |
| $R^2$ | 0.3951 | | | 0.1190 | | | 0.1742 | | | 0.0875 | | |
| Log-pseudolikelihood | 1302.2683 | 1301.2915 | | 999.8365 | 999.8649 | | 923.9225 | 922.1156 | | 797.1422 | 795.5583 | |

表8-5（续）

| 变量名称 | 1979—1991年 绝对β收敛 | | | 条件β收敛 | | | 1992—2000年 绝对β收敛 | | | 条件β收敛 | | |
|---|---|---|---|---|---|---|---|---|---|---|---|---|
| | OLS | SLM | SEM | OLS | SLM | SEM | OLS | SLM | SEM | OLS | SLM | SEM |
| 收敛率/% | 0.651 | 0.712 | 0.653 | 0.054 | 0.050 | 0.050 | 0.723 | 0.899 | 0.730 | 0.073 | 0.048 | 0.057 |
| 观测值 | 377 | 377 | 377 | 377 | 377 | 377 | 261 | 261 | 261 | 261 | 261 | 261 |

注：系统下方括号内的值是标准差，***、**、*分别表示回归系数在1%、5%和10%的显著水平下统计显著。

表8-6 2001—2008年与2009—2015年两个阶段中国省际全要素生产率的收敛性检验

| 变量名称 | 2001—2008年 绝对β收敛 | | | 条件β收敛 | | | 2009—2015年 绝对β收敛 | | | 条件β收敛 | | |
|---|---|---|---|---|---|---|---|---|---|---|---|---|
| | OLS | SLM | SEM | OLS | SLM | SEM | OLS | SLM | SEM | OLS | SLM | SEM |
| $\beta_1$ | -0.0043 (0.0017) ** | -0.004 (0.0053) | -0.0043 (0.005) | | | | -0.0116 (0.0026) *** | -0.0108 (0.0082) | -0.0116 (0.0082) | | | |
| $\beta_2$ | | | | -0.0006 (0.0021) | 0.0038 (0.0052) | 0.0037 (0.0047) | | | | 0.0014 (0.0037) | 0.0117 (0.0068) * | 0.008 (0.0066) |
| $\alpha$ | 0.0118 (0.0014) *** | 0.0038 (0.0167) *** | 0.0118 (0.0037) *** | 0.0155 (0.0014) *** | 0.0122 (0.0058) ** | 0.0181 (0.0032) *** | 0.0051 (0.0014) *** | -0.0046 (0.0111) | 0.0051 (0.0041) | 0.0092 (0.0017) *** | -0.0095 (0.0079) | 0.0116 (0.0027) *** |

表 8-6（续）

| 变量名称 | 2001—2008 年 ||||||  2009—2015 年 ||||||
| --- | --- | --- | --- | --- | --- | --- | --- | --- | --- | --- | --- | --- |
|  | 绝对 β 收敛 ||| 条件 β 收敛 ||| 绝对 β 收敛 ||| 条件 β 收敛 |||
|  | OLS | SLM | SEM | OLS | SLM | SEM | OLS | SLM | SEM | OLS | SLM | SEM |
| λ |  | 0.5313<br>(0.1225)<br>*** | 0.5718<br>(0.1235)<br>*** |  |  | 0.4225<br>(0.1138)<br>*** |  |  | 0.2683<br>(0.1642) |  |  | 0.4591<br>(0.1408)<br>*** |
| 空间滞后因子 |  |  |  |  | 0.3964<br>(0.1087)<br>*** |  |  | 0.2742<br>(0.1468)<br>* |  |  | 0.2826<br>(0.1241)<br>** |  |
| $R^2$ | 0.0216 | 0.0288 | 0.0293 | 0.0004 | 0.0238 | 0.0312 | 0.0844 | 0.1112 | 0.1035 | 0.0007 | 0.1009 | 0.0012 |
| Log-pseudolikelihood |  | 983.4887 | 984.7593 |  | 801.0115 | 801.2512 |  | 765.7746 | 765.4801 |  | 604.8170 | 601.0730 |
| 收敛率/% | 0.188 | 0.174 | 0.188 | 0.004 | -0.024 | -0.023 | 0.522 | 0.483 | 0.521 | -0.010 | -0.084 | -0.058 |
| 观测值 | 232 | 232 | 232 | 232 | 232 | 232 | 203 | 203 | 203 | 203 | 203 | 203 |

注：系数下方括号内的值是标准差，\*\*\*、\*\*、\* 分别表示回归系数在 1%、5% 和 10% 的显著水平下统计显著。

化趋势较为一致。进入 2000 年以后，中国省际全要素生产率的变异系数逐步趋于稳定，$\sigma$ 收敛和绝对 $\beta$ 收敛之间存在紧密的联系，如图 8-1 所示。

第二，从收敛速度来看，1979—1991 年，中国省际全要素生产率的绝对 $\beta$ 收敛速度仅为 0.65%～0.71%；1992—2000 年，绝对 $\beta$ 收敛速度明显加快；2001 年起，中国省际全要素生产率的绝对 $\beta$ 收敛速度逐步趋缓，这也与 1978—2015 年中国省际全要素生产率的 $\sigma$ 收敛变化趋势较为一致。

第三，四个阶段中，1979—1991 年与 1992—2000 年中国省际全要素生产率的空间自相关效应表现显著，添加空间效应的回归方程效果明显比未添加空间效应方程的回归结果好。但在 2001—2008 年和 2009—2015 年，添加空间效应的回归方程表现并不显著，省际全要素生产率的空间关联整体弱于上两个时期，这也与本书第七章对全要素生产率的空间自相关效应检验结果基本相符。

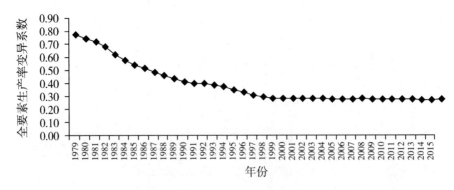

图 8-1　1978—2015 年中国 29 个省份全要素生产率的 $\sigma$ 收敛变动情况

分时期来看，中国省际全要素生产率的条件 $\beta$ 收敛也表现出两方面特征。

第一，1979—2015 年的四个时间阶段中，中国省际全要素生产率的条件 $\beta$ 收敛呈现出先收敛后发散的总体态势。其中，1979—1991 年与 1992—2000 年的条件 $\beta$ 收敛特征最为显著；2001—2008 年和 2009—2015 年中国省际全要素生产率的条件 $\beta$ 收敛系数表现呈正值，收敛特征趋弱甚至转为发散态势。

# 第八章
制度因素与全要素生产率空间收敛性分析

第二,与全要素生产率的绝对 $\beta$ 收敛特征类似,1979—1991 年与 1992—2000 年中国省际全要素生产率的空间滞后因子也较为显著,添加空间自相关的模型回归效果明显比未添加空间效应的计量模型好。

上述关于分时期条件 $\beta$ 收敛的检验与余泳泽的结论较为一致。余泳泽将改革开放以来的中国经济发展历程分为三个阶段,经过检验发现,1979—1993 年中国省际全要素生产率的条件收敛速度最高,1994—2003 年收敛速度有所降低,2004 年以后中国省际全要素生产率呈发散状态。本节考察的总体时段周期虽然与余泳泽有所差异,但经过检验发现,1979—2000 年是中国省际全要素生产率条件收敛特征较为明显的时期。与余泳泽的研究有所不同的是,本书通过检验发现,1979—1991 年与 1992—2000 年中国省际全要素生产率的条件 $\beta$ 收敛速度大致相同(以空间滞后方程和空间误差方程检验的结论为基准)。

之所以在 2000 年以后中国全要素生产率空间差异的收敛性出现较大的变化,本书认为主要受两方面因素的影响。

第一,受 2000 年加入世贸组织的影响。2000 年以后,随着中国正式加入世贸组织,中国与国际市场接轨的速度空前加快,随之而来的是沿海地区外向型经济的跨越式发展,尤其是以 FDI 为代表的"高生产率"企业大量加入,进一步加大了全要素生产率的空间差异程度。

第二,自 1994 年国家实行分税制改革以后,地方竞争加剧。尤其在 2000 年中国加入世贸组织以后,各地在吸引外资、发展经济方面呈现出白热化的竞争态势。激烈竞争的结果是,产业发展的集聚中心与外围地区呈现出强烈的"极化效应",地区之间的差距被迅速拉大。

关于制度变迁影响中国全要素生产率空间差异收敛性的成因,本章还会有进一步阐述,此处仅对 2000 年前后形成的截然不同的两种全要素生产率收敛模型做粗略分析。

## 四、分地区实证检验分析

根据式(8.2~8.5),利用 stata 12.0 软件,可以测算出东部、中部和西部地区 1979—2015 年全要素生产率的绝对收敛和条件收敛结果,汇总见表 8-7 至表 8-9。

表 8-7 东部地区 1979—2015 年省际全要素生产率的收敛性检验

| 变量名称 | 绝对 β 收敛 | | | 条件 β 收敛 | | |
|---|---|---|---|---|---|---|
| | 基础模型 | SLM | SEM | 基础模型 | SLM | SEM |
| $β_1$ | -0.0165***<br>(0.0005) | -0.0171***<br>(0.0022) | -0.0165***<br>(0.0016) | -0.0084***<br>(0.0019) | | |
| $β_2$ | | | | | -0.008**<br>(0.0042) | -0.0065**<br>(0.0026) |
| $α$ | -0.0086***<br>(0.0006) | 0.0114<br>(0.0158) | -0.0086***<br>(0.0023) | 0.005***<br>(0.0015) | 0.0053<br>(0.0036) | 0.0062*<br>(0.0037) |
| $λ$ | | 0.2805<br>(0.2037) | 0.2815<br>(0.2083) | | | 0.5579***<br>(0.0451) |
| 空间滞后因子 | | | | | 0.5417***<br>(0.0375) | |
| $R^2$ | 0.7611 | 0.8905 | 0.8879 | 0.0416 | 0.4549 | 0.4075 |
| Log-pseudolikelihood | | 1589.4060 | 1589.2092 | | 1144.0835 | 1143.6728 |
| 收敛率/% | 1.110 | 1.176 | 1.110 | 0.010 | 0.009 | 0.008 |
| 观测值 | 407 | 407 | 407 | 407 | 407 | 407 |

注：系统下方括号内的值是标准差，***、**、* 分别表示回归系数在 1%、5% 和 10% 的显著水平下统计显著。

# 第八章
## 制度因素与全要素生产率空间收敛性分析

表8-8 中部地区1979—2015年省际全要素生产率的收敛性检验

| 变量名称 | 绝对β收敛 | | | 条件β收敛 | | |
|---|---|---|---|---|---|---|
| | 基础模型 | SLM | SEM | 基础模型 | SLM | SEM |
| $\beta_1$ | -0.014<br>(0.0009)*** | -0.0125<br>(0.0017)*** | -0.014<br>(0.0015)*** | | | |
| $\beta_2$ | | | | -0.002<br>(0.002) | -0.0006<br>(0.0062) | -0.0009<br>(0.0025) |
| $\alpha$ | -0.0065<br>(0.0014)*** | -0.0169<br>(0.009)** | -0.0064<br>(0.0025)*** | 0.0124<br>(0.0019)*** | 0.0077<br>(0.0025)*** | 0.0133<br>(0.0017)*** |
| $\lambda$ | | 0.3723<br>(0.0833)*** | 0.3836<br>(0.0826)*** | | | 0.4202<br>(0.0308)*** |
| 空间滞后因子 | | | | | 0.419<br>(0.035)*** | |
| $R^2$ | 0.4372 | 0.7941 | 0.7475 | 0.0033 | 0.4969 | 0.4733 |
| Log-pseudolikelihood | | 1163.7291 | 1163.7437 | | 847.4340 | 847.4827 |
| 收敛率/% | 0.859 | 0.725 | 0.853 | 0.002 | 0.001 | 0.001 |
| 观测值 | 296 | 296 | 296 | 296 | 296 | 296 |

注：系数下方括号内的值是标准差，***、**、*分别表示回归系数在1%、5%和10%的显著水平下统计显著。

表8-9 西部地区1979—2015年省际全要素生产率的收敛性检验

| 变量名称 | 绝对β收敛 | | | 条件β收敛 | | |
|---|---|---|---|---|---|---|
| | 基础模型 | SLM | SEM | 基础模型 | SLM | SEM |
| $\beta_1$ | -0.0111<br>(0.0009)*** | -0.011<br>(0.0017)*** | -0.011<br>(0.0015)*** | | | |
| $\beta_2$ | | | | -0.0024<br>(0.0016) | 0.0124<br>(0.0029)*** | 0.0052<br>(0.0021)** |
| α | -0.0059<br>(0.0016)*** | -0.0108<br>(0.0181) | -0.0058<br>(0.0038) | 0.0119<br>(0.002)*** | 0.0068<br>(0.0028)** | 0.0203<br>(0.0035)*** |
| λ | | 0.5173<br>(0.1033)*** | 0.5217<br>(0.1044)*** | | 0.484<br>(0.0608)*** | 0.5002<br>(0.0613)*** |
| 空间滞后因子 | 0.2997 | 0.6390 | 0.6276 | 0.0034 | 0.2893 | 0.3088 |
| $R^2$ | | | | | | |
| Log-pseudolikelihood | | 1366.7799 | 1367.2903 | | 1082.0770 | 1078.2511 |
| 收敛率/% | 0.617 | 0.613 | 0.615 | 0.003 | -0.014 | -0.006 |
| 观测值 | 370 | 370 | 370 | 370 | 370 | 370 |

注：系统下方括号内的值是标准差，***、**、*分别表示回归系数在1%、5%和10%的显著水平下统计显著。

# 第八章

制度因素与全要素生产率空间收敛性分析

从表 8-7、表 8-8 与表 8-9 可以看出，在东部 11 个省份、中部 8 个省份和西部 10 个省份的全要素生产率收敛格局中，东部 11 个省份内部绝对收敛速度最快，其次是中部地区，最后是西部地区。不同地区的收敛速度差异较大，呈现出因经济发展水平不一、经济结构存在差异，而形成收敛形态迥异的"俱乐部收敛"模式。

作为抢先一步发展的东部地区，区域之间的空间关联性在检验中并不显著，相反中部和西部地区在绝对收敛的空间关联检验中较为显著，这可能与东部地区内部发展不均衡有较大关系。改革开放以来，尽管东部地区取得先一步发展的优势，但主要以长三角、珠三角地区为经济发展的重心，聚集了一大批高效率运行的企业；其他区域与长三角、珠三角相比差距依然较大。而对于中部和西部地区而言，由于本身经济基础比东部薄弱，且起步均较晚，故内部结构的差异较小，内部经济效率关联的不均衡程度比东部低一些。从回归结果也可以看出，添加空间因素的东部三个观测绝对收敛的模型拟合优度大致相当，但添加空间因素的中、西部模型回归效果明显优于不添加空间因素的模型。

从条件收敛的回归结果来看，三大地区虽然呈现出较为显著的绝对收敛态势，但条件收敛的表现各异。东部地区的条件收敛态势较为显著，显示经过长期的发展，东部部分省份全要素生产率已经逐步趋于各自的稳态发展。中部和西部地区条件收敛态势并不显著。从检验结果来看，中部地区的三个条件收敛检验方程系数表现均不显著；西部地区的三个条件收敛检验方程系数虽然显著，但系数值显著大于 0，表明西部地区诸省份的全要素生产率趋向发散。从条件收敛的收敛速度来看，无论是东部还是中部和西部，收敛或发散速度都很缓慢。不同地区的条件收敛检验结果之所以有较大的差异，可能与不同地区的产业发展成熟度有较大关系。对于先进的东部地区，由于聚集了较多的高效率产业，产业发展程度较为成熟，故向自己稳态水平收敛的条件收敛趋势较为明显。中部和西部地区尚处于起步和快速发展期，产业发展尚不成熟，故条件收敛不明显，甚至呈现发散状态。

## 第二节 制度因素对全要素生产率条件 $\beta$ 收敛的影响

本节将在上一节的基础上,进一步研究制度因素对全要素生产率条件收敛的影响。研究的方法是以条件收敛为基础,在计量方程中添加解释变量和控制变量,观测条件收敛系数的变动情况和模型的显著情况,以获得对制度与全要素生产率条件收敛的最佳解释。

### 一、计量检验模型

在上一节条件收敛的检验方程基础上,令 $y = \dfrac{TFP_{i,t}}{TFP_{it-1}}$,用于表述制度因素对全要素生产率条件收敛的影响的计量方程式为

$$\ln y = \alpha + \beta \ln TFP_{i,t-1} + \lambda W \ln y + \gamma X_{it} + \phi contol_{it} + \varepsilon_{it} \quad (8.10)$$

为研究三类制度六个代理变量对全要素生产率条件收敛的影响,式(8.10) 可以进一步写为

$$\ln y_{it} = \alpha + \beta \ln TFP_{i,t-1} + \lambda W \ln y_{it} + \gamma X_{1t} + \phi contol_{it} + \varepsilon_{it} \quad (8.11)$$
$$\ln y_{it} = \alpha + \beta \ln TFP_{i,t-1} + \lambda W \ln y_{it} + \gamma X_{2t} + \phi contol_{it} + \varepsilon_{it} \quad (8.12)$$
$$\ln y_{it} = \alpha + \beta \ln TFP_{i,t-1} + \lambda W \ln y_{it} + \gamma X_{3t} + \phi contol_{it} + \varepsilon_{it} \quad (8.13)$$
$$\ln y_{it} = \alpha + \beta \ln TFP_{i,t-1} + \lambda W \ln y_{it} + \gamma X_{4t} + \phi contol_{it} + \varepsilon_{it} \quad (8.14)$$
$$\ln y_{it} = \alpha + \beta \ln TFP_{i,t-1} + \lambda W \ln y_{it} + \gamma X_{5t} + \phi contol_{it} + \varepsilon_{it} \quad (8.15)$$
$$\ln y_{it} = \alpha + \beta \ln TFP_{i,t-1} + \lambda W \ln y_{it} + \gamma X_{6t} + \phi contol_{it} + \varepsilon_{it} \quad (8.16)$$

其中,$X_{1t}, X_{2t}, \cdots, X_{6t}$ 分别代表存贷款总额与 GDP 的比例、开放度、非国有企业职工占就业人员的比例、城市人口与总人口比例、基础设施覆盖密度、财政支出与 GDP 比例等六个代理变量。与第七章类似,控制变量仍然选择在校大学生分布、人口密度分布和三产比重。

本节将直接使用空间滞后模型。限于篇幅,不再对未添加空间效应的计量方程和空间误差模型的计量结果进行对比展示。

## 二、总体实证检验分析

1979—2015 年制度因素与全要素生产率的条件收敛空间检验结果，见表 8-10，可以看出：加入制度因素和控制变量后，全要素生产率的条件收敛状况结果与本章第一节计量检验的条件收敛状况一致。最终得到的条件收敛状况仍不显著，但这种不显著的价值有三方面。

首先，加入制度因素以后发现全要素生产率的条件收敛并不显著，说明制度并未成为影响本区域全要素生产率走向稳态发展的因素，甚至在某方面可以说明，制度是令全要素生产率空间差异更进一步走向发散的重要因素。例如，在加入户籍制度改革的代理变量——城市人口比重以后，该变量对全要素生产率的影响为负，说明其阻碍了全要素生产率进一步向稳态条件收敛。这种检验结果与实际情况较为相符。实际上，户籍制度改革的推进，在促进要素加速流动、提升国内总体资源配置效率的同时，也造成了经济发展不平衡、产业集聚程度分布不均的状况，这在某种程度上阻碍了全要素生产率趋于收敛。其他制度因素在表 8-10 中虽然并不显著，但这并不能说明其对每个时间阶段或每个区域都不具有显著性，由此也可以说明制度在不同时间或不同空间跨度上的异质性。

其次，加入控制变量对全要素生产率的条件收敛具有较大的影响。在大部分回归方程中，人力资本的分布格局对全要素生产率的条件收敛具有负效应，说明人力资本的分布不均衡并不利于全要素生产率趋于收敛。与之相反，第三产业比重对全要素生产率的条件收敛作用在一些回归方程中为正显著，说明产业结构的成熟度是一个地区全要素生产率走向收敛的重要影响因素。产业结构越趋于成熟，越有利于本地区的全要素生产率趋向条件收敛，反之则会对本地的条件收敛产生抑制作用。产业结构成熟度对全要素生产率条件收敛的影响恰恰也证实了上一节分地区实证检验的基本推断。

最后，各回归方程检验结果显示，空间滞后因子较为显著，说明加入空间因素是具有合理性的，同时也更进一步证明，制度是存在空间外溢和空间关联的。

关于财政支出与 GDP 的比例这一代理指标对全要素生产率收敛效果

表 8-10 1979—2015 年制度因素与全要素生产率的条件收敛空间检验结果

| 变量名称 | | 空间滞后模型 | | | | | |
|---|---|---|---|---|---|---|---|
| $\beta_2$ | | 0.0014<br>(0.0042) | 0.0017<br>(0.0039) | 0.0013<br>(0.0038) | 0.004<br>(0.0033) | 0.002<br>(0.0037) | 0.0027<br>(0.0035) |
| 资本增进型制度 | ln*Fin* | -0.0043<br>(0.0033) | | | | | |
|  | ln*Open* | | 0.0005<br>(0.0009) | | | | |
| 劳动增进型制度 | ln*Pers* | | | 0.0063<br>(0.004) | | | |
|  | ln*Urban* | | | | -0.0104***<br>(0.0022) | | |
| 公共供给型制度 | ln*Infra* | | | | | 0.0021<br>(0.0032) | |
|  | ln*Fiscal* | | | | | | 0.0024<br>(0.0033) |
| 控制变量 | ln*Huma* | -0.0047*<br>(0.0028) | -0.0053*<br>(0.0029) | -0.0046*<br>(0.0024) | -0.0013<br>(0.002) | -0.0051*<br>(0.0029) | -0.0053*<br>(0.003) |
|  | ln*Popul* | -0.0019<br>(0.0036) | -0.0032<br>(0.0048) | -0.0036<br>(0.0049) | -0.0023<br>(0.0025) | -0.0036<br>(0.0044) | -0.0031<br>(0.0047) |
|  | ln*Indus* | 0.0104*<br>(0.0057) | 0.0085<br>(0.006) | 0.008<br>(0.0058) | 0.0101*<br>(0.0053) | 0.0089<br>(0.0059) | 0.0082<br>(0.0059) |

# 第八章 制度因素与全要素生产率空间收敛性分析

表 8-10（续）

| 变量名称 | 空间滞后模型 | | | | | |
|---|---|---|---|---|---|---|
| α | 0.0449 | 0.0295 | 0.0115 | 0.0346 | 0.031 | 0.0132 |
| | (0.0411) | (0.0445) | (0.0399) | (0.027) | (0.0393) | (0.0492) |
| 空间滞后因子 | 0.6925 | 0.6853 | 0.6846 | 0.6865 | 0.6907 | 0.6597 |
| | (0.0271)*** | (0.0272)*** | (0.0294)*** | (0.0277)*** | (0.0267)*** | (0.0306)*** |
| $R^2$ | 0.0276 | 0.0488 | 0.0550 | 0.1937 | 0.0415 | 0.1001 |
| Log-pseudolikelihood | 3101.8843 | 3102.0271 | 3104.6573 | 3112.4527 | 3101.1041 | 3104.7696 |
| 收敛率/% | -0.002 | -0.002 | -0.002 | 0.001 | -0.002 | -0.003 |
| 观测值 | 1073 | 1073 | 1073 | 1073 | 1073 | 1073 |

注：系统下方括号内的值是标准差，***、**、*分别表示回归系数在1%、5%和10%的显著水平下统计显著。

的影响，余泳泽在检验1979—2012年中国省际全要素生产率的条件收敛情况时，也添加了表示财政分权状况的财政支出与GDP的比例。结果发现财政支出与GDP的比例对全要素生产率的空间收敛呈现出明显的促进作用，这与财政分权、加剧地方竞争和引发全要素生产率空间差异加大的事实有诸多不符之处。其实，余泳泽在解析全要素生产率收敛态势于2000年后存在显著差异的原因时表示，财政分权制度加大了全要素生产率的差异水平。对此，显然有必要在下一步分时间阶段和分地区的讨论中予以解答。本节通过总体实证表明，财政分权制度对全要素生产率条件收敛的影响并不显著，这显然比余泳泽的结论更符合现实。

## 三、分时间阶段实证检验分析

为进一步分析不同时期全要素生产率的空间收敛状况，本节还对各时期制度因素对全要素生产率条件收敛的影响状况进行了检验。

第一，在1979—1991年间，加入制度变量及相关控制变量以后分析，全要素生产率的条件收敛程度是有所改善的。但从表8-11可以看出，六大制度代理变量中，仅有交通基础设施和全面所有制改革对全要素生产率的空间收敛起正向促进作用，且其显著度并不高；其他四个制度代理变量则起负向抑制作用，且显著度总体较高。这说明改革开放以来，从沿海到沿边的对外开放路径引发的制度异质性分布扩大了全要素生产率的空间差异。既然制度因素对全要素生产率的条件收敛没有起到正向促进作用，那在这个时期中国省际全要素生产率的空间收敛性主要源于什么因素呢？观察其他解释变量、控制变量及空间滞后因子，代表制度外溢的空间滞后因子显著度较高，是推动这个时期全要素生产率空间条件收敛的主导因素。

第二，在1992—2000年间，加入制度变量之后分析，全要素生产率的空间条件收敛与第一个阶段表现出相同的特征，见表8-12。随着户籍制度改革的日趋深入，改革开放中率先崛起的区域取得了进一步集聚要素的优势。同时，要素的自由流动也使先进地区获得更多的要素资源和实现更高水平的资源配置效率。因此，城市化指标对全要素生产率的影响系数为负值显然不利于全要素生产率的空间均衡与协调发展。对全要素生产率形成空间条件收敛的正向因素主要有两个：制度外溢的空间滞后因子和人

# 第八章

制度因素与全要素生产率空间收敛性分析

口密度。劳动密集型产业快速发展是这个阶段经济发展的突出特征。在此背景下，人口密度较高的省份获得了一定的发展机会，进而在某种程度上对全要素生产率的空间差异起到了一定的平衡作用，这是人口密度在这个阶段使全要素生产率空间条件收敛系数为正的主要原因。值得关注的是，在这个阶段，人力资本的空间差异也开始对全要素生产率的空间条件收敛起到抑制作用。

第三，在2001—2008年间，加入制度变量之后分析，制度的空间外溢与地方政府的强力干预形成均衡，全要素生产率的空间条件收敛并不显著，见表8-13。这个阶段，制度变量、控制变量、空间滞后因子三者呈现三个特征：一是以开放度和政府财政支出为代表的制度代理变量对全要素生产率的空间条件收敛抑制作用显著。这与2000年以后中国加入世贸组织和应对金融危机时政府加大投资有较大的关系。但在此过程中，开放度与地方财力的大小分布仍然是不均衡的，这种不均衡的制度异质性最终仍会加大全要素生产率的空间差异，显然不利于全要素生产率的空间条件收敛。二是控制变量中，人力资本的空间差异性继续对全要素生产率的空间条件收敛起抑制作用。这说明在这个阶段，人力资本对全要素生产率及经济发展的作用进一步提高。三是空间滞后因子显著为正。这说明制度的空间外溢仍然对全要素生产率的空间条件收敛起到积极的促进作用。

第四，在2009—2015年间，加入制度变量后分析，全要素生产率的空间条件收敛总体表现出发散的特征，见表8-14。一个最为显著的特征是产业及制度资源加速向核心区域集聚，制度的空间外溢效果为负显著，在原有制度因素基础上进一步加剧了全要素生产率的空间差异程度。基础设施对全要素生产率的空间条件收敛作用为正显著，但这并不足以影响产业及制度资源向核心区域集聚的基本格局。在回归方程中，条件收敛系数表现并不显著。开放度是这个阶段推动全要素生产率空间差异的重要原因。以开放度为主体，从回归结果看，其仍然向人力资本较为密集的省份集聚，人口密度较高的省份虽也获得了外向型产业转型的良好机遇，但相较开放度较高的核心区域，作用还是极为有限。

归结改革开放以来四个历史阶段的中国全要素生产率条件收敛的基本变化趋势，可以大体上勾勒出制度影响下的基本图景：一是在全要素生产率的空间条件收敛变化中，夹杂着经济发展核心区域与边缘区域的关系。

表 8-11 1979—1991 年制度因素与全要素生产率的条件收敛空间检验结果

| 变量名称 | | 空间滞后模型 | | | | | |
|---|---|---|---|---|---|---|---|
| $\beta_2$ | | -0.0087 (0.0034)*** | -0.0111 (0.0035)*** | -0.0125 (0.0028)*** | -0.0029 (0.0034) | -0.0111 (0.0031)*** | -0.0132 (0.0032)*** |
| 资本增进型制度 | ln*Fin* | -0.0217 (0.0049)*** | | | | | |
| | ln*Open* | | -0.0012 (0.0009) | | | | |
| 劳动增进型制度 | ln*Pers* | | | 0.0082 (0.0064) | | | |
| | ln*Urban* | | | | -0.0145 (0.0029)*** | | |
| 公共供给型制度 | ln*Infra* | | | | | 0.0055 (0.0062) | |
| | ln*Fiscal* | | | | | | -0.0099 (0.005)** |
| 控制变量 | ln*Huma* | -0.002 (0.0019) | -0.0004 (0.0022) | -0.0024 (0.0028) | 0.0007 (0.0019) | -0.0004 (0.0023) | -0.0017 (0.002) |
| | ln*Popul* | -0.0004 (0.0013) | -0.0016 (0.0015) | -0.0013 (0.0015) | -0.0026 (0.0012)** | -0.0055 (0.0048) | -0.0032 (0.0019)* |
| | ln*Indus* | 0.0042 (0.0079) | -0.0051 (0.0086) | -0.006 (0.0086) | 0.0063 (0.007) | -0.0084 (0.0097) | -0.0039 (0.0088) |

# 第八章
## 制度因素与全要素生产率空间收敛性分析

表 8-11（续）

| 变量名称 | | | 空间滞后模型 | | | |
|---|---|---|---|---|---|---|
| $\alpha$ | -0.054 (0.035) | -0.043 (0.0355) | -0.0412 (0.0284) | -0.0055 (0.0312) | -0.034 (0.0274) | -0.0659 (0.0378)* |
| 空间滞后因子 | 0.6658 (0.0403)*** | 0.6734 (0.0408)*** | 0.6768 (0.0409)*** | 0.6481 (0.0431)*** | 0.6669 (0.0437)*** | 0.6577 (0.0461)*** |
| $R^2$ | 0.6556 | 0.5743 | 0.6091 | 0.6751 | 0.6216 | 0.5792 |
| $Log-pseudolikelihood$ | 1012.0798 | 1003.0476 | 1003.2385 | 1011.2914 | 1003.5282 | 1004.7736 |
| 收敛率/% | 0.031 | 0.040 | 0.045 | 0.011 | 0.040 | 0.048 |
| 观测值 | 377 | 377 | 377 | 377 | 377 | 377 |

注：系统下方括号内的值是标准差，\*\*\*、\*\*、\* 分别表示回归系数在1%、5%和10%的显著性水平下统计显著。

表 8-12 1992—2000年制度因素与全要素生产率的条件收敛空间检验结果

| 变量名称 | | | | 空间滞后模型 | | | |
|---|---|---|---|---|---|---|---|
| $\beta_2$ | | -0.0126 (0.0049)*** | -0.0106 (0.007) | -0.0115 (0.006)* | -0.0055 (0.0041) | -0.0128 (0.0047)*** | -0.0154 (0.0056)*** |
| 资本增进型制度 | $\ln Fin$ | -0.005 (0.0053) | | | | | |
| | $\ln Open$ | | -0.0013 (0.0026) | | | | |

189

## 表8-12（续）

| 变量名称 | | 空间滞后模型 | | | | | |
|---|---|---|---|---|---|---|---|
| 劳动增进型制度 | lnPers | -0.0039<br>(0.0022)* | | | | | |
| | lnUrban | | -0.0076<br>(0.0079) | | | | |
| | lnInfra | | | -0.0126<br>(0.0028)*** | | | |
| 公共供给型制度 | lnFiscal | | | | 0.0035<br>(0.0049) | | |
| | lnHuma | | | | | | -0.013<br>(0.0083) |
| 控制变量 | lnHuma | 0.0035<br>(0.0015)** | -0.004<br>(0.0023)* | -0.0028<br>(0.003) | -0.0016<br>(0.0022) | -0.0029<br>(0.0024) | -0.0047<br>(0.0024)* |
| | lnPopul | 0.0001<br>(0.017) | 0.0034<br>(0.0017)** | 0.0036<br>(0.0018)** | 0.0016<br>(0.0014) | 0.0006<br>(0.0039) | 0.0028<br>(0.0016)* |
| | lnIndus | 0.0162<br>(0.0651) | -0.0023<br>(0.0162) | -0.0035<br>(0.0144) | 0.0091<br>(0.0156) | -0.0068<br>(0.0137) | 0.0031<br>(0.0174) |
| α | | 0.4515<br>(0.0705)*** | 0.0199<br>(0.048) | 0.0621<br>(0.0559) | 0.0737<br>(0.0528) | 0.0836<br>(0.0841) | 0.0512<br>(0.0468) |
| 空间滞后因子 | | 0.2924 | 0.3901<br>(0.0767)*** | 0.4521<br>(0.0706)*** | 0.4717<br>(0.0689)*** | 0.4391<br>(0.074)*** | 0.4014<br>(0.092)*** |
| $R^2$ | | | 0.3065 | 0.3147 | 0.3567 | 0.2840 | 0.3038 |

表8-12（续）

| 变量名称 | | | | | | 空间滞后模型 |
|---|---|---|---|---|---|---|
| Log-pseudolikelihood | 802.0516 | 802.9823 | 802.3467 | 808.1768 | 802.1418 | 804.0754 |
| 收敛率/% | 0.069 | 0.058 | 0.063 | 0.030 | 0.070 | 0.084 |
| 观测值 | 261 | 261 | 261 | 261 | 261 | 261 |

注：系统下方括号内的值是标准差，\*\*\*、\*\*、\*分别表示回归系数在1%、5%和10%的显著水平下统计显著。

表8-13 2001—2008年制度因素与全要素生产率的条件收敛空间检验结果

| 变量名称 | | | | | | 空间滞后模型 |
|---|---|---|---|---|---|---|
| $\beta_2$ | 0.0044 (0.0064) | 0.009 (0.0065) | -0.0005 (0.006) | 0.0063 (0.0065) | 0.0047 (0.0065) | 0.0017 (0.0058) |
| 资本增进型制度 lnFin | -0.005 (0.0039) | | | | | |
| lnOpen | | -0.0037\*\* (0.0015) | | | | |
| 劳动增进型制度 lnPers | | | 0.0094 (0.0059) | | | |
| lnUrban | | | | -0.0017 (0.0022) | | |

表 8 - 13（续）

| 变量名称 | | | 空间滞后模型 | | | | |
|---|---|---|---|---|---|---|---|
| 公共供给型制度 | lnInfra | -0.0031<br>(0.0016)* | | | | | |
| | lnFiscal | | | | | -0.0021<br>(0.0038) | -0.0181<br>(0.0079)** |
| 控制变量 | lnHuma | 0.0021<br>(0.0018) | -0.0033<br>(0.002) | -0.0022<br>(0.0019) | -0.0028<br>(0.0016)* | -0.0025<br>(0.0018) | -0.0048<br>(0.0014)*** |
| | lnPopul | -0.0013<br>(0.017) | 0.0019<br>(0.0019) | 0.0003<br>(0.0022) | 0.0013<br>(0.0019) | 0.0025<br>(0.0038) | 0.0005<br>(0.0018) |
| | lnIndus | | -0.0003<br>(0.0157) | -0.008<br>(0.0157) | -0.004<br>(0.0171) | -0.0041<br>(0.0166) | 0.0029<br>(0.0141) |
| α | | -0.0359<br>(0.0503) | 0.0044<br>(0.0558) | -0.0038<br>(0.0527) | -0.0039<br>(0.0539) | -0.0047<br>(0.0536) | -0.0397<br>(0.0409) |
| 空间滞后因子 | | 0.3176<br>(0.1115)*** | 0.2821<br>(0.1163)** | 0.2268<br>(0.1165)* | 0.3699<br>(0.1188)*** | 0.3816<br>(0.1172)*** | 0.3352<br>(0.1254)*** |
| $R^2$ | | 0.0958 | 0.1333 | 0.1163 | 0.0843 | 0.0982 | 0.1326 |
| Log - pseudolikelihood | | 807.9069 | 809.9436 | 810.0431 | 806.5127 | 806.7221 | 812.1096 |
| 收敛率/% | | -0.027 | -0.056 | 0.003 | -0.039 | -0.029 | -0.011 |
| 观测值 | | 232 | 232 | 232 | 232 | 232 | 232 |

注：系统下方括号内的值是标准差，\*\*\*、\*\*、\*分别表示回归系数在1%、5%和10%的显著水平下统计显著。

## 第八章  制度因素与全要素生产率空间收敛性分析

表 8-14  2009—2015 年制度因素与全要素生产率的条件收敛空间检验结果

| 变量名称 | | 空间滞后模型 | | | | | |
|---|---|---|---|---|---|---|---|
| $\beta_2$ | | 0.0066<br>(0.0056) | 0.015<br>(0.0048)*** | 0.0107<br>(0.0058)* | 0.0164<br>(0.0062)*** | 0.0062<br>(0.0053) | 0.0109<br>(0.0054)** |
| 资本增进型制度 | $\ln Fin$ | -0.0056<br>(0.0075) | | | | | |
| | $\ln Open$ | | -0.0073<br>(0.0032)** | | | | |
| 劳动增进型制度 | $\ln Pers$ | | | 0.0006<br>(0.0071) | | | |
| | $\ln Urban$ | | | | -0.0438<br>(0.0128)*** | | |
| 公共供给型制度 | $\ln Infra$ | | | | | 0.0144<br>(0.0072)** | |
| | $\ln Fiscal$ | | | | | | 0.0255<br>(0.0099)*** |
| 控制变量 | $\ln Huma$ | -0.0008<br>(0.0037) | -0.003<br>(0.0015)* | -0.0002<br>(0.003) | -0.004<br>(0.0026) | -0.0025<br>(0.003) | 0.005<br>(0.0034) |
| | $\ln Popul$ | 0.0037<br>(0.0026) | 0.0059<br>(0.0017)*** | 0.0028<br>(0.0022) | 0.0047<br>(0.0015)*** | -0.0048<br>(0.0045) | 0.0044<br>(0.0025)* |
| | $\ln Indus$ | -0.0165<br>(0.0147) | -0.0147<br>(0.0117) | -0.0189<br>(0.0117) | -0.0043<br>(0.0105) | -0.0179<br>(0.0112) | -0.0279<br>(0.0117)** |

表 8-14（续）

| 变量名称 | 空间滞后模型 | | | | | |
| --- | --- | --- | --- | --- | --- | --- |
| α | -0.2016<br>(0.0782)*** | -0.1523<br>(0.0369)*** | -0.1026<br>(0.0493)** | -0.1207<br>(0.0428)*** | -0.2158<br>(0.0691)*** | 0.0421<br>(0.0704) |
| 空间滞后因子 | -0.0596<br>(0.1601) | 0.018<br>(0.1493) | -0.0347<br>(0.15) | -0.1286<br>(0.1639) | 0.0008<br>(0.1588) | -0.0394<br>(0.1548) |
| $R^2$ | 0.1469 | 0.3248 | 0.1659 | 0.5540 | 0.3363 | 0.4074 |
| Log-pseudolikelihood | 611.6565 | 615.1334 | 610.8926 | 622.4947 | 612.5643 | 616.0048 |
| 收敛率/% | -0.048 | -0.108 | -0.077 | -0.118 | -0.045 | -0.079 |
| 观测值 | 203 | 203 | 203 | 203 | 203 | 203 |

注：系统下方括号内的值是标准差，***、**、*分别表示回归系数在1%、5%和10%的显著水平下统计显著。

# 第八章

## 制度因素与全要素生产率空间收敛性分析

在制度和产业资源高度集聚于核心区域时,全要素生产率的空间条件收敛就会放缓甚至走向停滞;在核心区域制度和产业资源加速外溢时,其空间条件收敛就会有所加快。二是在全要素生产率的空间条件收敛变化中,夹杂着要素驱动力变动的因素。改革开放伊始,在劳动密集型产业兴盛时,一些劳动增进型制度对全要素生产率空间布局的形成起了至关重要的作用;在资本和技术密集型产业快速发展时,人力资本的要素作用逐步突显。此外,交通基础设施、财政支出对全要素生产率的空间条件收敛也具有至关重要的作用。

### 四、分地区实证检验分析

东部、中部和西部地区制度因素对全要素生产率空间条件收敛的检验结果见表8-15至表8-17。根据回归结果,可以得到以下结论。

加入制度因素以后,三个地区均未形成显著的条件收敛特征;相反,西部地区甚至形成了显著的"俱乐部发散"特征。从收敛率来看,西部地区全要素生产率发散速度显著高于东部和中部地区不算显著的条件收敛速度。从西部地区检验结果来看,制度因素并未对全要素生产率的空间收敛形成显著影响,相反,在控制变量中,人力资本与人口密度的分布不均衡加剧了全要素生产率的空间差异程度。根据西部地区经济发展的现实情况,一个合理解释是,作为构成全要素生产率的重要基础,人力资本的空间差异是全要素生产率空间差异扩散的基本原因。从产业角度来看,西部地区属于相对落后的地区,在承接东部和中部地区产业转移的过程中,西部地区的劳动密集型产业最具吸引力优势,而支撑这类产业集聚的先天条件无疑是较多的人口和较低的劳动成本。因此,在西部地区,制度因素与全要素生产率的条件收敛空间检验结果中,人口密度影响显著为负具有一定合理性。

在东部地区制度因素对全要素生产率的条件收敛空间检验结果中,人力资本和人口密度分布差异的影响显著为负。与西部地区不同的是,金融资源集聚、城市化进程中带来的劳动要素的集聚进一步加剧了制度因素对全要素生产率空间条件收敛的负向影响;但从空间关联性来看,东部地区的空间滞后因子远高于中部和西部地区,说明制度外溢的效果和东部省份

表8-15 东部地区制度因素对全要素生产率的条件收敛空间检验结果

| 变量名称 | | 空间滞后模型 | | | | | |
|---|---|---|---|---|---|---|---|
| $\beta_2$ | | -0.0021<br>(0.0049) | -0.0005<br>(0.0036) | -0.0009<br>(0.0032) | 0.0026<br>(0.0031) | -0.0012<br>(0.0031) | 0.0002<br>(0.0031) |
| 资本增进型制度 | ln$Fin$ | -0.0109<br>(0.0064)* | | | | | |
| | ln$Open$ | | 0.0009<br>(0.0009) | | | | |
| 劳动增进型制度 | ln$Pers$ | | | 0.0057<br>(0.0045) | | | |
| | ln$Urban$ | | | | -0.0106<br>(0.0031)*** | | |
| 公共供给型制度 | ln$Infra$ | | | | | -0.0024<br>(0.0027) | |
| | ln$Fiscal$ | | | | | | -0.0013<br>(0.0043) |
| 控制变量 | ln$Huma$ | -0.0049<br>(0.0044) | -0.0079<br>(0.0034)** | -0.0068<br>(0.0024)*** | -0.0019<br>(0.0031) | -0.0064<br>(0.0029)** | -0.0077<br>(0.0034)** |
| | ln$Popul$ | -0.0088<br>(0.0048)* | -0.0119<br>(0.0054)** | -0.0112<br>(0.006)* | -0.0089<br>(0.0041)** | -0.0114<br>(0.0058)** | -0.0096<br>(0.0048)** |
| | ln$Indus$ | 0.0308<br>(0.0129)** | 0.0229<br>(0.0129)* | 0.0186<br>(0.0149) | 0.023<br>(0.0131)* | 0.0239<br>(0.0134)* | 0.0219<br>(0.014) |

表 8-15（续）

| 变量名称 | 空间滞后模型 | | | | | |
|---|---|---|---|---|---|---|
| α | 0.0372 (0.0289) | -0.012 (0.0377) | -0.0106 (0.0302) | 0.0271 (0.0286) | -0.0106 (0.0332) | -0.0129 (0.0278) |
| 空间滞后因子 | 0.5365 (0.0414)*** | 0.5369 (0.0396)*** | 0.5375 (0.0403)*** | 0.5367 (0.0438)*** | 0.5385 (0.04)*** | 0.4933 (0.0455)*** |
| $R^2$ | 0.4391 | 0.2362 | 0.3362 | 0.5699 | 0.2645 | 0.3081 |
| $Log-pseudolikelihood$ | 1163.9996 | 1161.9345 | 1163.1994 | 1168.3315 | 1161.6992 | 1165.9946 |
| 收敛率/% | 0.003 | 0.001 | 0.001 | -0.003 | 0.001 | 0.000 |
| 观测值 | 407 | 407 | 407 | 407 | 407 | 407 |

注：系统下方括号内的值是标准差，\*\*\*、\*\*、\* 分别表示回归系数在1%、5%和10%的显著水平下统计显著。

表 8-16 中部地区制度因素对全要素生产率的条件收敛空间检验结果

| 变量名称 | | 空间滞后模型 | | | | | |
|---|---|---|---|---|---|---|---|
| $\beta_2$ | | -0.0034 (0.0039) | -0.0036 (0.0044) | 0.0006 (0.0069) | -0.0025 (0.0044) | -0.0008 (0.0043) | -0.0016 (0.0053) |
| 资本增进型制度 | $\ln Fin$ | -0.0023 (0.0061) | | | | | |
| | $\ln Open$ | | 0.0012 (0.0014) | | | | |

表8-16（续）

| 变量名称 | | 空间滞后模型 | | | | | |
|---|---|---|---|---|---|---|---|
| 劳动增进型制度 | lnPers | -0.0039<br>(0.0052) | -0.0016<br>(0.0034) | -0.0081<br>(0.0097) | | | |
| | lnUrban | | | | 0.0037<br>(0.0079) | | |
| 公共供给型制度 | lnInfra | | | | | -0.0026<br>(0.0062) | |
| | lnFiscal | | | | | | 0.0012<br>(0.0095) |
| 控制变量 | lnHuma | 0.0038<br>(0.0009)*** | 0.0035<br>(0.0009)*** | -0.0003<br>(0.0038) | -0.003<br>(0.0041) | -0.0002<br>(0.0041) | 0.0002<br>(0.0026) |
| | lnPopul | -0.0162<br>(0.0049)*** | -0.0149<br>(0.0037)*** | 0.0045<br>(0.0028) | 0.0049<br>(0.0033) | 0.0052<br>(0.0026)** | 0.0033<br>(0.0013)*** |
| | lnIndus | | | -0.016<br>(0.0055)*** | -0.0162<br>(0.0065)*** | -0.0142<br>(0.0063)*** | -0.017<br>(0.0063)*** |
| α | | -0.0293<br>(0.0165)* | -0.0238<br>(0.0229) | -0.0192<br>(0.0264) | -0.0264<br>(0.0205) | 0.0093<br>(0.0366) | -0.0519<br>(0.0236)** |
| 空间滞后因子 | | 0.4187<br>(0.034)*** | 0.4153<br>(0.0339)*** | 0.3828<br>(0.0387)*** | 0.4185<br>(0.0326)*** | 0.3961<br>(0.035)*** | 0.3599<br>(0.0428)*** |
| $R^2$ | | 0.0058 | 0.0083 | 0.0633 | 0.0041 | 0.0339 | 0.0783 |

表 8 - 16（续）

| 变量名称 | 空间滞后模型 | | | | | |
|---|---|---|---|---|---|---|
| Log-pseudolikelihood | 854.8199 | 854.2827 | 857.0626 | 854.2048 | 855.4076 | 858.5393 |
| 收敛率/% | 0.004 | 0.004 | -0.001 | 0.003 | 0.001 | 0.002 |
| 观测值 | 296 | 296 | 296 | 296 | 296 | 296 |

注：系统下方括号内的值是标准差，\*\*\*、\*\*、\*分别表示回归系数在1%、5%和10%的显著水平下统计显著。

表 8 - 17 西部地区制度因素对全要素生产率的条件收敛空间检验结果

| 变量名称 | | 空间滞后模型 | | | | | |
|---|---|---|---|---|---|---|---|
| $\beta_2$ | | 0.0207<br>(0.0033)\*\*\* | 0.0196<br>(0.0029)\*\*\* | 0.0181<br>(0.0031)\*\*\* | 0.0229<br>(0.0038)\*\*\* | 0.0218<br>(0.0038)\*\*\* | 0.0206<br>(0.0031)\*\*\* |
| 资本增进型制度 | ln*Fin* | -0.0031<br>(0.0038) | | | | | |
| | ln*Open* | | 0.0006<br>(0.0016) | | | | |
| 劳动增进型制度 | ln*Pers* | | | 0.005<br>(0.0025)\*\* | | | |
| | ln*Urban* | | | | -0.006<br>(0.006) | | |

表 8 – 17（续）

| 变量名称 | | 空间滞后模型 | | | | |
| --- | --- | --- | --- | --- | --- | --- |
| 公共供给型制度 | lnInfra | | | | 0.0008<br>(0.0056) | −0.0003<br>(0.0036) |
| | lnFiscal | | | | | |
| 控制变量 | lnHuma | −0.0146<br>(0.0043)*** | −0.0129<br>(0.0038)*** | −0.0132<br>(0.0031)*** | −0.0122<br>(0.0032)*** | −0.0128<br>(0.0033)*** | −0.013<br>(0.0034)*** |
| | lnFiscal | −0.0323<br>(0.0056)*** | −0.0325<br>(0.0054)*** | −0.0336<br>(0.005)*** | −0.0333<br>(0.0049)*** | −0.0324<br>(0.0061)*** | −0.0328<br>(0.0053)*** |
| | lnPopul | 0.0061<br>(0.006) | 0.002<br>(0.0058) | 0.0033<br>(0.0056) | 0.0032<br>(0.0058) | 0.0012<br>(0.0055) | 0.0021<br>(0.0052) |
| | lnIndus | −0.1889<br>(0.1212) | −0.1942<br>(0.127) | −0.2282<br>(0.1235)* | −0.2172<br>(0.1216)* | −0.2198<br>(0.129)* | −0.2166<br>(0.1275)* |
| α | | 0.4667<br>(0.065)*** | 0.47<br>(0.0592)*** | 0.4853<br>(0.0577)*** | 0.4726<br>(0.0599)*** | 0.4668<br>(0.0539)*** | 0.4629<br>(0.0587)*** |
| 空间滞后因子 | | 0.5783 | 0.5870 | 0.5787 | 0.5910 | 0.5789 | 0.5841 |
| $Log-pseudolikelihood$ | | 1103.4120 | 1102.5682 | 1102.0347 | 1103.1294 | 1102.5422 | 1102.8429 |
| 收敛率/% | | −0.024 | −0.023 | −0.021 | −0.027 | −0.025 | −0.024 |
| 观测值 | | 370 | 370 | 370 | 370 | 370 | 370 |

注：系统下方括号内的值是标准差，\*\*\*、\*\*、\* 分别表示回归系数在1%、5%和10%的显著水平下统计显著。

# 第八章

制度因素与全要素生产率空间收敛性分析

之间的空间关联性较强,这在一定程度上又削弱了制度因素对全要素生产率空间条件收敛的负向影响效果。综合上述集聚与扩散两种力量的对比,东部地区并未形成显著的全要素生产率条件收敛态势。

中部地区夹杂了东部和西部两个地区的一些共性,但也具有自身的特征。一个典型的特征是,与西部地区人口分布过于不均、经济发展水平过于不均的基本现实相比,中部地区的人口和经济发展水平分布相对均衡,这种相对均衡对平衡全要素生产率的空间差异形成了重要的作用;同时,在承接东部地区产业转移和吸收东部地区制度外溢过程中所形成的差异也起了一定的抑制作用。因此,中部地区人口密度对全要素生产率的影响系数明显有别于东、西部地区,同时以劳动密集型为主的第三产业比重对全要素生产率的影响系数也明显有别于其他两个地区。

## 小 结

本章研究的主体内容是研判全要素生产率的空间差异是否会趋于收敛,以及在制度影响下,这种收敛的态势是会扩大还是缩小。研判的基本方法是计量模型检验。根据检验,本章主要得到三方面的结论。

第一,综合 1979—2015 年中国全要素生产率绝对收敛的检验结果,发现其具有绝对收敛特征,绝对收敛速度为 $0.76\% \sim 0.83\%$。分地区来看,东部地区内部省份的全要素生产率绝对收敛速度最快,其次是中部地区,最后是西部地区,不同区域具有"俱乐部收敛"特征。分时期来看,1979—1991 年与 1992—2000 年两个阶段,中国省际全要素生产率的绝对 $\beta$ 收敛特征较为显著,2001—2008 年和 2009—2015 年则有所减弱。

第二,综合 1979—2015 年中国全要素生产率条件收敛的检验结果,发现其并不具备显著的条件收敛特征。分地区来看,东部地区的条件收敛态势较为显著,中部和西部地区并不显著。分时期来看,中国省际全要素生产率的条件 $\beta$ 收敛呈现先收敛后发散的总体态势。其中,1979—1991年与 1992—2000 年最为显著;2001—2008 年和 2009—2015 年呈正值,收敛特征趋弱甚至呈发散态势。

第三,全要素生产率的条件收敛在加入制度因素后并不显著,其总体影响为负，这与中国经济发展的产业布局与地方政府竞争有直接联系。制度对全要素生产率的条件收敛形成的直接促进作用显著低于抑制作用，但制度的空间外溢作用的影响显著为正，对缩小全要素生产率的空间差异具有显著的促进作用。加入制度因素后，1979—1991年和1992—2000年两个阶段，中国全要素生产率的条件$\beta$收敛速度显著加快，但对三大地区的条件收敛并未形成有效的促进作用。

# 第九章 结论与启示

自经济增长理论形成以来，对于全要素生产率的研究一直是个经久不衰的话题。本书从制度入手，剖析了异质性制度对全要素生产率的影响机制与实证检验效果。本章对全书得到的基本结论进行总结，并对研究的内容及下一步研究的方向予以展望。

## 第一节　主要结论

在制度经济学中，"制度"一般是一种抽象的、同质性的存在。以抽象和逻辑的分析方式抓住制度存在与演进的本质特征，进而为制度经济学分析框架的形成奠定了基础。然而，制度经济学的分析方式在产生丰富成效的同时，却忽视了制度本身的丰富多彩。制度作用于经济增长的这种基本要素，会形成截然不同的作用机制。相较前人的研究，本书的理论贡献主要体现在三个方面。

第一，揭示了异质性制度形成的根源。本书以改革开放以来宏大的制度变迁过程为背景，揭示了在制度设计的不同步传导、市场力量的不均衡扩张、政府能力的不同质吸收、优势禀赋条件的不对称分布这四种因素的综合影响下，同一种制度在不同区域之间贯彻实施的程度不同，绩效也有所差异。由于这四种因素大多不能直接被观测到，故本书采用代理变量的方式来描述各地异质性制度的表现。

第二，提出了制度三分法。全要素生产率的构成主体是技术进步，但技术进步并不等于全要素生产率的全部。从全要素生产率提升的内在根源来看，技术进步是提升全要素生产率的一种路径。除了技术进步，劳动力与资本质量的改进、公共服务的改进等都可以是改善全要素生产率的重要因素。如何将资本、劳动质量的改进以及公共服务水平的提升等诸多因素置于制度与全要素生产率的分析框架中是个崭新的课题，同时这也构成了本书研究全要素生产率广义制度源泉的主体研究内容。

第三，揭示了制度作用于全要素生产率的传导路径。资本增进型制度通过储蓄转化为投资的比例、资本的边际生产率、储蓄率、制度实施带来的资本损耗四个参数影响全要素生产率。外资作为资本增进型制度发挥作用的重要因素之一，除了具有资本性质，还有促进全要素生产率水平提升的技术外溢直接效应。劳动增进型制度通过制度实施的成本产出弹性、制度创新效率参数、劳动要素投入结构、有效劳动投入结构的产出弹性影响全要素生产率，在影响过程中，发挥作用的一个显著效果是异化了不同所有制部门或不同区域之间的要素配置结果。公共供给型制度最大的不同是具有"两面性"：在经济波动周期内，政府的公共产品或服务供给在一定范围内可能会促进经济增长或提高一个地区的全要素生产率；但一旦超过合理范围，这种产品或服务供给反而会形成对经济增长和全要素生产率的负效应。通过模型推导，发现公共供给型制度对全要素生产率影响的拐点值主要取决于三个变量：一是基础设施投资和其他投资的生产率结构；二是政府基础设施投资和其他投资的投资结构；三是投资的贴现率。

在上述理论框架指引下，本书通过实证对制度发挥作用的各种表征指标与全要素生产率进行了综合分析。

第一，以改革开放以来的制度变迁历程为对象，分析了异质性制度对全要素生产率的影响。改革开放以来，对中国全要素生产率起绝对主导作用的制度形式是以所有制改革和户籍制度改革为表征的劳动增进型制度。通过劳动增进型制度的实施，人的创造力被广泛激发，经济活力被广泛释放，经济增长中要素的配置效率也显著提高。资本增进型制度在分时间阶段和分区域实证的结果中有一定影响，但在改革开放这些年的总体历程中并不显著。与理论模型推导的结论一致，公共供给型制度具有深刻的"两面性"特征。

第二，以改革开放以来的制度变迁历程为分析对象，分析了制度外溢对全要素生产率的影响。从对1978—2015年的实证检验结果来看，在影

## 第九章

### 结论与启示

响全要素生产率的因素中,制度空间外溢的影响效果不可忽视。开放度空间外溢的贡献占据了其对全要素生产率影响贡献的46.35%,户籍制度改革的空间外溢贡献占据了其对全要素生产率影响贡献的28.48%。考虑制度空间外溢效果后,劳动增进型制度对全要素生产率的影响更加显著,公共供给型制度对全要素生产率提升的"两面性"特征更加明显。

第三,以改革开放以来的制度变迁历程为对象,分析了制度因素在促进全要素生产率空间收敛的作用与效果。实证结果表明,制度的实施并不一定会让全要素生产率的空间条件收敛,地方政府竞争、中心与外围产业集聚的分工格局因素存在,反而会恶化或抑制全要素生产率的空间条件收敛。在实证结论中,真正有利于促进全要素生产率条件收敛的因素是制度的空间外溢。只有制度在不同区域中辐射传导,全要素生产率的空间条件收敛才有可能加快进行。

除了基于上述实证分析得到的主要结论,本书在实证分析中的三个控制变量表现也有深刻的启示。

第一,通过实证,本书加深了人力资本对全要素生产率影响的理解。首先,改革开放这些年,是人力资本不断发挥作用的过程,是中国由劳动密集型产业向知识技术密集型产业转型的过程,这种产业转型的深刻过程在全书分时期实证检验中可见。其次,实证检验表明,人力资本的空间分布差异非但不是全要素生产率空间差异逐步缩小的促进因素,反而在某种程度上随着不同时期的转换,人力资本在某些区域的差异性成为全要素生产率空间差异不断扩大的重要原因。最后,户籍制度、所有制改革、外资的引进等制度的形成让资本、劳动要素的流入具有较多的空间关联效应,但人力资本的跨区域流动效应并不显著,东部、中部和西部地区人力资本分布相对稳定也是该地区形成全要素生产率"俱乐部收敛"的重要成因。

第二,通过实证,本书检验了市场规模、人口密度与全要素生产率之间的关系。实证表明,改革开放以来,市场规模或人口密度的差异并非全要素生产率空间差异的主要成因;但具体到中西部一些不发达地区,在承接东部地区产业转移进程中,市场规模或人口密度的空间差异会对全要素生产率的空间差异形成影响。

第三,通过实证,本书检验了产业结构与全要素生产率之间的关系。实证表明,改革开放以来,第三产业比重的大小与全要素生产率的空间差异并无特定关系。由于中国传统劳动密集型服务业大量存在，故三产比重并不能反映一个地方技术水平的先进程度，甚至在东部、中部和西部地区分地区检验中，三产比重也不能成为全要素生产率空间差异形成的主要原因。

相较前人对全要素生产率的研究成果，本书有三个不同于前人文献的发现。

首先，认为基础设施在特定时期或特定发展阶段对全要素生产率具有一定的促进作用。有许多文献在看到基础设施重要作用的同时，却忽略了经济运行的现象。在一个基础设施落后的地区，如果情况没有改善，要素就无法流动，也无法实现跨区域配置，甚至经济增长都没有办法保障，更不用提全要素生产率的改善和提升。然而，对于一个具有较好经济发展条件和良好基础设施的区域，再追加多少基础设施的投入，该区域的创新产业或资源配置效率也不会得到大幅度的提升；甚至追加过多的基础设施，全要素生产率只会维持不变，这个时候基础设施的追加量就与全要素生产率的关系呈负相关。中国基础设施的投入并非与全要素生产率的变动呈正向的线性关系，甚至也不是形成全要素生产率差异的显著因素。基础设施与全要素生产率之间呈现"倒U"形关系，基础设施的投入在一定阶段也会出现边际效应递减的现象。

其次，认为制度的空间外溢对全要素生产率会形成明显的促进作用，但这种作用同样也不能过分夸大。空间经济学诞生以来，国内许多学者用空间计量的方法验证了全要素生产率与各类因素的关系，发现很多因素都存在空间关联并对全要素生产率形成明显的促进作用。本书不怀疑"地理学第一定律"的普遍适用性，但中国幅员辽阔，某些省份地域广大，本书对其产业或者制度外溢效果的显著程度表示怀疑。仅从经济增长的动力而言，一个区域的经济增长归根结底仍在于自身要素的贡献，周边关联省份的贡献即使更大也很难成为主体。综观全要素生产率研究的相关空间计量文献，或者用于验证计量的面板数据年份较少，仅限于2000年以后的少数几个年份，或者模型实证过程存在疑问。

最后，认为对全要素生产率空间收敛起促进作用的，不是制度的直接作用，而是制度的溢出效应。有一些研究全要素生产率收敛的文献认为，加入制度影响后，中国的全要素生产率会明显趋向条件收敛。本书通过实

# 第九章

## 结论与启示

证检验发现，各省制度形式和作用强度的差异化很难形成全要素生产率的显著条件收敛。除了基础设施等少数几个变量，大部分制度变迁与全要素生产率条件收敛的关系为负相关，表明差异化制度的存在不利于全要素生产率的空间收敛。而在总体计量模型检验中，只有制度的空间外溢才能解释全要素生产率条件收敛的成因。考量改革开放以来地方政府之间逐步形成"标尺竞争"的制度模式，本书认为计量结果存在合理性解释。

上述三点是本书结论不同于前人研究之处，且中国全要素生产率空间差异形成的原因、影响及发展趋势能得到较为合理的解释。

## 第二节 研究启示

本书的理论与实证研究具有鲜明的政策含义，同时对当下中国如何加快供给侧改革，从而提高全要素生产率具有一定的启发意义。

首先，本书所考察的劳动增进型制度、资本增进型制度、公共供给型制度本质上是在全要素生产率情境下研究"制度与人""制度与资本""制度与政府"之间的关系。总体来看，改革开放以来，"制度与人"的关系是决定中国全要素生产率变动和空间差异的根本成因。实证结果表明，改革开放以来，中国全要素生产率水平改善的根本动力是基于一套相对完善的制度安排，其激发了人的活力，这种人的活力既表现为所有制或户籍制度变革下一般劳动的活力，同时也表现出人力资本的作用在不断得到挖掘发挥。"制度与资本"的关系尽管也对全要素生产率形成一定影响，但具体在不同时期、不同片区乃至总体影响都远远弱于对人的激励，并且制度对资本效能的激发还存在多种制度性障碍或资源错配、效率损失等现象，资本增进型制度的潜力仍需要得到不断挖掘。"制度与政府"的关系在某种程度上证明了鲁志国的基本论断，政府可以通过一定形式的制度设计供给适宜的制度，这种公共供给型制度在短期内可以降低交易成本和提高生产效率，但从长期来看，其存在边际效应递减的瓶颈，公共供给型制度与全要素生产率之间的"倒 U"形关系表明，超过某个临界点时，制度的持续供给反而会抑制全要素生产率的继续提高。

其次，全要素生产率差异是形成区域经济增长水平差异的重要原因，缩小区域间全要素生产率差异，关键是促进制度外溢和制度的均衡性发展。实证表明，区域之间形成的制度异质性并非促进全要素生产率空间收敛的主要成因，而制度外溢却是关键因素的变量。因此，要促进区域间的协调发展，必须打破制度外溢的地方行政壁垒，通过区域一体化发展机制的再设计，降低地区"标尺竞争"造成的全要素生产率扩散影响。此外，改革开放以来，部分区域的先行先试模式也一再打破制度的均衡布局，这些机制设计在稳步推动改革开放伟大进程的同时也加剧了全要素生产率起点和发展过程的不均衡，对加快全要素生产率的空间收敛起到了抑制作用。因此，未来在推动一些制度改革试点时，在综合考评试点条件和试点成效时，应该着眼于如何将制度试点改革的成果服务于区域间的协调发展和更好地促进制度的空间外溢上，积极引导区域联动开展制度创新试点，进而扩大改革成效。

最后，在供给侧改革的大背景下，本书认为，未来要提高中国省域的全要素生产率，关键应该着力于五个方面：一是要充分认识到人力资本是提高全要素生产率的一个生生不息的力量。改革开放的进程越深入，产业转型升级的压力越迫切，就越应该发挥人力资本的作用。人力资本是提升未来全要素生产率的根本依托力量，因此，应该从人力资本的培育到利用开发等诸多方面综合设计改革模式，加快使中国强大的人口优势转变为人力资本优势。二是继续推进所有制改革和户籍改革，打破劳动要素流动的壁垒和障碍，不断激发产权制度改革带来的经济增长红利；不断健全市场机制，充分发挥市场在配置要素资源中的基础性作用，积极引导提高劳动要素资源配置效率。三是深化金融体制改革。在风险可控的前提下，鼓励金融领域新模式、新业态发展，打破行政干预和市场垄断，鼓励民营金融机构和区域性金融机构发展，构建金融资源配置能充分反映市场机制、区域金融资源相对协调、运作效率更高的现代金融体系。四是继续推动外贸外资领域转型升级。鼓励内资企业与外资企业以多种形式开展技术合作，强化内资企业对外资企业经营活动的产业链配套能力，引导内资企业在与外资企业的产业链合作进展中获得更多的技术外溢。五是深化认识基础设施建设和财政支出对市场自生秩序的影响。在开展公共财政支出和基础设施建设的同时，要充分评估政府行为对市场效率的影响。积极推进简政放权，在公共基础设施建设领域，鼓励开展PPP等融资建设模式，最大限

# 第九章

## 结论与启示

度地发挥市场主体本身的作用。

## 第三节 研究不足之处及未来研究方向

全要素生产率起源于"索洛模型"。在索洛的经济增长模型中,全要素生产率很大程度是由外生变量决定的"黑箱"。这个"黑箱"无论从理论角度还是从实证检验角度都是个包罗万象的复杂整体。在制度经济学中,制度本身也是个较难直观量化的抽象概念。如何在包罗万象的复杂事物中界定制度因素对全要素生产率的理论影响机制,是个比较困难的问题。本书基于经济增长模型的一般框架,从制度的偏向性角度将制度尝试划分为三种类型,虽然结合中国经济运行的现实,有一定启发意义,但从严谨的逻辑角度还值得进一步完善。

沿着异质性制度影响全要素生产率的作用机制,本书虽然解释了三类制度与全要素生产率之间的关系,但限于笔者水平,不同制度影响全要素生产率的作用机制无法形成统一的分析框架,进而在形式上显得不够整体,在实证分析方面也缺乏紧密的衔接,这些都是本书的主要不足。限于本书篇幅,这些不足只能成为下一步拓展研究的重要工作。

# 参考文献

布鲁,格兰特,2014. 经济思想史 [M]. 8 版. 邸晓燕,等译. 北京:北京大学出版社:428,433.

蔡昉,2015-03-10. 从投入驱动转向全要素生产率驱动 [N]. 经济参考报 (1).

蔡文浩,于倩,张赟,2012. 西部地区对外开放度的比较研究 [J]. 经济研究参考 (64):27-35.

陈瑾瑜,2012. 全要素生产率与技术进步间的差别及测算:几何微分法的应用 [J]. 数量经济技术经济研究 (6):48-60.

陈强,2014. 高级计量经济学及 Stata 应用 [M]. 2 版. 北京:高等教育出版社:250-251,576-577,585-586.

陈升,潘虹,2015. 中国省域开放度的影响因素实证研究:基于 1998—2012 年省际面板数据的分析 [J]. 经济问题探索 (6):1-9.

陈勇,唐朱昌,2006. 中国工业的技术选择与技术进步:1985—2003 [J]. 经济研究 (9):50-61.

楚尔鸣,马永军,2013. 中国全要素生产率增长的区域差异及其收敛性 [J]. 区域经济评论 (3):59-66.

段文斌,尹向飞,2009. 中国全要素生产率研究评述 [J]. 南开经济研究 (2):130-140.

樊纲,等,2003. 中国各地区市场化相对进程报告 [J]. 经济研究 (3):9-18,89.

范涛,李婷,李忠,2009. 制度进步在中国经济增长中的作用 [J]. 经济评论 (5):5-11.

方颖，赵扬，2011．寻找制度的工具变量：估计产权保护对中国经济增长的贡献［J］．经济研究（5）：138－148．

冯云廷，陈昶志，高詹，2016．我国城市全要素生产率空间结构及空间关联性分析［J］．财经问题研究（5）：110－115．

傅晓霞，吴利学，2002．制度变迁对中国经济增长贡献的实证分析［J］．南开经济研究（4）：70－75．

高帆，2017．我国经济转型中的创新之谜［J］．探索与争鸣（4）：109－115．

高怡冰，2014．区域内部经济增长要素的空间关联性研究［J］．广东社会科学（1）：46－53．

郭庆旺，贾俊雪，2005．中国全要素生产率的估算：1979—2004［J］．经济研究（6）：51－60．

郭庆旺，赵志耘，贾俊雪，2005．中国省份经济的全要素生产率分析［J］．世界经济（5）：46－53，80．

韩永辉，黄亮雄，王贤彬，2017．产业政策推动地方产业结构升级了吗？——基于发展型地方政府的理论解释与实证检验［J］．经济研究，52（8）：33－48．

胡晓珍，杨龙，2011．中国区域绿色全要素生产率增长差异及收敛分析［J］．财经研究（4）：123－134．

胡晓珍，张卫东，2010．制度作用于经济增长的途径及其量化研究［J］．华中科技大学学报（社会科学版）（5）：76－80．

黄少安，韦倩，杨友才，2016．引入制度因素的内生经济增长模型［J］．学术月刊（9）：49－58，83．

金玉国，2001．宏观制度变迁对转型时期中国经济增长的贡献［J］．财经科学（2）：24－28．

兰宜生，2002．对外开放度与地区经济增长的实证分析［J］．统计研究（2）：19－22．

雷钦礼，2003．制度变迁、技术创新与经济增长［M］．北京：中国统计出版社：20－32．

李宾，曾志雄，2009．中国全要素生产率变动的再测算：1978—2007年［J］．数量经济技术经济研究（3）：3－15．

李国璋，周彩云，江金荣，2010．区域全要素生产率的估算及其对地区差距的贡献［J］．数量经济技术经济研究（5）：49－61．

李强，魏巍，2015．制度变迁对中国经济增长质量的非线性效应分析［J］．经济与管理研究（12）：3－10．

李胜文，李大胜，2006．我国全要素生产率增长的区域差异［J］．数量经济技术经济研究（9）：12－21．

李小宁，2005．经济增长的制度分析模型［J］．数量经济技术经济研究（1）：3－17．

林光平，龙志和，2014．空间经济计量：理论与实证［M］．北京：科学出版社：3－5，52－55．

刘秉镰，武鹏，刘玉海，2010．交通基础设施与中国全要素生产率增长：基于省域数据的空间面板计量分析［J］．中国工业经济（3）：54－64．

刘光岭，卢宁，2008．全要素生产率的测算与分解：研究述评［J］．经济学动态（10）：79－82．

刘建国，李国平，张军涛，2011．经济效率与全要素生产率研究进展［J］．地理科学进展（10）：1263－1275．

刘瑞超，2014．中国产权区域制度对经济增长影响研究［D］．长春：东北师范大学：1－2．

刘伟，李绍荣，2001．所有制变化与经济增长和要素效率提升［J］．经济研究（1）：3－9，93．

刘文革，高伟，张苏，2008．制度变迁的度量与中国经济增长：基于中国1952—2006年数据的实证分析［J］．经济学家（6）：48－55．

刘兴凯，张诚，2010．中国服务业全要素生产率增长及其收敛分析［J］．数量经济技术经济研究（3）：55－67，95．

刘业进，2006．专业化分工和交易成本：对中国交易成本的经验估计：1978—2004［J］．制度经济学研究（3）：31－49．

刘云枫，周健明，2008．北京制造业全要素生产率持续增长的对策研究：基于DEA的Malmquist生产率实证分析［J］．北京工商大学学报（社会科学版）（5）：120－123．

卢中原，胡鞍钢，1993．市场化改革对我国经济运行的影响［J］．经济研究（12）：49－55．

鲁志国，2002．制度变迁与技术变迁：谁是经济增长核心因素：兼评诺斯制度变迁经济增长理论的有效性［J］．南方经济（2）：43-44，72．

鲁志国，2003．制度变迁的绩效传导与绩效曲线［J］．深圳大学学报（人文社会科学版）（5）：22-25．

吕光桦，等，2011．考虑空间相关性的我国区域研发全要素生产率测算：基于1999—2008年省际空间面板数据［J］．科学学与科学技术管理（4）：105-110，133．

牛品一，陆玉麟，彭倩，2012．江苏省生产效率与全要素生产率分解的空间格局演变分析［J］．经济地理（11）：27-33．

诺斯，1992．经济史上的结构和变迁［M］．北京：商务印书馆．

潘慧峰，杨立岩，2006．制度变迁与内生经济增长［J］．南开经济研究（2）：74-83．

彭国华，2005．中国地区收入差距、全要素生产率及其收敛分析［J］．经济研究（9）：19-29．

沈坤荣，李剑，2003．中国贸易发展与经济增长影响机制的经验研究［J］．经济研究（5）：32-40，56-92．

石风光，2010．基于全要素生产率视角的中国省际经济差距研究［D］．南京：南京航空航天大学：12．

舒元，等，1998．现代经济增长模型［M］．上海：复旦大学出版社．

斯密，1972．国民财富的性质和原因的研究：上卷［M］．郭大力，王亚南，译．北京：商务印书馆．

斯密，1974．国民财富的性质和原因的研究：下卷［M］．郭大力，王亚南，译．北京：商务印书馆．

孙浩，2009．制度与中国经济增长［D］．武汉：华中科技大学：12，14．

孙琳琳，任若恩，2005．中国资本投入和全要素生产率的估算［J］．世界经济（12）：3-13．

孙早，杨光，李康，2014．基础设施投资对经济增长的贡献：存在拐点吗：来自中国的经验证据［J］．财经科学（6）：75-84．

索洛，1985．技术变化和总量生产函数［J］．数量经济技术经济研究，2（10）：45-46．

陶长琪，齐亚伟，2012．中国省际全要素生产率的空间差异与变动趋势［J］．科研管理（11）：32-39，48．

涂正革，肖耿，2005. 中国的工业生产力革命：用随机前沿生产模型对中国大中型工业企业全要素生产率增长的分解及分析［J］. 经济研究（3）：4－15.

王丽丽，范爱军，2009. 空间集聚与全要素生产率增长：基于门限模型的非线性关联研究［J］. 财贸经济（12）：105－110，140.

王丽英，刘后平，2010. 制度内生、政府效率与经济增长的分类检验：基于省级面板数据的估计与分析［J］. 经济学家（1）：20－26.

王美霞，2013. 中国生产性服务业细分行业全要素生产率异质性与影响因素研究［J］. 经济经纬（3）：75－79.

王瑞泽，2006. 制度变迁下的中国经济增长研究［D］. 北京：首都经济贸易大学：20－21.

王文静，刘彤，李盛基，2014. 人力资本对我国全要素生产率增长作用的空间计量研究［J］. 经济与管理（2）：22－28.

王争，郑京海，史晋川，2006. 中国地区工业生产绩效：结构差异、制度冲击及动态表现［J］. 经济研究（11）：48－59，71.

王志刚，龚六堂，陈玉宇，2006. 地区间生产效率与全要素生产率增长率分解：1978—2003［J］. 中国社会科学（2）：55－66，206.

魏浩，王宸，2011. 中国对外贸易空间集聚效应及其影响因素分析［J］. 数量经济技术经济研究（11）：66－82.

魏婕，任保平，2011. 中国经济规模报酬测算及影响因素分析［J］. 当代财经（4）：5－14.

魏下海，王岳龙，2010. 城市化、创新与全要素生产率增长：基于省际面板数据的经验研究［J］. 财经科学（3）：69－76.

吴朝影，2015. 科技创新效率的省域差异及影响因素研究［D］. 重庆：西南大学.

吴军，2009. 环境约束下中国地区工业全要素生产率增长及收敛分析［J］. 数量经济技术经济研究（11）：17－27.

徐杰，杨建龙，2010. 全要素生产率研究方法述评［J］. 现代管理科学（10）：3－5.

徐晔，宋晓薇，2016. 金融资源错置会带来全要素生产率减损吗？［J］. 产业经济研究（2）：51－61.

薛宏雨, 2004. 制度创新在经济增长中作用的测算 [J]. 财经问题研究 (9): 3-8.

薛占栋, 2016. 户籍、集聚与地区差距 [M]. 深圳: 海天出版社 (10): 3-4.

杨友才, 2009. 地方财政支出结构与经济增长 [J]. 山东大学学报 (哲学社会科学版) (2): 77-83.

姚树洁, 韦开蕾, 2008. 中国经济增长、外商直接投资和出口贸易的互动实证分析 [J]. 经济学 (季刊) (1): 151-170.

姚洋, 1998. 非国有经济成分对我国工业企业技术效率的影响 [J]. 经济研究 (12): 29-35.

叶飞文, 2004. 要素投入与中国经济增长 [M]. 北京: 北京大学出版社: 12-18.

叶明确, 方莹, 2013. 出口与我国全要素生产率增长的关系: 基于空间杜宾模型 [J]. 国际贸易问题 (5): 19-31.

余泳泽, 2015. 中国省际全要素生产率动态空间收敛性研究 [J]. 世界经济 (10): 30-55.

袁冬梅, 魏后凯, 于斌, 2012. 中国地区经济差距与产业布局的空间关联性: 基于 Moran 指数的解释 [J]. 中国软科学 (12): 90-102.

曾才生, 2007. 异质性条件下的经济分析: 后起国家对外开放的条件与时机问题 [M]. 北京: 经济科学出版社: 1-3.

张光南, 杨子晖, 2009. 制度、基础设施与经济增长的实证研究: 基于面板数据的分析 [J]. 经济管理 (11): 154-163.

张豪, 张建华, 2016. 地区全要素生产率的增长动力与溢出效应: 基于中国地市级面板数据的实证研究 [J]. 技术经济 (9): 84-91.

张军, 施少华, 2003. 中国经济全要素生产率变动: 1952—1998 [J]. 世界经济文汇 (2): 17-24.

张军, 吴桂英, 张吉鹏, 2004. 中国省际物质资本存量估算: 1952—2000 [J]. 经济研究 (10): 35-44.

张军, 章元, 2003. 对中国资本存量 K 的再估计 [J]. 经济研究 (7): 35-43, 90.

张军扩, 1991. "七五"期间经济效益的综合分析: 各要素对经济增长贡

献率测算 [J]. 经济研究 (4): 8-17.

张庆君, 李雨霏, 毛雪, 2016. 所有制结构、金融错配与全要素生产率 [J]. 财贸研究 (4): 9-15, 23.

张旭昆, 2007. 西方经济思想史 18 讲 [M]. 上海: 上海人民出版社: 180-182.

张月玲, 叶阿忠, 陈泓, 2015. 人力资本结构、适宜技术选择与全要素生产率变动分解: 基于区域异质性随机前沿生产函数的经验分析 [J]. 财经研究, 41 (6): 4-18.

张子龙, 等, 2015. 中国工业环境效率及其空间差异的收敛性 [J]. 中国人口·资源与环境 (2): 30-38.

赵磊, 2013. 中国旅游全要素生产率差异与收敛实证研究 [J]. 旅游学刊 (11): 12-23.

赵爽, 李春艳, 2017. 城市化对中国服务业全要素生产率的影响: 基于中国服务业省际面板数据的实证研究 [J]. 当代经济研究 (2): 89-96.

赵伟, 马瑞永, 何元庆, 2005. 全要素生产率变动的分解: 基于 Malmquist 生产力指数的实证分析 [J]. 统计研究 (7): 37-42.

郑玉歆, 2007. 全要素生产率的再认识: 用 TFP 分析经济增长质量存在的若干局限 [J]. 数量经济技术经济研究 (9): 3-11.

《中国经济论坛》编委会, 1991. 改革、开放与增长: 《中国经济论坛》1990 年学术论文集 [C]. 上海: 上海三联书店.

钟昌标, 李富强, 王林辉, 2006. 经济制度和我国经济增长效率的实证研究 [J]. 数量经济技术经济研究 (11): 13-21.

钟昌标, 王林辉, 董直庆, 2008. 制度内生化均衡过程和我国经济增长制度有效性检验 [J]. 数量经济技术经济研究 (3): 89-101.

钟世川, 毛艳华, 2017. 中国全要素生产率的再测算与分解研究: 基于多要素技术进步偏向的视角 [J]. 经济评论 (1): 3-14.

周彩云, 2017. 中国区域经济增长的全要素生产率变化研究 [D]. 兰州: 兰州大学: 23-25.

周杰琦, 2011. 金融发展对中国全要素生产率增长的影响: 作用机制与实证分析 [D]. 北京: 中国社会科学院研究生院: 48-49.

周茂荣, 张子杰, 2009. 对外开放度测度研究述评 [J]. 国际贸易问题

(8): 121-128.

周其仁, 2008-08-01. 改革进入下半场 [N/OL]. 投资者报 [2019-05-03]. http://finance.ifeng.com/news/hgjj/200808/0803_2201_692062.shtml.

周仲辉, 2013. 金融发展与 TFP 内在作用机制研究: 基于中国 1992-2010 年数据的实证 [D]. 杭州: 浙江财经学院: 14-15.

邹至庄, 刘满强, 1995. 中国的资本形成与经济增长 [J]. 数量经济技术经济研究 (3): 35-43.

AIGNER D J, LOVELL C A K, SCHMIDT P J, 1977. Formulation and estimation of stochastic frontier production function models [J]. Journal of econometrics (6): 21-37.

BATTESE G E, COELLI T J, 1995. A model for technical inefficiency effects in a stochastic frontier production function for panel data [J]. Empirical economics (20): 325-332.

CHEN F Q, CHEN Y, ZHONG F F, 2017. Integration decision-making in technology-sourcing cross-border M&As: a mathematical model [J]. Computational and mathematical organization theory (23): 524-545.

DENISON E F, 1967. Why growth rates differ: postwar experience in nine western countries [M]. Washington D. C.: The Brookings Institution: 67.

FELDMAN M P, 1999. The new economics of innovation, spillovers and agglomeration: a review of empirical studies [J]. Economics of innovation and new technology, 8 (1/2): 5-25.

FRÉRET S, MAGUAIN D, 2017. The effects of agglomeration on tax competition: evidence from a two-regime spatial panel model on French data [J] International tax and public finance, 24 (6): 1100-1140.

GREIF A, 1994. Cultural beliefs and the organization of society: a historical and theoretical reflection on collectivist and individualist societies [J] Journal of political economy, 102 (5): 912-950.

HARRISON A, 1996. Openness and growth: a time-series, cross-country analysis for developing countries [J]. Journal of development economics, 48 (2): 419-447.

JEFFERSON, et al., 2000. Ownership, productivity change and financial performance in Chinese industry [J]. Journal of comparative economics, 28 (4): 786 – 813.

JORGENSON D W, 1963. Capital theory and investment behavior [J]. American economic review, 53 (2): 247 – 259.

JORGENSON D W, GRILICHES Z, 1972. Issues in growth accounting: a reply to Edward F. Denison [J]. Survey of current business, 52 (5): 65 – 94.

LOW P, OLARREAGA M, SUAREZ J, 1998. Does globalization cause a higher concentration of international trade and investment flows? [R]. Geneva: WTO Staff Working Papers ERAD.

MYRDAL G, 1968, Asian drama: an inquiry into the poverty of nations [M]. New York: Twentieth Century Fund.

NORTH D C, THOMAS R P, 1973. The rise of the western world: a new economic history [M]. Cambridge: Cambridge University Press.

OECD, 2005. OECD economic surveys: China [R]. Paris: OECD, 13 (9).

PAGANO M, 1993. Financial markets and growth: an overview [J]. European economic review, 37 (2/3): 613 – 622.

RODRIC D, SUBRAMANIAN A, TREBBI F, 2002. Institutions rule: the primacy of institutions over geography and integration in economic development [J]. NBER working paper, 9305.

SACHS J D, 2001. Tropical underdevelopment [J]. NBER working paper, 8119.

STEWART W, 1999. Institutional quality and its effect on trade: an empirical analysis [J]. UBC economic honors thesis (51): 1183 – 1203.

SVEIKAUSKAS L, 1975. The productivity of cities [J]. Quarterly journal of economics, 89: 393 – 413.

TOBLER W, 1970. A computer movie simulating urban growth in the Detroit region [J]. Economic geography, 46 (2): 234 – 240.

TOHIDI H, et al., 2017. Information sharing systems and teamwork between sub – teams: a mathematical modeling perspective [J]. Journal of industrial engineering international, 13 (4): 513 -520.

UTHAYAKUMAR R, THARANI S, 2017. An economic production model for deteriorating items and time dependent demand with rework and multiple production setups [J]. Journal of industrial engineering international, 13 (4): 499 -512.

WILLIAMSON O E, 1985. The economic institutions of capitalism : firms, markets, relational contracting [M]. New York: Free Press.

WU S J, ZHANG R X, 2017. Optimal path for sustainable development under the dual constraints based on endogenous growth algorithm [J]. Cluster computing, 20 (4): 2981 -2991.

YU K F, et al., 2017. Geochemical imprints of coupled paleoenvironmental and provenance change in the lacustrine sequence of Orog Nuur, Gobi Desert of Mongolia [J]. Journal of paleolimnology, 58 (4): 511 -532.

ZHENG Y X, 2005. Productivity in developing countries: country case studies of China: V 0589906 [R]. Vienna: UNIDO (11): 200.

# 后　　记

　　本书是我在深圳大学攻读博士学位时的阶段性研究成果。书稿即将付梓之际，我怀着无比感激的心情向多年来所有给予我关心、帮助和支持的老师、同学和家人致以最诚挚的谢意！

　　首先要特别感谢我的博士生导师鲁志国教授。在攻读博士学位的几年时光里，鲁老师严格而又和蔼。在学术方面，他经常以高标准来要求我，冀望我不断努力、突破创新，让我不敢懈怠；在生活方面，在我遇到困难时，他又不遗余力地帮助我，使我备感温暖。攻读博士学位期间，我印象最深刻的一件事，就是刚入师门时，为了帮助我们早日融入博士的学术研究工作，鲁老师特意组织我们几个同门参与到他的课题中，并且要求我们每周就课题开一次讨论会议。每次开会，他都认真聆听我们的汇报，耐心地指出我们研究中出现的每一个问题，并且细心地给我们传授研究方法和思路。统计下来，这个课题我们一共开了20多次研讨会，到最后定稿时，鲁老师连标点符号都会给我们提出具体的要求。扎实的学术训练让我很快掌握了论文写作的技巧。回想与导师相处的点滴，我很庆幸博士研究生期间一直能够得到鲁老师的耐心指导，少走了很多弯路。

　　第二个我要特别感谢的是我的硕士生导师陶一桃教授。我既是深圳大学培养的博士，也是深圳大学培养的硕士。记得当年是陶老师将我从一个电子类工科生慢慢引导带入经济学领域的学术殿堂。由于我不是经济学科班出身，硕士在读期间，经济学理论基础有些薄弱，所以陶老师为培育我付出了大量的心血。她常常将自己攻读博士学位期间如何刻苦学习的情景分享给我，说她当年硬着头皮啃完一本又一本苦涩乏味的理论书，过程虽然辛苦，但书中的知识却成为她日后工作中常用到的宝贵财富。在我读博士研究生期间，每次与陶老师见面，除了生活上的关心，她更多的是督促我要多看书，不要浪费眼下读书的好时光。在这里，我要跟她说一声："谢谢陶老师，让您费心了！"

在博士研究生的几年时光里，我还要感谢诸位老师和同学给予我的帮助和关心。感谢陈勇院长、钟坚教授、李猛教授、毛亮老师，在我博士研究生课程学习中答疑解惑；感谢陈雄珍老师、王曾老师、郑思嘉老师、姚壹老师、张佩素老师，在我的校园生活中给予诸多帮忙；感谢同学周文明、刘顺飞、韩晓洁、黄永康、张晓琴、蒋剑丰、张正峰，在求学的道路上与我相互学习、相互勉励；感谢同门魏建漳师兄、钟无涯师兄、罗俞亭师兄、范厚权师兄、彭连敏师弟、詹江师弟、汪行东师弟、高智师弟等对我的关心和照顾。

同时，感谢我的家人在背后给予支持和理解！感谢我的父母，感谢我的爱人，感谢我的小孩，让我读博期间充满了家庭温暖和欢声笑语。

最后，感谢中山大学出版社王旭红等编辑老师对本书顺利出版所提供的无私帮助和大力支持。本书在撰写过程中，引用了大量学术前辈与同行的文献和观点，在此一并致谢！

囿于本人学术水平有限，书中定有许多不足之处，期待各位专家学者和同行批评指正。

潘 凤

2019年9月于太原臻观苑